आज के प्रश्न-24

लोकतन्त्र
का
भविष्य

आज के प्रश्न

इस पुस्तक शृंखला का लक्ष्य है समकालीन राजनीतिक, आर्थिक और सामाजिक दृश्यपट की प्रखर, विस्तृत और वस्तुपरक पड़ताल। कम मूल्य पर विचारपूर्ण सामग्री देने की इस योजना के तहत चार महीने के अन्तराल पर दो ऐसी पुस्तकें प्रकाशित की जा रही हैं, जो किसी महत्त्वपूर्ण घटना, मुद्दे या समस्या से जुड़ी हों। शृंखला के संस्थापक सम्पादक थे प्रसिद्ध लेखक और पत्रकार राजकिशोर। सन् 2022 से इसका सम्पादन वरिष्ठ पत्रकार और शिक्षक प्रो. अरुण कुमार त्रिपाठी कर रहे हैं।

'आज के प्रश्न' शृंखला में अब तक प्रकाशित पुस्तकें :

1. अयोध्या और उससे आगे
2. भारतीय मुसलमान : मिथक और यथार्थ
3. हिन्दू होने का मतलब
4. विनाश को निमंत्रण : भारत की नयी अर्थनीति
5. कश्मीर का भविष्य
6. हरिजन से दलित
7. स्त्री के लिए जगह
8. भारत का राजनीतिक संकट
9. भ्रष्टाचार की चुनौती
10. मानव अधिकारों का संघर्ष
11. हिन्दुत्व की राजनीति
12. अश्लीलता का हमला
13. जाति का जहर
14. स्त्री, परम्परा और आधुनिकता
15. बच्चे और हम
16. हिंसा की सभ्यता
17. मुस्लिम आतंकवाद बनाम अमेरिका
18. दलित राजनीति की समस्याएँ
19. नैतिकता के नये सवाल
20. माओवाद, हिंसा और आदिवासी
21. धर्म और धर्मसत्ता
22. तालिबान की वापसी : अफ़ग़ानी जिहाद बनाम अमेरिकी आज़ादी
23. संकट में खेती : आन्दोलन पर किसान
24. लोकतन्त्र का भविष्य

लोकतन्त्र का भविष्य

सम्पादक

अरुण कुमार त्रिपाठी

वाणी प्रकाशन

सजिल्द पहला संस्करण : 2023

वाणी प्रकाशन
4695, 21-ए, दरियागंज, नयी दिल्ली 110 002
फ़ोन : +91 11 23273167 फ़ैक्स : +91 11 23275710
शाखाएँ
अशोक राजपथ, पटना 800 004, बिहार
कॉफ़ी हाउस कैम्पस, महात्मा गांधी मार्ग, इलाहाबाद 211 001, उत्तर प्रदेश
महात्मा गांधी अन्तरराष्ट्रीय हिन्दी विश्वविद्यालय, वर्धा 442 001, महाराष्ट्र
36/ए, शेक्सपीयर सरणी, रानी बिरला गर्ल्स कॉलेज के पास, कोलकाता 700 017, प. बंगाल
www.vaniprakashan.com
marketing@vaniprakashan.in
sales@vaniprakashan.in

Loktantra Ka Bhavishya
Edited by Arun Kumar Tripathi

ISBN : 978-93-5775-043-1
Aaj Ke Prashn

मूल्य : ₹ 499

आर. टेक ऑफ़सेट प्रिंटर्स, दिल्ली-110 032 में मुद्रित

वाणी प्रकाशन का लोगो मक़बूल फ़िदा हुसेन की कूची से

अनुक्रम

सम्पादक की बात

लोकतन्त्र : अतीत, वर्तमान और भविष्य

भारतीय लोकतन्त्र पर सबसे गम्भीर चर्चाएँ आपातकाल के बाद हुई थीं। तब विद्वानों ने अन्तिम निष्कर्ष के तौर पर यह मान लिया था कि भारतीय जनमानस इतना परिपक्व हो चुका है कि अब कोई भी तानाशाह उसे नियन्त्रित नहीं कर सकता। तमाम तरह के संकटों के बावजूद नब्बे के दशक को भारतीय लोकतन्त्र का स्वर्ण युग कहा गया। क्योंकि केन्द्र में गठबन्धन सरकारों का दौर ही नहीं चला बल्कि पिछड़ी और दलित जातियों को सत्ता में अपनी भागीदारी बढ़ाने और सरकार के एजेंडा को प्रभावित करने का पर्याप्त अवसर मिला। दिल्ली में किसकी सरकार बने इसका निर्णय पटना, चेन्नई, भुवनेश्वर, कोलकाता, मुम्बई, लखनऊ और हैदराबाद से होने लगा। राष्ट्रीय दलों का महत्त्व कम हुआ और क्षेत्रीय दलों की शक्ति बढ़ी। हर क्षेत्रीय नेता अपने प्रधानमन्त्री बनने का सपना पालने लगा। इसी स्थिति के कारण बहुजन समाज पार्टी के नेता कांशीराम ने यहाँ तक कह दिया कि हमें केन्द्र में मज़बूत नहीं मजबूर सरकार चाहिए। संचार माध्यमों की आर्थिक और तकनीकी ताक़त पहले के मुक़ाबले कई गुना बढ़ गयी। रॉबिन जैफ्री जैसे मीडिया शोधकर्ताओं ने यहाँ तक लिखा कि आम आदमी के भीतर पुलिस का ख़ौफ ख़त्म हो गया है। क्योंकि उसे डर है कि उसका ग़ैर-क़ानूनी व्यवहार अख़बार में छप जायेगा। बल्कि पुलिस के भीतर मीडिया का ख़ौफ बैठ गया है और इस नाते आम आदमी निर्भीकता से जीवन जी सकता है। इसी नब्बे के दशक में सुप्रीम कोर्ट ने जजों के दूसरे प्रसिद्ध मुक़दमे (1993) के तहत कॉलेजियम प्रणाली का गठन किया और सुप्रीम कोर्ट और हाई कोर्टों के जजों की नियुक्ति में कार्यपालिका की बजाय न्यायपालिका के अधिकार बढ़ा दिये। हालाँकि इसी दौरान पूँजीवाद ने उदारीकरण और वैश्वीकरण के रूप में अपना नया रूप धारण किया और पूर्व प्रधानमन्त्री चन्द्रशेखर, किशन पटनायक, सच्चिदानन्द सिन्हा,

बनवारी लाल शर्मा और डॉ. ब्रह्मदेव शर्मा जैसे बहुत सारे लोकतान्त्रिक चिन्तकों और राजनेताओं ने उसे एक बड़े ख़तरे के रूप में देखते हुए आगाह किया। पूँजीवाद का यह रूप अपना प्रभाव तो बढ़ा रहा था लेकिन बीच-बीच में उसे अलग-अलग झटके लग रहे थे। जैसे कि 2004 में वामपन्थ के शक्तिशाली होने और केन्द्र में यूपीए सरकार के साथ साझा न्यूनतम कार्यक्रम लागू होने और देश में तमाम तरह के आन्दोलनों के तेज़ होने के साथ आर्थिक सुधार वह रफ़्तार नहीं पकड़ पा रहा था जिसकी पूँजीवाद को अपेक्षा थी। सम्भवतः यूपीए सरकार को वामपन्थी दलों के समर्थन का ही प्रभाव था कि सार्वजनिक उपक्रमों और बैंकों के निजीकरण की गति धीमी रही। इसी के साथ गठबन्धन सरकारों, बढ़ते भ्रष्टाचारों और उनके उजागर होने के साथ पूँजीवाद को अपनी साख और स्थिरता को लेकर आशंका भी हो रही थी। टूजी घोटाला, कोयला घोटाला, कॉमनवेल्थ घोटाला और ऐसे तमाम घोटाले व्यवस्था के भीतर स्थित नियन्त्रक और लेखा महापरीक्षक (सीएजी) जैसी संस्था ही उजागर कर रही थी। इस बीच सूचना के अधिकार के लागू हो जाने से व्यवस्था के भीतर से बहुत सारे रहस्य उजागर हो रहे थे। उससे उसी सरकार की मुश्किलें बढ़ रही थीं जिसने पारदर्शिता के लिए उसे लागू किया था। वित्तमन्त्री के तौर पर उदारीकरण का आरम्भ करने वाले और प्रधानमन्त्री के तौर पर उसे रफ़्तार देने वाले डॉ. मनमोहन सिंह परेशान थे कि कैसे उदारीकरण को चलाएँ और गवर्नेंस डिफिसिट यानी प्रशासनिक कोताही को भी दूर किया जाये और साथ ही लोकतन्त्र को भी क़ायम रखा जाये। वे कहने भी लगे थे कि पुराने प्रशासनिक ढाँचे के तहत उदारीकरण को साफ़-सुथरे तरीक़े से नहीं चलाया जा सकता। उसके लिए प्रशासनिक सुधार बहुत ज़रूरी है। लेकिन गठबन्धन धर्म उन्हें बहुत सारे क़दम उठाने से रोक रहा था। कड़ी कार्रवाई करने पर सरकार गिरने का ख़तरा था और न करने पर साख गिरने का। उधर उदारीकरण से प्रेरित भ्रष्टाचार ने सरकार को पंगु बना दिया था। पूँजीपति लगातार शिकायत कर रहे थे कि सरकारी दफ़्तरों में फ़ाइलें चल ही नहीं रहीं। अधिकारी निर्णय लेने से डर रहे हैं। पता नहीं कौन चपेटे में आ जाये। इस बीच भारत बनाम भ्रष्टाचार नामक संस्था का उदय होता है और कर्नाटक की येदियुरप्पा सरकार के भ्रष्टाचार पर लोकायुक्त न्यायमूर्ति हेगड़े की ओर से दिये गये जाँच के आदेश के बाद जो आन्दोलन खड़ा होता है वह कर्नाटक को झटका देकर दिल्ली की केन्द्र सरकार को अपनी गिरफ़्त में ले लेता है। फिर अन्ना आन्दोलन और आम आदमी पार्टी का उदय भारतीय लोकतन्त्र को मज़बूती देने और पारदर्शी बनाने की एक अलग कहानी है। अन्ना आन्दोलन की एक धारा

उदारीकरण के विरोध और उस पर सुप्रीम कोर्ट में जनहित याचिका के माध्यम से की जाने वाली लड़ाई से भी जुड़ी थी। फिर जनलोकपाल की माँग और व्यवस्था को पारदर्शी बनाने के साथ ही क़ानून बनाने का फ़ैसला मन्त्रिमंडल से बाहर जनता की ओर से होने वाले आन्दोलनों में लिए जाने का सवाल भी आया। लेकिन उदारीकरण और वैश्वीकरण की चासनी में डूबी हुई लोकतान्त्रिक व्यवस्था को पवित्र करने का यह आन्दोलन अन्ततोगत्वा एक ओर सिर्फ़ बिजली, पानी, शिक्षा और स्वास्थ्य पर फोकस करने वाली आप जैसे विचारधारा विहीन पार्टी के उदय में समाप्त हुआ तो दूसरी ओर हिन्दुत्व और वैश्विक पूँजीवाद के मज़बूत और अधिनायकवादी गठजोड़ के रूप में प्रकट हुआ। जनलोकपाल और केन्द्रीय संस्थाओं की स्वायत्तता की जो अवधारणा प्रकट हो रही थी वह धीरे-धीरे लोकलुभावनवाद और फिर निरंकुशतावाद और अधिनायकवाद की शिकार हो गयी।

अपनी साख को बचाने और स्थिरता पाने के लिए कॉरपोरेट पूँजीवाद ने हिन्दुत्व से हाथ मिला लिया। क्योंकि यूपीए का 'धर्मनिरपेक्ष लोकतन्त्र' और वाममोर्चा का अमेरिकी साम्राज्यवाद विरोध आपस में टकराकर एक-दूसरे से अलग हो गया था और उदारीकरण को अपना काम तेज़ी से करने के लिए किसी नये गठजोड़ की आवश्यकता थी जो उसे हिन्दुत्व आधारित राष्ट्रवाद से बढ़िया कौन दे सकता था। इस तरह अन्तर्राष्ट्रीय पूँजी को समर्थन देने वाली नीतियों के सन्तुलन के लिए बहुसंख्यकवादी राष्ट्रवाद का ऐसा आख्यान रचा गया कि राजनीतिक अनिश्चितता लगभग समाप्त हो गयी। प्रशासनिक कोताही की जगह पर प्रशासनिक आधिक्य का वातावरण बन गया। तक़रीबन ढाई दशक बाद 2014 में देश में गठबन्धन सरकारों का दौर ख़त्म हुआ और बहुसंख्यकवादी पार्टी भाजपा को बहुमत मिलने के साथ भारतीय लोकतन्त्र को सिर्फ़ चुनाव जीतने और सरकार बनाने तक सीमित किया जाने लगा। निश्चित तौर पर कॉरपोरेट पूँजीवाद के योग से उभरी शक्ति ने भ्रष्टाचार विरोधी आन्दोलन का सबसे ज़्यादा फ़ायदा उठाया। इसीलिए यह दावा खोखला नहीं है कि भारत बनाम भ्रष्टाचार के अन्ना आन्दोलन के पीछे वे शक्तियाँ थीं। उनका लक्ष्य था किसी तीसरी और गुमनाम शक्ति को खड़ा करके काँग्रेस के नेतृत्व में चल रहे गठबन्धन को बदनाम किया जा सके और फिर अच्छे दिन, साफ़-सुथरी सरकार और सबका साथ सबका विकास के नये नारे के साथ देश में ऐसी सरकार बनायी जा सके जो आर्थिक सुधारों की रफ़्तार को तेज़ कर सके बल्कि हिन्दू राष्ट्र के गठन का मार्ग भी प्रशस्त कर सके। हिन्दुत्व और लोगों को आर्थिक फ़ायदा देने के इस कॉम्बो पैकेज में एक ओर राम मन्दिर बनाने, अनुच्छेद 370 ख़त्म करने

और कॉमन सिविल कोड लाने का वादा था तो दूसरी ओर विदेश से काला धन लाकर हर नागरिक के खाते में 14-15 लाख डालने का लोकलुभावन वचन (जो कि बाद में चुनावी जुमला ही साबित हुआ)। कहा तो यह भी गया कि सरकार वह अच्छी होती है जो न्यूनतम नियन्त्रण करती है लेकिन निर्णय उल्टी दिशा में जाने लगे। वास्तव में यह सब नये क़िस्म के नागरिकों के सृजन का प्रयास था और नये राज्य के निर्माण का प्रयास था। जिस बाज़ार ने अपने विस्तार के लिए राज्य की शक्तियों को क्षीण किया था उसी ने अब अपने सुदृढ़ीकरण के लिए उसे ताक़तवर बनाना शुरू कर दिया। हिन्दुत्व तो चाहता ही था कि मज़बूत सरकार मिले ताकि जो आन्तरिक शत्रु हैं (कम्युनिस्ट, मुस्लिम और ईसाई) उनसे निपटा जा सके। जो लक्ष्य अयोध्या आन्दोलन से हासिल नहीं हो सका वह अन्ना आन्दोलन ने पूरा कर दिया। भ्रष्टाचार की समाप्ति और राज्य व उसे चलाने वालों की सुरक्षा के सवाल को विरोधियों के दमन का हथियार बना लिया गया। राज्य की सारी शक्तियाँ एक पार्टी, फिर केन्द्रीय मन्त्रिमंडल और फिर एक प्रधानमन्त्री के रूप में एक व्यक्ति और उसके दफ़्तर यानी पीएमओ में केन्द्रित होने लगीं।

भ्रष्टाचार मिटाने के लिए संस्थागत निर्णय लिए जाने की बजाय व्यक्तिगत निर्णय लिए जाने लगे। अचानक की गयी नोटबन्दी एक ऐसा क़दम था जिसने पूरे देश और अर्थव्यवस्था को झकझोर दिया। उसकी जानकारी न तो रिज़र्व बैंक को दी गयी थी और न ही मन्त्रिमंडल को। जनता को तो आगाह करने का सवाल ही नहीं था। दुखद बात यह है कि उस निर्णय का ऐलान किये जाते समय कहा गया था कि इससे आतंकवाद समाप्त हो जायेगा, भ्रष्टाचार समाप्त हो जायेगा, कालाधन ख़त्म हो जायेगा और नक़दी का चलन समाप्त हो जायेगा। लेकिन हुआ उल्टा। अर्थव्यवस्था की रफ़्तार घट गयी, विपक्ष पस्त हो गया और सत्तारूढ़ पार्टी को चुनाव जीतने में आसानी हो गयी।

भले ही नारा 'सबका साथ सबका विकास' और 'अच्छे दिनों' का दिया गया लेकिन जो लोग वास्तव में वैसा चाहते थे वे सरकार के निशाने पर आ गये। केन्द्र में गठबन्धन का दिखावा ज़रूर किया गया लेकिन उसी के साथ यह सन्देश दे दिया गया कि गठबन्धन सिर्फ़ वही पार्टी कर सकेगी जो हिन्दू हितों की बात करेगी। जो वास्तव में सबका साथ सबका विकास का काम करेगी उसका गठबन्धन या तो होने नहीं दिया जायेगा या फिर चलने नहीं दिया जायेगा। इस बीच न्यायपालिका और मीडिया जैसी लोकतन्त्र की महत्त्वपूर्ण संस्थाएँ भारी दबाव में आती गयीं।

न्यायपालिका में नियुक्तियों के बारे में कॉलेजियम की संस्तुतियों पर सरकार की ओर से होने वाली देरी पर पूर्व मुख्य न्यायाधीश न्यायमूर्ति टीएस ठाकुर तो प्रधानमन्त्री की मौजूदगी में आँसू बहाने को बाध्य हुए। उन्होंने कहा कि अगर हमें पर्याप्त संख्या में जज नहीं मिलेंगे तो न्यायपालिका अपने दायित्वों का निर्वहन नहीं कर सकेगी। उसी सिलसिले को बढ़ाते हुए आजकल देश के विधि मन्त्री और न्यायपालिका के बीच कॉलेजियम प्रणाली को लेकर बहस छिड़ी हुई है। सरकार की ओर से विधि मन्त्री लगातार यह कह रहे हैं कि कॉलेजियम प्रणाली तो संविधान सम्मत नहीं है क्योंकि इसके लिए संविधान में कोई स्थान नहीं है। जबकि सुप्रीम कोर्ट के जज इसे जजों द्वारा बनाये जाने वाले क़ानून के तर्क के आधार पर सही बता रहे हैं। अब तो इस बहस में देश के उपराष्ट्रपति भी कूद पड़े हैं और उनका कहना है कि राष्ट्रीय न्यायिक सेवा आयोग को बहाल किया जाना चाहिए। वहीं आयोग जिसे सुप्रीम कोर्ट ने न्यायिक समीक्षा की शक्तियों का प्रयोग करते हुए ख़ारिज कर दिया था और कहा था कि अभी भी इस देश में वे शक्तियाँ मौजूद हैं जिन्होंने आपातकाल लगाया था और उन शक्तियों का मुक़ाबला न तो मीडिया कर सकेगा न ही एनजीओ। बल्कि उनसे लोकतान्त्रिक मूल्यों की हिफाज़त एक स्वायत्त न्यायपालिका ज़्यादा सक्षम रूप से कर सकेगी। इस बहस में लोकसभा अध्यक्ष भी उतर आये हैं और उन्होंने राज्यसभा के सभापति और उपराष्ट्रपति का साथ दिया है। अब बहस इस तर्ज़ पर चल निकली है कि न्यायपालिका बड़ी या संसद। 1973 में सुप्रीम कोर्ट द्वारा दिये गये केशवानन्द भारती के फ़ैसले में प्रतिपादित संविधान के बुनियादी ढाँचे का सिद्धान्त भी विवादित करार कर दिया गया है। कहा जा रहा है कि ऐसा कोई सिद्धान्त संविधान में नहीं दिया गया था। यह सब न्यायपालिका के सोच की उपज है। जबकि बुनियादी ढाँचे सिद्धान्त कहता है कि संविधान के अनुच्छेद 368 के तहत संसद संविधान में कोई भी परिवर्तन कर सकती है लेकिन उसके बुनियादी ढाँचे को नहीं छेड़ सकती है।

भारतीय लोकतन्त्र पर मँडरा रहे ख़तरों के बारे में अन्तर्राष्ट्रीय स्तर पर एक बार फिर चर्चा तब उठी जब एनडीटीवी नाम के चैनल को मौजूदा सरकार के सबसे चहेते और दुनिया के दूसरे नम्बर के पूँजीपति गौतम अडानी ने ख़रीद लिया और अपनी निर्भीकता के लिए चर्चित व सरकार की वाहवाही करने वाले मीडिया के लिए गोदी मीडिया जैसा पद ईजाद करने वाले चर्चित पत्रकार रवीश कुमार ने

इस्तीफ़ा देते हुए भारत में पत्रकारिता के भविष्य की आशंकाओं पर यूट्यूब पर एक भावुक सन्देश जारी किया। रवीश कुमार ने कहा था, "जो युवा पत्रकार बनने के लिए लाखों रुपये ख़र्च कर रहे हैं वे दलाल बनने पर मजबूर कर दिये जायेंगे। जो आज पत्रकार के रूप में काम कर रहे हैं उन सबको झेलना पड़ेगा। कुछ लोग थक गये हैं और कुछ प्रोफ़ेशन को छोड़ रहे हैं। कई लोग कहते हैं कि नौकरी बचाने के लिए पत्रकारिता में कोई आकर्षण बचा नहीं है।"

हाल में सूचना प्रौद्योगिकी क़ानून के तहत प्रेस सूचना ब्यूरो को डिजिटल मीडिया की ख़बरों को सेंसर करने का अधिकार दे दिये जाने से पत्रकारों में बहुत बेचैनी है। सरकार की इस पहल की एडिटर्स गिल्ड ऑफ़ इंडिया समेत तमाम पत्रकारीय संस्थाओं ने निन्दा की है। इसे आपातकाल के दौरान लगायी गयी पाबन्दियों जैसा ही बताया है। उसके बाद बीबीसी की ओर से 'इंडिया: द मोदी क्विश्चन' शीर्षक से बनायी गयी डॉक्यूमेंटरी के भारत में प्रदर्शन पर रोक के दौरान विश्वविद्यालय के छात्रों और युवाओं के बीच जिस प्रकार का प्रतिरोध देखा गया उससे सेंसर की एक और बानगी उपस्थित हुई। एक ओर केरल में वाममोर्चा के संगठन डीवाईएफआई ने जब उस डॉक्यूमेंटरी का पूरे राज्य में प्रदर्शन किया तो भारतीय जनता पार्टी के युवा संगठनों ने उसके विरोध में प्रदर्शन किया। हैदराबाद में भी युवाओं ने विश्वविद्यालय में फ़िल्म का प्रदर्शन किया तो जवाहर लाल नेहरू विश्वविद्यालय में जब प्रदर्शन होने लगा तो बिजली काट दी गयी और झाड़ियों से पथराव किया गया। जबकि जामिया मिलिया इस्लामिया विश्वविद्यालय में जब प्रदर्शन का प्रयास किया गया तो पुलिस ने कुछ छात्रों को हिरासत में ले लिया।

यह स्थिति वैश्विक मूल्यांकनों में भी साफ़ दिख रही है। फ्रांस की संस्था रिपोर्टर्स विदाउट बॉर्डर ने अपने सर्वे में यह बताया है कि भारत की पत्रकारिता ग्लोबल प्रेस फ्रीडम इंडेक्स के पैमाने पर अब 150वें नम्बर पर आ गयी है। पहले यह 142वें पायदान पर थी। लेकिन हमारी सरकार किसी भी आलोचना को सुनने को तैयार नहीं है और वह हर प्रकार की चेतावनी और आशंका को ख़ारिज करती है। फ़िलहाल सुरक्षा परिषद का अध्यक्ष बने भारत की संयुक्त राष्ट्र में स्थायी प्रतिनिधि रुचिरा कम्बोज से जब भारत के लोकतन्त्र के बारे में सवाल पूछा गया तो उनका कहना था कि किसी भी देश को भारत को लोकतन्त्र के बारे में कुछ बताने की ज़रूरत नहीं है। भारत में लोकतन्त्र 2500 साल पुराना है। यहाँ शाक्यों और लिच्छिवियों का गणतन्त्र रहा है। इस दौरान भारत में लोकतन्त्र के सारे स्तम्भ

मज़बूत हैं। हमारे यहाँ विधायिका, कार्यपालिका, न्यायपालिका और चौथा स्तम्भ यानी प्रेस सारे अच्छी तरह से काम कर रहे हैं।

सोशल मीडिया बहुत जीवन्त है। इसीलिए भारत दुनिया का सबसे बड़ा लोकतन्त्र है। दरअसल रुचिरा कम्बोज वही कह रही थीं जो कुछ समय पहले भारत के प्रधानमन्त्री नरेन्द्र मोदी अमेरिकी राष्ट्रपति जो बाइडेन की ओर से आयोजित लोकतन्त्र सम्मेलन में बोल कर आये थे। उन्होंने कहा था, "लोकतान्त्रिक भावना हमारे सभ्यतागत लोकाचार का अविभाज्य हिस्सा है। भारत में 2500 साल पहले लिच्छिवियों के शासन में चुने हुए लोगों का नगर गणतन्त्र था। वही भावना 10वीं सदी के उत्तररामेरूर में थी। इससे प्राचीन भारत समृद्ध था। सदियों तक चला औपनिवेशिक शासन उस भावना को दबा नहीं पाया। फिर जब भारत आज़ाद हुआ तो 75 सालों से राष्ट्रनिर्माण की असाधारण कथा चल रही है।"

दरअसल लोकतन्त्र और गणतन्त्र का फ़र्क़ कम लोग समझते हैं और सरकार में बैठे लोग इसी घालमेल में लोगों को रखना चाहते हैं। वे यह साबित करना चाहते हैं कि चुनाव हुआ और सरकार चुन ली गयी तो समझ लो कि लोकतन्त्र क़ायम है। जबकि यह तो गणतन्त्र है। लोकतन्त्र इससे कहीं आगे की चीज़ है। इस अन्तर को संविधान निर्माता डॉ. भीमराव आम्बेडकर ने बार-बार स्पष्ट करने की कोशिश की लेकिन आम्बेडकर का नाम लेने वाले न तो इस अन्तर को स्पष्ट करते हैं और न ही किसी को साफ़ तौर पर रखने देते हैं।

जो लोग लिच्छिवियों और शाक्यों के गणतन्त्र का हवाला देते हैं वे यह नहीं बताते कि गणतन्त्र और लोकतन्त्र में फ़र्क़ होता है। वही फ़र्क़ जो यूनान के प्राचीन गणतन्त्र और आज के यूरोपीय और अमेरिकी गणतन्त्र में है। सिर्फ़ शासन करने वालों को चुन लेने का अधिकार मिल जाने से लोकतन्त्र क़ायम नहीं हो जाता। इस बारे में डॉ. आम्बेडकर बताते हैं, "लोकतन्त्र का अर्थ एक राजनीतिक मशीन से लिया जाता है। माना जाता है कि जहाँ यह मशीन है वहाँ लोकतन्त्र है। यह भी समझा जाता है कि जहाँ गणतन्त्र है वहाँ लोकतन्त्र होगा। जहाँ संसद है और वयस्क लोग नियमित तौर पर होने वाले चुनाव में उसे चुनते हैं संसद क़ानून बनाती है वहाँ लोकतन्त्र है। यानी यह एक तरह का राजनीतिक उपकरण है और जहाँ वह उपकरण है वहाँ लोकतन्त्र होगा ही। क्या भारत में लोकतन्त्र है या लोकतन्त्र बिल्कुल नहीं है?" *(डॉ. आम्बेडकर,* 20 *मई* 1956*)*।

वे अपनी बात को और स्पष्ट करते हुए कहते हैं, "एक तो लोकतन्त्र का मतलब गणतन्त्र से नहीं है। दूसरी बात यह है कि जहाँ संसदीय सरकार है उसका

मतलब लोकतन्त्र नहीं है। इसी कारण भ्रम पैदा होता है। लोकतन्त्र इन दोनों से एकदम अलग चीज़ है। लोकतन्त्र की जड़ें सरकार के स्वरूप में नहीं होतीं बल्कि उससे अलग होती हैं। लोकतन्त्र प्राथमिक रूप से मिलीजुली जीवन पद्धति है। लोकतन्त्र की जड़ें सामाजिक सम्बन्धों में होती हैं। जो लोग समाज बनाते हैं उनके साझा जीवन में होती हैं। समाज क्या है? समाज वास्तव में एक समुदाय है जिसका कोई मक़सद है, कल्याण करने की कोई इच्छा है, सार्वजनिक उद्देश्य के लिए निष्ठा है, पारस्परिक सहानुभूति और सहयोग की भावना है। क्या यह चीज़ें भारतीय समाज में हैं? नहीं हैं। भारतीय समाज में व्यक्ति नहीं है। यहाँ ढेर सारी जातियों का संकलन है जो एक-दूसरे से साझेदारी नहीं करतीं और उनमें सहानुभूति का कोई सूत्र नहीं है। जाति व्यवस्था के कारण यहाँ समाज के आदर्श नहीं हैं इसलिए लोकतन्त्र नहीं है। हर चीज़ जाति व्यवस्था के आधार पर संगठित है।...जाति के कारण भारतीय लोग एक-दूसरे से न तो शादी कर सकते हैं और न ही एक साथ भोजन कर सकते हैं।"

डॉ. आम्बेडकर की बातों को अगर जाति के साथ सम्प्रदाय के अर्थ में भी लागू किया जाये तो आज भारतीय समाज ज़्यादा ही विभाजित है। यह जानते हुए कि इस देश में अन्तर्जातीय और अन्तर्धार्मिक विवाह का अनुपात आबादी के 1 से 3 प्रतिशत से अधिक नहीं है। लेकिन उसके ख़िलाफ़ सामाजिक गोलबन्दी और बहिष्कार से लेकर क़ानूनी अवरोध खड़े कर दिये गये हैं। ऑनर किलिंग होने से लेकर लव जेहाद के विरुद्ध क़ानून बनाने तक व्यक्ति के अधिकारों और सामुदायिक पारस्परिकता को ख़त्म करने के ही उपाय किये हैं। यह सब हमारे समाज को महज़ गणतन्त्र बनाकर छोड़ देते हैं लोकतन्त्र नहीं बनने देते।

लोकतन्त्र क्या है और उसकी क्या अनिवार्य शर्तें हैं इस बारे में डॉ. आम्बेडकर का विमर्श बहुत प्रासंगिक है। वे कहते हैं कि लोकतन्त्र क्या है इस बारे में कोई आम राय नहीं है। मुख्य रूप से दो दृष्टिकोण रखे जाते हैं लोकतन्त्र के बारे में। एक दृष्टिकोण कहता है कि यह एक क़िस्म की सरकार की प्रणाली है। यानी लोकतन्त्र वह प्रणाली है जहाँ जनता सरकार चुनती है। मतलब जहाँ प्रतिनिधित्व वाली सरकार है वहाँ लोकतन्त्र है। उस जगह पर लोकतन्त्र क़ायम मान लिया जाता है जहाँ पर वयस्क मताधिकार हों और समय-समय पर चुनाव हों। जबकि दूसरा दृष्टिकोण यह कहता है कि लोकतन्त्र सरकार की प्रणाली से कहीं ज़्यादा बड़ी चीज़ है। वह समाज का एक संगठन है। लोकतान्त्रिक रूप से गठित समाज की दो अनिवार्य शर्तें हैं।

- समाज में वर्गीय आधार पर जड़ता का अभाव
- व्यक्ति और समूह सदैव तालमेल करने को तैयार रहते हैं और हितों की पारस्परिकता को मान्यता देते हैं।

डॉ. आम्बेडकर कहते हैं कि अगर दूसरी शर्त का पालन नहीं होता तो समाज अलोकतान्त्रिक हो जाता है। वे कहते हैं कि जो लोग यह मानते हैं कि लोकतन्त्र का मतलब सिर्फ़ चुनाव होता है वे तीन ग़लतियाँ करते हैं।

पहली ग़लती यह कि सरकार नामक संस्था समाज से भिन्न और कटी हुई होती है। जबकि वास्तव में वैसा नहीं है। सरकार उन तमाम संस्थाओं में से एक है जिसे समाज तैयार करता है ताकि वह कुछ दायित्वों का निर्वाह कर सके।

दूसरी ग़लती यह है कि वे यह समझ नहीं पाते कि सरकार को समाज के अनन्तिम उद्देश्य और इच्छाओं का प्रतिनिधित्व करना होता है। ऐसा तभी हो सकता है जब जिस समाज में सरकार खड़ी है वह समाज लोकतान्त्रिक हो। अगर समाज लोकतान्त्रिक नहीं है तो सरकार लोकतान्त्रिक नहीं हो सकती। अगर समाज वर्गों में बँटा है तो सरकार शासक वर्ग के हितों की रक्षा करने में लगी रहती है।

तीसरी ग़लती यह है कि वे लोग नहीं समझते कि सरकार चाहे जैसी हो वह अफ़सरों यानी सिविल सर्वेंट्स पर निर्भर करती है। वे लोग कैसे हैं यह उस सामाजिक परिवेश पर निर्भर करता है जिसमें वे तैयार होते हैं।

इसलिए लोकतान्त्रिक सरकार के लिए लोकतान्त्रिक समाज होना अनिवार्य है। लोकतन्त्र एक राजनीतिक मशीन से बड़ी चीज़ है। यह एक सामाजिक व्यवस्था से कुछ ज़्यादा है। यह एक मानसिक रवैया है यह एक जीवन दर्शन है।

फिर वे इस बात पर आते हैं कि संविधान में उल्लिखित स्वतन्त्रता, समता और बन्धुत्व के तीन मूल्यों में से सबसे प्रमुख मूल्य कौन-सा है? उनका कहना है कि कुछ लोग लोकतन्त्र को समता और स्वतन्त्रता से जोड़ते हैं। निश्चित तौर पर वे लोकतन्त्र के सबसे गहरे सरोकार हैं। लेकिन उससे भी महत्त्वपूर्ण सवाल यह है कि समता और स्वतन्त्रता किस चीज़ पर टिके रहते हैं। कुछ लोगों का कहना है कि यह राज्य का क़ानून है जिस पर वे टिके रहते हैं। लेकिन यह सही नहीं है। समता और स्वतन्त्रता को जो चीज़ टिकाती है वह है सहमनापन यानी fellowfeeling. इसका अर्थ है मित्रता का भाव। बुद्ध ने इसके लिए मैत्री शब्द दिया था। मैत्री का महत्त्व समझाते हुए डॉ. आम्बेडकर लिखते हैं कि मैत्री के बिना समता स्वतन्त्रता को नष्ट कर देगी और स्वतन्त्रता समता को नष्ट कर देगी। लोकतन्त्र में अगर समता

स्वतन्त्रता को नष्ट नहीं करती और स्वतन्त्रता समता को नष्ट नहीं करती तो उसकी वजह मैत्री है। इसलिए बन्धुत्व ही लोकतन्त्र का मूल आधार है।

यहाँ यह बात स्पष्ट हो जाती है कि लोकतन्त्र गणतन्त्र से कितना अलग है। लेकिन लोकतन्त्र का स्वरूप अलग-अलग देशों में अलग-अलग रहा है और किसी एक देश का लोकतन्त्र हमेशा एक जैसा नहीं रहा है। इसलिए यह कह पाना कठिन है कि लोकतन्त्र क्या है और यह भी दावा करना मुश्किल है कि किसी देश में पूरी तरह से लोकतन्त्र आ गया है। यह निरन्तर विकासमान व्यवस्था है। लेकिन एक बात निश्चित है कि धुर वामपन्थ और धुर दक्षिणपन्थ लोकतन्त्र को अपने-अपने ढंग से परिभाषित करते हैं। दोनों उसे विकास और जनता के नाम पर किसी पार्टी या चंद शासकों में केन्द्रित कर देते हैं। और इस प्रकार वे लोकतन्त्र के मध्यमार्ग को नष्ट कर देते हैं। कहीं रोटी बनाम स्वाधीनता की बहस है तो कहीं विकास लोकतन्त्र का द्वन्द्व छिड़ा है। लोकतन्त्र का विमर्श शुरू करने पर यूनान और एथेंस की बात आती है। लेकिन एथेंस के लोग जिस लोकतन्त्र की बात करते थे वह आज के लोकतन्त्र से अलग रहा है। वहाँ 50 प्रतिशत लोग दास रहे हैं। उनके पास वोट देने का अधिकार नहीं था और न ही सरकार के गठन और संचालन में उनकी कोई भूमिका थी। 1688 की क्रान्ति से पहले इंग्लैंड का लोकतन्त्र वैसा नहीं था जैसे बाद में हुआ। 1688 से 1832 के बीच वह कुछ और था और उसके बाद कुछ और हो गया। लोकतन्त्र का स्वरूप तो बदलता ही रहा है उसका उद्देश्य भी बदलता रहा है। पहले इंग्लैंड में लोकतन्त्र का मक़सद बादशाह की शक्तियों को कम करना था क्योंकि बादशाह कहता था कि मेरा क़ानून चलेगा जबकि संसद कहती थी उसका क़ानून चलेगा। आज के लोकतन्त्र का मक़सद लोककल्याण हो गया है। डॉ. आम्बेडकर इंग्लिश कांस्टीट्यूशन पर चर्चित पुस्तक लिखने वाले वाल्टर वेगहैट का उल्लेख करते हुए कहते हैं कि लोकतन्त्र का अर्थ है बहस से चलने वाली सरकार। उसी सन्दर्भ में अब्राहम लिंकन की परिभाषा भी उल्लेखनीय है जिसके तहत लोकतन्त्र जनता के लिए जनता के द्वारा और जनता का शासन होता है।

यहाँ लोकतन्त्र की डॉ. आम्बेडकर की परिभाषा ग़ौर करने लायक है। वे कहते हैं, "लोकतन्त्र सरकार का ऐसा स्वरूप और पद्धति है जहाँ पर बिना ख़ून ख़राबे के लोगों के सामाजिक और आर्थिक जीवन में क्रान्तिकारी बदलाव लाया जाता है।" फिर वे इस बात पर भी आते हैं कि लोकतन्त्र को कैसे कामयाब किया जाये।

लोकतन्त्र को कामयाब करने की पहली शर्त यह है कि समाज में असमानता नहीं होनी चाहिए। वहाँ दमित वर्ग नहीं होना चाहिए। ऐसा न हो कि एक वर्ग के पास सारे अधिकार हों और दूसरे पर सारे बोझ हों। इससे हिंसक क्रान्ति हो सकती है। अब्राहम लिंकन कहते हैं कि वह घर जो अपने विरुद्ध ही विभाजित होता है वह चल नहीं सकता। यानी लोकतन्त्र का पतन सामाजिक विभाजन के कारण होता है।

दूसरी शर्त है विपक्ष का अस्तित्व। ध्यान रखिएगा कि कुछ लोग तो पार्टी प्रणाली के ही विरोध में हैं। कुछ लोग काँग्रेस मुक्त भारत की बात करते हैं तो कुछ लोग विपक्ष मुक्त भारत की। हाल में गुजरात में मोरबी पुल के हादसे में जब पर्यटकों की मौत हुई तो पुल की मरम्मत करने वाली कम्पनी ओवेरा के प्रबन्ध निदेशक जयसुख पटेल के विचारों का पता चला। उन्होंने लिखा है कि भारत में बार-बार चुनाव होने ही नहीं चाहिए। इससे संसाधनों की बर्बादी होती है। अच्छा हो कि किसी एक व्यक्ति के हाथों में देश की सत्ता लम्बे समय तक सौंप दी जानी चाहिए। जबकि लोकतन्त्र का अर्थ है वंशानुगत और निरंकुश प्राधिकार का विरोध। लोकतन्त्र का मतलब है कि जो देश पर शासन कर रहे हैं उन पर कहीं-न-कहीं वीटो लगाया जा सके। उस वीटो का एक स्वरूप तो हर पाँच साल बाद होने वाला चुनाव है। किसी ने कितना बढ़िया शासन चलाया हो लेकिन हर पाँच साल बाद उसे जनता के पास जाना होता है और वह फ़ैसला करती है कि क्या वह पार्टी और नेता फिर से शासन करने का अधिकारी है। यह तो हुआ दीर्घकालिक वीटो। इसके अलावा एक होता है तात्कालिक वीटो। तात्कालिक वीटो का मतलब है कि किसी भी सरकार को सदन में चुनौती देने वाली शक्तियाँ होनी चाहिए। यानी विपक्ष और मीडिया शक्तिशाली होने चाहिए। इसीलिए विपक्ष को चलाने के लिए सरकार वेतन देती है और विपक्ष के नेता का दर्जा कैबिनेट मन्त्री के बराबर होता है। उसका संसद में दफ़्तर होता है।

तीसरी शर्त है विधि और प्रशासन के समक्ष समानता। यानी क़ानून तो सबको समान मानकर बनेंगे ही और प्रशासन भी उस क़ानून को न्यायिक ढंग से लागू करेगा। अगर प्रशासन में भेदभाव आ जाये तो लोकतन्त्र ख़त्म हो जाता है। अगर सत्ता में बैठे लोगों की उन्मुक्ति इस हद तक बढ़ जाये कि न उनकी कोई आलोचना कर सके और न ही उन पर कोई क़ानून लागू हो सके तो विधि के समक्ष समानता का सिद्धान्त ध्वस्त हो जाता है। ऐसा होना लोकतन्त्र के महत्त्वपूर्ण स्तम्भ का ढह जाना है। अगर सत्तारूढ़ पार्टी और उससे जुड़े संगठनों के लोग कुछ भी करें और उन पर कार्रवाई करने से प्रशासन झिझकता है तो यह प्रशासन की समतापूर्ण दृष्टि नहीं हुई।

चूँकि उस पार्टी के लोग सत्ता में हैं इसलिए प्रशासन को धमका दिया जाता है कि अगर किसी अफ़सर ने कार्रवाई की तो उसे हटा दिया जायेगा। या फिर उसी पर कार्रवाई हो जायेगी। पक्षपाती प्रशासन की अमेरिकी व्यवस्था का ज़िक्र करते हुए वे कहते हैं कि वहाँ पर पद-पुरस्कार-व्यवस्था (spoils system) लागू थी। जो पार्टी आती थी वह अपने लोगों को प्रशासन में नियुक्त कर देती थी। वे दूसरी पार्टी वालों के साथ पक्षपात करते थे। इस तरह से अन्यायी व्यवस्था निर्मित होती थी। जब दूसरी पार्टी आती थी तो पहली वाली नियुक्तियों को रद्द कर देती थी। कड़ी आलोचना होने के कारण उस व्यवस्था को ख़त्म कर दिया गया। इसलिए लोकतन्त्र वहीं क़ायम हो सकता है जहाँ पर विधि और प्रशासन के समक्ष समता का व्यवहार हो।

चौथी शर्त है संवैधानिक नैतिकता का पालन। संविधान अपने आप में मात्र एक कंकाल है। उसमें रक्त मांस और मज्जा उसे चलाने वालों के व्यवहार से भरे जाते हैं। डॉ. आम्बेडकर संवैधानिक नैतिकता का उदाहरण वे अमेरिका के प्रथम राष्ट्रपति जॉर्ज वाशिंगटन के हवाले से देते हैं। जब इंग्लैंड के विरुद्ध 13 अमेरिकी उपनिवेशों ने विद्रोह किया तो जॉर्ज वाशिंगटन उनके नेता थे। उनका इतना आदर था जितना भगवान का होता है। संविधान बनने के बाद वे अमेरिका के पहले राष्ट्रपति बने। दूसरी बार वे खड़े होने को तैयार नहीं थे। उनका कहना था कि अगर आप हर बार मुझे ही चुनोगे तो आपके उन सिद्धान्तों का क्या होगा जिनको लेकर आपने इंग्लैंड से विद्रोह किया। क्योंकि विद्रोह इस आधार पर किया गया था कि वंशानुगत शासन नहीं होना चाहिए। एक ही व्यक्ति को बार-बार चुना गया तो वंशवाद के हटने का अर्थ क्या रहा। फ़िलहाल उन्हें मनाया गया और वे दोबारा खड़े हो गये। लेकिन तीसरी बार जब लोग उनके पास गये तो उन्होंने साफ़ कहा कि मैं आपकी भावनाओं का शिकार नहीं होने वाला हूँ। अब नहीं खड़ा होऊँगा।

पाँचवीं अनिवार्य शर्त यह है कि लोकतन्त्र में बहुसंख्यकों का अल्पसंख्यकों पर आतंक नहीं होना चाहिए। अल्पसंख्यक समाज को सुरक्षित महसूस करना चाहिए। बहुमत की सरकार ज़रूर चले लेकिन अल्पमत में रहने वालों को आहत नहीं किया जाना चाहिए। न ही अल्पसंख्यकों या अल्पमत के लोगों पर नाजायज़ हमले करने चाहिए। लोकतन्त्र में लोक की जाग्रत अन्तरात्मा होनी चाहिए। हेराल्ड लास्की कहते हैं कि लोकतन्त्र में एक नैतिक व्यवस्था होनी चाहिए अगर वह नहीं होगी तो लोकतन्त्र टुकड़े-टुकड़े हो जायेगा।

संयोग से एक-दूसरे से गहरे विवाद और मतभेद रखने के बावजूद महात्मा गाँधी भी लोकतन्त्र को वैसे ही परिभाषित करते हैं जैसे कि डॉ. आम्बेडकर कर रहे थे।

गाँधी भी इस बात को ख़ारिज करते हैं कि लोकतन्त्र कोई यान्त्रिक प्रणाली है। गाँधी जी कहते हैं, "लोकतन्त्र की भावना कोई यान्त्रिक वस्तु नहीं है जिसे ढाँचों का उन्मूलन करके समायोजित किया जा सके। उसके लिए हृदय परिवर्तन आवश्यक है... उसके लिए भाईचारे की भावना का विकास आवश्यक है। सार रूप में लोकतन्त्र का अर्थ होना चाहिए सभी की आम भलाई के लिए लोगों के सभी वर्गों के समस्त भौतिक, आर्थिक और आध्यात्मिक संसाधनों के जुटाव की कला तथा विज्ञान।" आमतौर पर गाँधी के बारे में कहा जाता है कि वे अराजकतावादी थे। यानी व्यक्ति की स्वतन्त्रता में असीमित आस्था रखते थे और राज्य की शक्तियों को सीमित रखने में यक़ीन करते थे लेकिन गाँधी न्याय करने और व्यक्ति को अनुशासित करने की ज़िम्मेदारी राज्य को ही देते हैं। "लोकतन्त्र में व्यक्ति की इच्छा समाज की इच्छा, वह जिसे राज्य कहा जाता है उसके द्वारा शासित और मर्यादित होती है, जो लोकतन्त्र द्वारा और उसके हित में चलाया जाता है। यदि हर व्यक्ति क़ानून को अपने हाथ में लेने लगे तो राज्य नाम की चीज़ ही नहीं रहेगी, अराजकता फैल जायेगी जिसका अर्थ है कि सामाजिक क़ानून यानी राज्य का लोप हो जायेगा। इसी से अन्ततः स्वतन्त्रता का लोप होता है। इसलिए आपको अपने क्रोध को वश में रखना चाहिए और न्याय सुनिश्चित करने का काम राज्य को करने देना चाहिए।"

लेकिन राज्य की शक्ति के अधिकतम उपयोग को वे आदर्श स्थिति नहीं मानते। वे कहते हैं, "आदर्श राज्य में राजनीतिक सत्ता नाम की कोई चीज़ नहीं होती, क्योंकि उसमें राज्य का ही अस्तित्व नहीं होता। लेकिन जीवन में आदर्श की पूरी प्राप्ति कभी नहीं हो पाती। इसलिए थोरो का क्लासिकी कथन का सत्य है कि सबसे अच्छी सरकार वह है जो सबसे कम शासन करे।"

इसी क्रम में वे व्यक्ति के साथ राज्य को भी अहिंसक होने की सलाह देते हैं। वे कहते हैं, "लोकतन्त्र और हिंसा साथ-साथ नहीं चल सकते। जो राज्य आज नाम के लोकतान्त्रिक हैं या तो उन्हें खुल्लमखुल्ला सर्वसत्तात्मक बन जाना होगा या अगर वे सचमुच लोकतान्त्रिक बनना चाहते हैं तो हिम्मत करके अहिंसक रूप धारण करना होगा। यह कहना निन्दापूर्ण होगा कि अहिंसा पर आचरण केवल व्यक्ति कर सकते हैं, राष्ट्र कभी नहीं, जो कि व्यक्तियों से मिलकर बनते हैं।"

बहुसंख्यक और अल्पसंख्यक के मामले में गाँधी जी की सोच आज के सन्दर्भ में ज़्यादा प्रासंगिक है। जिस तरह इस लोकतन्त्र में बहुसंख्यकवाद हावी होता गया है और उसके पीछे अल्पसंख्यकों के तुष्टीकरण का हौवा खड़ा किया गया है उस

बारे में गाँधी जी की सोच के भीतर झाँकने की आवश्यकता है। वे साफ़ कहते हैं, "विवेक के मामले में, बहुसंख्या के नियम का कोई स्थान नहीं है। हमें जनादेश के सिद्धान्त को बेतुकी सीमा तक नहीं खींच ले जाना चाहिए और बहुसंख्यकों के संकल्पों का दास नहीं बनना चाहिए। वह पशुबल का और भी सांघातिक रूप में पुनर्जीवन होगा। यदि अल्पसंख्यकों के अधिकारों का सम्मान किया जाना है तो बहुसंख्यकों को उनकी राय और कार्रवाई को सहन करना चाहिए और उसका आदर करना चाहिए... यह सुनिश्चित करना बहुसंख्यकों का काम है कि अल्पसंख्यकों की बात ठीक से सुनी जाती है और उनका किसी भी रूप में अपमान नहीं होता।"

गाँधी इस बात को भी स्पष्ट करते हैं कि बहुसंख्या के नियम को किस हद तक माना जाना चाहिए। "बहुसंख्या के शासन के नियम की प्रयुक्ति काफ़ी सीमित है, वह यह है कि ब्योरे की बातों में हमें बहुसंख्या की बात माननी चाहिए। लेकिन बहुसंख्या जो भी निर्णय करे, उन्हें मानना दासता है... लोकतन्त्र भेड़चाल नहीं है। लोकतन्त्र में, राय ज़ाहिर करने और कार्य करने की व्यक्तिगत स्वतन्त्रता की सावधानी के साथ रक्षा की जाती है। इसलिए मैं मानता हूँ कि अल्पसंख्यकों को बहुसंख्यकों से भिन्न दिशा में कार्य करने का पूरा-पूरा अधिकार है।" वे साफ़ तौर पर कहते हैं कि असहिष्णुता, अशिष्टता और कठोरता यह निस्सन्देह लोकतन्त्र की भावना के प्रतिकूल बर्ताव हैं।

गाँधी अपने लोकतन्त्र को समझाने के लिए रामराज्य के रूपक का प्रयोग करते हैं लेकिन साथ ही यह स्पष्ट करना नहीं भूलते कि उनके रामराज्य का अर्थ हिन्दू राज कतई नहीं है। उनके रामराज्य के केन्द्र में सत्य और सदाचार है, नैतिक सत्ता है वही उनके लिए राम है, रहीम है और वही ईश्वर है। वे साफ़ शब्दों में कहते हैं, "मेरे रामराज्य से मेरा अभिप्राय हिन्दू राज से नहीं है। रामराज्य से मेरा अभिप्राय है दैवी राज्य अर्थात ईश्वर का साम्राज्य। मेरी दृष्टि में राम रहीम एक ही हैं। मैं केवल एक ही ईश्वर को जानता हूँ और वह है सत्य या सदाचार का ईश्वर। रामराज्य का प्राचीन आदर्श निस्सन्देह एक सच्चा लोकतन्त्र है जिसमें क्षुद्रतम नागरिक भी लम्बी-चौड़ी और महँगी प्रक्रिया के बिना शीघ्र न्याय पा सकता है। कवि के वर्णन के अनुसार रामराज्य में कुत्ते तक को न्याय मिला था। मेरे सपने के रामराज्य में राजा और रंक दोनों के अधिकार समान होते हैं।"

गाँधी द्वारा रामराज्य के रूपक का प्रयोग शायद इसलिए भी किया गया था क्योंकि वे इंग्लैंड के हाउस ऑफ़ कॉमंस की व्यवस्था सोवियत संघ की कम्युनिस्ट

शासन प्रणाली, इटली की फ़ासीवादी और जर्मनी की नाज़ीवादी व्यवस्था को वहाँ के लिए मानते थे न कि भारत के लिए। वे भारतीय लोकतन्त्र का कोई अलग ही स्वरूप तलाश रहे थे। जहाँ गाँव को इकाई माना जायेगा और सच्चा लोकतन्त्र केन्द्र में बैठे बीस लोगों द्वारा नहीं चलाया जायेगा, इसका संचालन तो नीचे से हर गाँव के लोग करेंगे।

भारत में लोकतन्त्र क़ायम करने में प्रमुख भूमिका निभाने वाले देश के पहले प्रधानमन्त्री पंडित जवाहर लाल नेहरू ने इसके विभिन्न पहलुओं पर सतर्कतापूर्वक विचार किया है। 25 फ़रवरी, 1956 को नयी दिल्ली में संसदीय लोकतन्त्र पर आयोजित अखिल भारतीय सेमिनार में उन्होंने कई अहम पक्षों पर अपनी बात रखी थी जो आज भी प्रासंगिक है। उनका कहना था कि हाल में वयस्क मताधिकार दुनिया के कई देशों में आया है लेकिन वयस्क मताधिकार का असर पूरी तरह से सामने नहीं आया है। सवाल यह है कि क्या यह लोगों की समस्याओं को हल कर सकता है? समस्याएँ सिर्फ़ सरकारी मशीनरी से हल नहीं होतीं इसके लिए लोग भी अच्छे क़िस्म के होने चाहिए। उनकी शिक्षा भी अच्छी होनी चाहिए। उनका कहना था कि संसदीय लोकतन्त्र पिछले 150-200 सालों (यानी आज के लिहाज़ से 250 वर्षों) में आया लेकिन इसकी रफ़्तार धीमी रही है। इंग्लैंड में पहले मताधिकार बहुत सीमित था। उस समय कई विकसित देशों में महिलाओं को मताधिकार नहीं था। एक प्रकार से वहाँ पुरुष लोकतन्त्र था। 19वीं सदी के तमाम कटघरों से निकलने के लिए लोकतन्त्र को बड़ा संघर्ष करना पड़ा।

आरम्भ में राजनीतिक लोकतन्त्र पर ही ज़ोर रहा है यानी एक व्यक्ति एक वोट। हालाँकि ग़रीब और भूखे आदमी के लिए उसका बहुत ज़्यादा मतलब नहीं है। ऐसे लोगों की वोट से ज़्यादा भोजन में रुचि रहती है। इसलिए राजनीतिक लोकतन्त्र ही नहीं आर्थिक लोकतन्त्र भी चाहिए। अच्छी चीज़ें सभी को मिलें इसलिए असमानता समाप्त होनी चाहिए। औद्योगिक क्रान्ति बहुत बुनियादी क़िस्म की क्रान्ति है। लेकिन लोगों का दिमाग़ घटनाओं से पीछे चलता है। इसको फ्रांस की राज्य क्रान्ति से समझा जा सकता है। फ्रांसीसी क्रान्ति ने यूरोप को बहुत प्रभावित किया। तमाम लहरें उठीं लेकिन फ्रांसीसी क्रान्ति के नेता औद्योगिक क्रान्ति की गम्भीरता को समझ नहीं रहे थे। वे सिर्फ़ राजनीतिक समस्याओं के बारे में सोच रहे थे। औद्योगिक क्रान्ति बहुत कुछ बदल रही थी और लोग फ्रांसीसी क्रान्ति के नारों से संचालित हो रहे थे। इस बीच एटमी ऊर्जा का आविष्कार हुआ और इसने जीवन को बहुत प्रभावित किया।

झगड़े और सहयोग में इस शक्ति का कैसे उपयोग किया जाये यह सवाल ज़रूरी होता गया।

वे लोकतन्त्र के लिए दो चीज़ें ज़रूरी बताते हैं। एक तो साध्य को प्राप्त करने का शान्तिपूर्ण साधन। इसीलिए लोकतन्त्र में व्यक्ति पर वैसा दबाव नहीं बनता जैसा कि दूसरे प्रकार की सरकारें डालती हैं। इसी के साथ ज़रूरी है आत्मानुशासन। जो लोग आपस में सहमत नहीं होते वे भी मिलजुल कर निकाले गये समाधानों को स्वीकार करते हैं। झगड़ा करने से अच्छा है कि शान्तिपूर्ण परिवर्तन करना और लोगों को समझाते रहना। अगर समाधान शान्तिपूर्ण नहीं है तो वह लोकतन्त्र नहीं है। आत्मानुशासन भी भीतर से होना चाहिए। अगर उसे बाहर से लागू किया जायेगा तो एक देश दूसरे देश पर शासन करेगा और स्वेच्छाचारी सरकारें बनेंगी।

संविधान के मुताबिक़ सरकारें चलाने के लिए नेहरू जिन शर्तों को बताते हैं उन पर भी ध्यान देना आवश्यक है। उनका कहना था कि संविधान चलाने के लिए सोच ही नहीं अच्छी होनी चाहिए बल्कि लोगों का चरित्र भी उच्च कोटि का होना चाहिए। इसलिए अगर लोग संविधान के मुताबिक़ व्यवहार नहीं करेंगे तो देश टुकड़े-टुकड़े हो जायेगा। यहाँ वे सांसदों की कमियों की ओर संकेत करते हुए कहते हैं कि वे दस्तावेज़ों का ठीक से अध्ययन नहीं कर पाते। इसीलिए ब्रिटेन में यह माँग बार-बार उठी है कि संसदीय समितियों को ज़्यादा ज़िम्मेदारियाँ दे दी जायें। जिस तरह जान डेवी रचनात्मक लोकतन्त्र की बात करते हैं उसी तरह वे चाहते हैं कि लोकतन्त्र को चलाने के लिए रचनात्मक ऊर्जा और स्वतन्त्रता का बोध लाया जाना चाहिए। वे कहते हैं कि आर्थिक लोकतन्त्र अब राजनीतिक लोकतन्त्र की अनिवार्य शर्त होती जा रही है।

लेकिन नेहरू इस बारे में आश्वस्त नहीं हैं कि हमने ब्रिटेन से सम्पर्क के कारण जो संसदीय प्रणाली लागू की है वह कितनी सफल हो पायेगी। यह सही है कि हर व्यक्ति के पास वोट का अधिकार है लेकिन लोगों को सही दिशा में प्रभावित करने का कोई तरीक़ा नहीं है। जो भी तरीक़े हैं वे ग़लत दिशा में भी ले जा सकते हैं। प्रचार के तरीक़े लोगों को उत्तेजित कर सकते हैं और लोगों का ग़ुस्सा बढ़ा सकते हैं और युद्ध जैसी स्थितियाँ बन सकती हैं। इसलिए प्रचार के जो तरीक़े हैं उनका प्रयोग करना लोकतन्त्र को आना चाहिए वरना हम उसे तोड़कर रख देंगे। आज का मीडिया जिस तरह का हो गया है उसे देखकर नेहरू जी की यह चेतावनी बहुत मौजूं लगती है। यहाँ भारत ने आज़ादी की लड़ाई के लिए जो शान्तिपूर्ण तरीक़े अपनाये उसने बहुत कुछ रचा है जो हमारे लिए उपयोगी हो सकता है।

भारतीय संसदीय प्रणाली ब्रिटेन से क्यों इतनी प्रभावित रही इसके बारे में प्रसिद्ध राजनेता, लेखक और दक्षिणपन्थी विचारक कन्हैयालाल माणिकलाल मुंशी ने जो कारण बताये वे ध्यान देने लायक हैं। उनका कहना था कि जिन युवकों ने भारत की आज़ादी की लड़ाई का नेतृत्व किया वे एडमंड बर्क, बेंथम, जॉन स्टुअर्ट मिल और लॉर्ड वेबिंगटन मैकाले के विचारों से प्रभावित थे। वे लोग वकील थे। वे ब्रिटिश न्याय प्रणाली के हिस्से थे और उन्होंने ब्रिटिश संसद देखी थी। बॉम्बे, कलकत्ता और मद्रास में जिन युवकों का वकालत का अच्छा करियर था उन्होंने ही भारतीय राष्ट्रीय काँग्रेस की स्थापना की। वे उस समय की नौकरशाही पर आधारित अंग्रेज़ सरकार का संवैधानिक विपक्ष प्रस्तुत करना चाहते थे। उनकी बातों को ब्रिटिश संसद ने धीरे-धीरे मानना शुरू किया। इस बारे में 1853 का चार्टर एक्ट, 1858 के भारत सरकार अधिनियम और 1861, 1892, 1909 के इंडियन कौंसिल अधिनियम ने अपनी भूमिका निभाई। उन्होंने ही संसदीय लोकतन्त्र की ओर भारत को अग्रसर किया। इससे गवर्नर जनरल की कौंसिल में क़ानून बनाने का अभ्यास भारतीयों को होने लगा। भारतीयों का उत्साह उस समय बहुत बढ़ गया जब दादा भाई नौरोजी 1888 में सेंट्रल फिन्सबरी से ब्रिटिश संसद के लिए चुने गये। हालाँकि वे महज़ तीन वोट से चुने गये थे लेकिन उनकी यह जीत बहुत अहम थी। बाद में 1919 और 1935 के भारत सरकार अधिनियम ने भारतीयों को क़ानून बनाने और संसदीय प्रणाली का अनुभव लेने के अवसर प्रदान किये। सबसे महत्त्वपूर्ण रहा 1937 से 1939 तक 27 महीनों का राज्यों में सरकारें चलाने का अनुभव। इस दौरान भारतीय मानस वेस्टमिनिस्टर मॉडल के लिए काफ़ी कुछ तैयार हो गया। केएम मुंशी ने ब्रिटिश मॉडल का यह कहते हुए समर्थन किया था कि हम सौ सालों से इसका अनुभव कर रहे हैं। लेकिन भारतीय प्रणाली की विशेषता यही है कि यहाँ ब्रिटेन की तरह संसद सर्वोच्च नहीं है। यहाँ संसदीय क़ानूनों पर न्यायपालिका सवाल उठा सकती है और उसे ख़ारिज भी कर सकती है। संविधान के अनुच्छेद 13 में न्यायिक समीक्षा का अधिकार दिया गया है। वह हमारे संविधान का मौलिक चरित्र है। इसलिए यहाँ संविधान सर्वोपरि है।

उस सेमिनार में व्यक्त किये गये प्रोफ़ेसर एस.के. रे का यह विचार बहुत महत्त्वपूर्ण है कि लोकतन्त्र क्या नहीं है—

1. सभी पर लागू होने वाली कोई सरकारी विचारधारा नहीं है।
2. एक व्यक्ति के नेतृत्व में चलने वाली एकल मास पार्टी नहीं है।

3. पुलिस आतंक के माध्यम से चलने वाली प्रणाली नहीं है।
4. पार्टी द्वारा नियन्त्रित मीडिया और उसके द्वारा नियन्त्रित समाज नहीं है।
5. पार्टी द्वारा सेना और शस्त्र का नियन्त्रण नहीं है।
6. पार्टी द्वारा अर्थव्यवस्था का नियन्त्रण नहीं है।

इसके साथ ही वे बताते हैं कि कौन-से वे अधिकार हैं जो लोकतन्त्र में बेहद महत्त्वपूर्ण और अपरिहार्य हैं। वे अधिकार हैं—

1. जिस सरकार को लोग नापसन्द करते हैं उसे संवैधानिक रूप से बदलने का अधिकार।
2. विचारों की स्वतन्त्र अभिव्यक्ति और सरकार के विरोध और आलोचना का अधिकार।
3. अधिकारियों की ओर से मनमाने हस्तक्षेप से संरक्षण और किसी को भी मनमानी गिरफ़्तारी और मुक़दमा चलाये जाने से सुरक्षा।
4. राज्य के प्रति कर्तव्यों के साथ ही नागरिकों के मौलिक अधिकार।
5. क़ानून के भीतर अल्पसंख्यकों के अधिकारों की समान न्याय के साथ सुरक्षा।
6. ग़रीब अमीर, निजी और सरकारी व्यक्ति के साथ समान व्यवहार।
7. धारा से अलग विचार और विरोध रखने का अधिकार।

इस तरह दूसरे को सहना यानी सहिष्णुता बरतना लोकतन्त्र के बुनियादी वसूलों में एक है।

लोकतन्त्र के गुणों के साथ उसके अवगुणों और सीमाओं का अवलोकन करने वालों की कमी नहीं रही है। प्रसिद्ध ब्रिटिश लेखक जॉर्ज बर्नार्ड शॉ ने कहा है कि इस पर पार्टियों के नेता हावी रहते हैं। उनमें से ज़्यादातर जी हुजूरी करने वाले लोग होते हैं। वे संसद के धूम्रपान क्षेत्र में बैठे रहते हैं और सचेतक के कहने पर जब घंटी बजती है तो वोट देने दौड़ पड़ते हैं। उनमें से ज़्यादातर लोग अपने क्षेत्र की जनता की इच्छाओं से अपरिचित होते हैं। प्रोफ़ेसर गिडिंग का कहना है कि लोकप्रिय सरकारें भावनाओं की सवारी करती हैं। वे अति तक चली जाती हैं। आज के लोकतन्त्र की दिक़्क़त यह है कि वे बहुत कुछ करना चाहते हैं।

नोबेल पुरस्कार विजेता ब्रिटिश पत्रकार, लेखक और राजनेता रॉल्फ नॉरमल एंगेल अपनी पुस्तक 'द पब्लिक माइंड' में कहते हैं कि लोकतन्त्र तभी कामयाब हो सकता है जब हम उसकी कमियों को स्वीकार करें और उससे बाहर निकलने

की कोशिश करें। जैसे नाविक समुद्र की चट्टानों को चिह्नित कर उनसे बचते हुए जहाज़ आगे ले जाता है वैसे ही लोकतन्त्र की कमियों को समझकर आगे जाना चाहिए।

रवीन्द्रनाथ टैगोर का कहना है, 'लोकतन्त्र पूरी तरह से तभी खिल सकता है जब महत्त्वाकांक्षाओं को अनुशासित किया जाये, लालच को नियन्त्रित किया जाये और स्व को प्रेम और सेवा में समर्पित कर दिया जाये। उस समाज में सच्चा लोकतन्त्र नहीं हो सकता जहाँ का समाज लालची हो जाता है, लोगों में सत्ता की राजनीति के लिए प्रशंसा के भाव बन जाते हैं। इसलिए दिमाग़ को ज्ञान से साफ़ करते रहना चाहिए।'

जॉन स्टुअर्ट मिल भी सचेत करते हैं 'लोकतन्त्र एक झटके में क़लम से लिख देने से नहीं आ जाता। वह जनता के दिलो दिमाग़ में ज़िन्दा रहना चाहिए और नेताओं के दिमाग़ में भी रहना चाहिए। लोकतन्त्र के लिए अपने पर अनुशासन क़ायम करना बहुत ज़रूरी है। उनका कहना है कि लोकतन्त्र की रक्षा युद्ध क्षेत्र में की जा सकती है लेकिन एक जीवन पद्धति के रूप में उसकी रक्षा बुद्धिमत्तापूर्ण आचरण के माध्यम से ही हो सकती है।'

लोकतन्त्र को राजनीतिक दलों के संगठित स्वरूप से बचाने के लिए विनोबा भावे की चेतावनी बहुत कारगर है। उनका कहना था कि संगठित राजनीति और संगठित धर्म दोनों समाज के लिए घातक हैं। यह समाज के लिए ग़ैर-ज़रूरी भी हैं। इसलिए मानवता के हित में आख़िर में अध्यात्म और विज्ञान दो ही चीज़ें बचेंगी। उन्हीं की बात को आज के व्यावहारिक सन्दर्भ में व्याख्यायित करते हुए न्यायमूर्ति चन्द्रशेखर धर्माधिकारी कहते हैं कि आज के राजनीतिक दल संगठित गिरोह बन गये हैं। वे अपने लोकतान्त्रिक और मानवीय विवेक का ख़याल किये बिना अपनी पार्टी की सत्ता और नेतृत्व का बचाव हर सीमा तक जाकर करते हैं।

लोकतन्त्र के बारे में हाल फ़िलहाल की जिन दो पुस्तकों ने वैश्विक सन्दर्भ में विमर्श पैदा किया है उनमें से एक है डेविड रैंसीमैन की किताब 'हाउ डेमोक्रेसी एंड्स' और दूसरी किताब है स्टीवेन लेविट्स्की और डैनियल जिबलेट की—'हाउ डेमोक्रेसीज डाइ'।

कैम्ब्रिज विश्वविद्यालय में प्रोफ़ेसर और पॉलिटिक्स विभाग के अध्यक्ष डेविड रैंसीमैन कहते हैं कि दुनिया में लोकतन्त्र की सैकड़ों बार मौत हो चुकी है। लेकिन पहले के दौर में अराजकता आती थी और व्यवस्था बनाने के लिए सेना उतरकर सब कुछ अपने हाथ में ले लेती थी और फिर जनता के हाथ में तब तक सत्ता नहीं

दी जाती थी जब तक उसे यक़ीन न हो जाये कि वह सँभालने लायक हो गयी है। लेकिन प्राचीन यूनान में जिस तरह से तख़्तापलट हुआ करता था आज वैसा नहीं होने जा रहा है। आज जिस प्रकार एटमी युद्ध, परमाणु विनाश और ख़तरनाक अपराध का ख़तरा विद्यमान है वह पहले से भिन्न स्थिति में है। आज समाज ज़्यादा समृद्ध है, लोग ज़्यादा बुज़ुर्ग हैं और आपस में ज़्यादा जुड़े हैं। इतिहास अपने को दोहराता नहीं। वह नये रूप में सामने आता है। आज संस्थाओं का क्षरण नये क़िस्म के ख़तरे पैदा कर रहा है। इसलिए वे हमारी लोकतान्त्रिक प्रणाली के भविष्य के लिए ख़तरा पैदा कर रहे हैं।

लोकतन्त्र प्रेमियों के लिए रैंसीमैन एक कटु बात कहते हैं और हमें उस सच्चाई से रूबरू होना ही पड़ेगा। 'कोई भी चीज़ सदा के लिए नहीं रहती। लोकतन्त्र भी एक दिन इतिहास के कूड़ेदान में जायेगा। फ्रांसिस फुकुयामा ने जब 1989 में 'एंड ऑफ़ हिस्ट्री' लिखी थी तो कहा था कि लोकतन्त्र में बहुत गुण हैं लेकिन इसके गुण इसे अमर नहीं बनाते। परन्तु लोगों ने यह नहीं सोचा था कि यह सब इतनी जल्दी होगा।'

पश्चिमी राजनीतिशास्त्री लोकतन्त्र की समीक्षा तो समय-समय पर करते रहते थे लेकिन आजकल जिस तरह से एक के बाद एक विद्वान उसकी मृत्यु की घोषणाएँ करने लगे हैं वह निश्चित तौर पर चिन्ताजनक है। सन् 1991 में सोवियत संघ के पतन के साथ ही अमेरिका और पश्चिम के चिन्तकों ने मान लिया था कि अब सभी की नियति लोकतन्त्र ही है। लोकतन्त्र की दुनिया में एक बयार बही भी। पूर्वी जर्मनी, रूमानिया, चेकोस्लाविया, पोलैंड और पूर्व सोवियत संघ से अलग हुए स्वतन्त्र राष्ट्रों के महासंघ में लोकतन्त्र की प्रक्रिया शुरू ज़रूर हुई लेकिन उसने पूरी दुनिया को अपनी गिरफ़्त में लेने की बजाय अपनी सीमा रेखाएँ खींच लीं। वह चीन में आ नहीं पायी बल्कि उसने सिर उठाया तो उसे थियेनआनमन चौक पर कुचल दिया गया। सोवियत संघ से टूट कर बने देशों और विशेषकर रूस में लोकतन्त्र का सपना पूरा नहीं हो पाया। वहाँ रूस का पुराना गौरव बहाल करने के बहाने पहले बोरिस येल्तसिन और फिर ब्लादीमीर पुतिन ने अधिनायकवाद थोप दिया। उत्तर कोरिया में तानाशाही मज़बूत होती चली गयी। यूरोप में हंगरी और तुर्की में लोकतन्त्र अधिनायकवाद की ओर फिसलता चला गया। अरब देशों में जैसमिन क्रान्ति और अरब स्प्रिंग के बावजूद लोकतन्त्र स्थापित नहीं हो पाया। उल्टे नये सिरे से तानाशाही ने लोकतान्त्रिक उपलब्धियों को पलट दिया। मिस्र, ट्यूनीशिया और सीरिया इसके उदाहरण हैं। दक्षिण अमेरिकी देशों में ब्राजील, अर्जेंटीना, चिली, वेनेजुएला और अन्य देशों में अनिश्चितता और उथल-पुथल समाप्त नहीं हुई। क्यूबा पहले जैसा ही रहा।

विक्टर आरबन, तैयब अर्दोगन, बोलसोनारो, पुतिन, किम जांग उन और शी जिनपिंग का उदय तानाशाही में नये क़िस्म की आस्था व्यक्त करने लगा। म्यामांर में फिर से आंस सांग सुकी को क़ैद किया जाना लोकतान्त्रिक बयार के उल्टी दिशा में बहने का संकेत दे रहा था।

भारत में भी बहुसंख्यवादी हिन्दू पार्टी और उसके नेता नरेन्द्र मोदी के उदय ने नये क़िस्म की आशंकाओं को जन्म दिया। लेकिन उससे भी बड़ी चिन्ता की बात तब प्रकट हुई जब संयुक्त राज्य अमेरिका में डोनाल्ड ट्रंप का आगमन हुआ और उससे अमेरिका समेत यूरोप में एक प्रकार की सिहरन दौड़ गयी। इन सबके पीछे एक ओर नवउदारवाद को चलाये रखने के लिए कृपालु तानाशाही का लक्ष्य था तो दूसरी ओर बहुसंख्यक समाज को अपनी संख्या और नस्ली श्रेष्ठता के आधार पर सत्ता को अपने हाथ में लेना था और तीसरी ओर लोकतान्त्रिक संस्थाओं के अपूर्ण और विफलता भरे अनुभवों के आधार पर लोकलुभावन नेतृत्व का विकास करना था। इस दौरान उन सभी तबकों को ख़ामोश किया जाना था जो कहीं नागरिक अधिकार के नाम पर तो कहीं पर्यावरण के आधार पर तो कहीं बराबरी के नाम पर आन्दोलनरत थे।

रैंसीमैन लिखते हैं कि 9 नवम्बर 2016 को जब डोनाल्ड ट्रंप राष्ट्रपति पद की शपथ ले रहे थे तब कैम्ब्रिज विश्वविद्यालय में उसके सीधे प्रसारण को देखकर उनके छात्र भौचक थे। उन्हें आशंका घेरे हुई थी कि पता नहीं आगे क्या होगा। ट्रंप कह रहे थे के हम सभी में देशभक्तों का वही पुराना लाल रक्त प्रवाहित होता है। अब सत्ता वाशिंगटन डीसी से जनता तक जायेगी। वे प्रोफ़ेशनल लोगों के विरुद्ध भी बोल रहे थे। उनके भाषण के बाद कैम्ब्रिज के हॉल में सन्नाटा था। लोगों ने जॉर्ज बुश को यह बुदबुदाते हुए सुना था कि 'यह तो डरावना था'। वह लोकलुभावन भाषण था। हालाँकि उनके भाषण में लोकतन्त्र के विरुद्ध घोषित तौर पर कुछ भी नहीं था। निश्चित तौर पर लोगों की वह आशंका सही साबित हुई जब राष्ट्रपति चुनाव में हारने के बाद डोनाल्ड ट्रंप के समर्थकों ने 6 जनवरी 2021 को वाशिंगटन डीसी की कैपिटल बिल्डिंग पर चढ़ाई कर दी। वह अमेरिकी इतिहास की अभूतपूर्व घटना थी और लोकतन्त्र की उस परम्परा को पलट देने का प्रयास था जिसे जॉर्ज वाशिंगटन और अब्राहिम लिंकन जैसे महान राष्ट्रपतियों ने क़ायम किया था। हालाँकि अमेरिकी संस्थाओं ने वैसा होने नहीं दिया लेकिन प्रयास में कोई कसर बाक़ी नहीं थी। डोनाल्ड ट्रंप को किसी प्रकार की सज़ा न मिलने के कारण अमेरिकी लोकतन्त्र पर वह ख़तरा टला नहीं है और 2025 में वह नये रूप में उपस्थित हो सकता है।

'लोकतन्त्र की न्यूनतम सरल परिभाषा यह है कि चुनाव हारने वाला यह मान ले कि वह हार चुका है। वह हिंसा के बिना जीतने वाले को सत्ता सौंप दे। अमेरिका में वैसा 57 बार हुआ है। अपवादस्वरूप 1876 और 2000 का विवादास्पद चुनाव था। 1876 में सैमुअल जे. टिल्डन और रदरफोर्ड बी. हेयस के बीच क़रीबी मुक़ाबला था। फ़ैसला लिया जाना कठिन था। बाद में समझौता हुआ दोनों दलों में, जिसे 1877 के समझौते के रूप में जाना जाता है और हेयस को एक वोट से विजयी घोषित किया गया। इसी तरह 2000 का चुनाव भी जॉर्ज डब्ल्यू. बुश और अल गोर के बीच हुआ था। उसका फ़ैसला भी कठिनाई के साथ हुआ था। सन् 1861 में जब अब्राहम लिंकन राष्ट्रपति बने तो दक्षिणी अमेरिका ने उनको स्वीकार नहीं किया और वह चार साल तक लड़ता रहा।'

इन्हीं स्थितियों में रैंसीमैन कहते हैं कि राजनीतिशास्त्र की यह सबसे बड़ी पहेली यह है कि लोकतन्त्र टिका कैसे है? वास्तव में यह मूल रूप से विश्वास का मामला है। जो लोग चुनाव हारते हैं वे इसी प्रणाली पर यक़ीन करते हुए अगले चुनाव का इन्तज़ार करते हैं। इस प्रकार लोकतन्त्र की सबसे सरल परिभाषा यही है कि चुनाव हारने वाला यह मान ले कि वह हार चुका है और हिंसा के बिना जीतने वाले को सत्ता सौंप दे। अमीरों को ग़रीबों पर यह यक़ीन करना पड़ता है कि वे उनकी दौलत छीन नहीं लेंगे। सैनिकों को इस यक़ीन में रहना पड़ता है कि नागरिक उनकी बन्दूकें नहीं छीन लेंगे। जब जब यह भरोसा टूटता है तब तब लोकतन्त्र बिखर जाता है। इसलिए सवाल उठता है कि लोकतान्त्रिक संस्थाएँ कब तक हमले झेल सकती हैं?

निश्चित तौर पर नियमित रूप से होने वाले चुनाव लोकतन्त्र के मूलाधार हैं। उसी के साथ लोकतान्त्रिक विधायिका होनी चाहिए, स्वतन्त्र न्यायालय होने चाहिए और स्वायत्त प्रेस चाहिए। कई बार ऐसा होता है कि वे काम तो करते रहते हैं लेकिन वह नहीं कर पाते जो उन्हें करना चाहिए। यानी लोकतान्त्रिक ढाँचा तो बरकरार रहता है लेकिन लोकतन्त्र विफल हो जाता है। मतदाता अपने चुने हुए प्रतिनिधियों को नापसन्द करते हैं उन पर अविश्वास करते हैं पर लोग हथियार नहीं उठा पाते।

लेकिन लोकतान्त्रिक विफलता के बाद क्या फिर वैसी ही घटनाएँ होंगी जैसे बीसवीं सदी में हुआ करती थीं? शायद नहीं। क्योंकि इतिहास अपने को दोहराता नहीं है। वह नये रूप में सामने आता है। वे कहते हैं कि पहले जब 1930 से लेकर 1970 के दशक में लोकतन्त्र का पतन होता था तब सड़क पर टैंक उतर आते थे। तानाशाह राष्ट्रीय एकता, हिंसा और राष्ट्रद्रोहियों के दमन का राग अलापते थे।

लेकिन अब 1930 के दशक का फ़ासीवाद नहीं आने वाला है। अब लोकतन्त्र का अधिग्रहण नये तरीक़ों से किया जायेगा। लोकतन्त्र अपने जन्म के समय से ही तमाम बीमारियों और झंझावातों से गुज़रता रहा है। लेकिन वह उससे निपट भी लेता था। आज उसके सामने जो संकट है वह अधेड़ उम्र में लगने वाली बीमारियों का संकट है। लोकतन्त्र को आकर्षक बनाने वाले तत्त्व आज भी हैं लेकिन वे एक साथ मिलकर काम नहीं कर पा रहे हैं। वे कई टुकड़ों में बिखर गये हैं। एक प्रकार से देखें तो लोकतन्त्र को बड़ी बीमारियों से बचाने के लिए जो टीकाकरण किया जाना था जो ड्राप पिलाये जाने थे वह ठीक से हो नहीं पाया और वह पोलियो, डिप्थीरिया, चेचक, कालाजार और कालरा जैसी बीमारियों से ग्रसित होने लगा।

अमेरिकी राजनीतिशास्त्री नैंसी बरमेयो कहती हैं कि लोकतन्त्र के विरुद्ध सैनिक तख़्तापलट का तरीक़ा पुराना हो चुका है। अब तमाम नये तरीक़े आ गये हैं। उनमें से कुछ इस प्रकार है—

1. कार्यपालिका का तख़्तापलट। इसमें जो लोग सत्ता में हैं वे लोकतान्त्रिक संस्थाओं को मुअत्तल कर देते हैं।
2. चुनाव के दिन वोटों की धोखाधड़ी। चुनावी प्रक्रिया को इस तरह से निर्धारित कर दिया जाता है कि एक ख़ास क़िस्म का परिणाम ही आता है।
3. **प्रतिज्ञात्मक विद्रोह:** जब किसी सरकार को यह कहते हुए पलट दिया जाता है कि ऐसा लोकतन्त्र लाने के लिए किया जा रहा है और फिर अपनी सरकार को वैध कराने के लिए चुनाव कराया जाता है।
4. **कार्यपालिका का विवर्धन:** जब सत्ता में बैठे लोग लोकतान्त्रिक संस्थाओं को ख़त्म किये बिना उनका क्षरण कर देते हैं।
5. **रणनीतिक चुनावी हेराफेरी:** जब चुनाव न तो निष्पक्ष और स्वतन्त्र दिखता है और न ही पूरी तरह से हड़प लिया गया लगता है।
6. सैनिक तख़्तापलट।

लोकतन्त्र सम्बन्धी चिन्ताओं के बारे में हार्वर्ड विश्वविद्यालय के प्रोफ़ेसर स्टीवेन लेविस्टस्की और डैनियल जिबलाट की पुस्तक 'हाउ डेमोक्रेसीज डाइ' काफ़ी अहम है। इन अमेरिकी प्रोफ़ेसरों को लगा नहीं था कि कभी यह सवाल पूछने की नौबत आयेगी कि क्या अमेरिकी लोकतन्त्र ख़तरे में है? 2018 में आयी इस पुस्तक में उनका दावा है कि वे पिछले 15 सालों से दुनिया भर में अधिनायकवादी

सत्ताओं के उभार और उसके शासकों के चरित्रों का अध्ययन कर रहे थे। उनके शोध के विषय यूरोप और लैटिन अमेरिका के देश हुआ करते थे। लेकिन डोनाल्ड ट्रंप के सत्ता में आने के बाद यह ख़तरा अब उनके देश में आ पहुँचा है। उन्हें अपने देश के मूल्यों और संस्थाओं में जो विश्वास था वह डिगने लगा है। स्वतन्त्रता और समता उस देश की महान आस्थाएँ हैं, मज़बूत मध्यवर्ग, समृद्धि और शिक्षा और विविधतापूर्ण निजी क्षेत्र ऐसे कवच रहे हैं जो कि अन्य देशों की तरह लोकतान्त्रिक विखण्डन से अमेरिका को बचा लिया करते थे। लेकिन डोनाल्ड ट्रंप ने उस मिथक को तोड़ दिया। अब अमेरिकी राजनेता अपने प्रतिद्वन्द्वियों को शत्रु मानते हैं, प्रेस को धमकाते हैं और चुनाव के परिणामों को ख़ारिज करने की धमकी देते हैं।

वे मानते हैं कि हाल में हंगरी, तुर्की और पोलैंड की मनभावनी सरकारों ने लोकतान्त्रिक संस्थाओं को कमज़ोर किया है और आस्ट्रिया, फ्रांस, जर्मनी और नीदरलैंड में अतिवादी शक्तियों का उदय हुआ है। (हाल में जर्मनी में ऐसे दक्षिणपन्थी लोग पकड़े गये हैं जो हथियारबन्द तरीक़े से सरकार पलटने की साज़िश कर रहे थे)। लेकिन अमेरिकी इतिहास में पहली बार उन्हें वैसा होता दिख रहा है। शीत युद्ध के दौरान चिली, अर्जेंटीना, ब्राजील, डोमिनिकन रिपब्लिक, घाना, यूनान, ग्वाटेमाला, नाइजीरिया, पाकिस्तान, पेरू, थाईलैंड, तुर्की, उरुग्वे सभी देशों में सैनिक तख़्तापलट ने लोकतन्त्र को नष्ट किया। शीतयुद्ध के बाद भी क्रमश: 2013 और 2014 में मिस्र में मोहम्मद मोरसी और थाईलैंड में यिंगलक सिनवात्रा के साथ भी वैसा ही हुआ। लेकिन अब लोकतन्त्र को नष्ट करने की और भी तकनीकें आ गयी हैं जो कि उतनी नाटकीय नहीं हैं लेकिन बराबर की घातक हैं। अब लोकतन्त्र की हत्याएँ सेना के जनरल नहीं बल्कि चुने हुए नेता करते हैं।

यहाँ जाने-माने राजनीतिशास्त्री और येल विश्वविद्यालय में प्रोफ़ेसर रहे जुआन लिंज का अध्ययन उल्लेखनीय है। उन्होंने अपने सारे जीवन इसी बात का अध्ययन किया कि लोकतन्त्र किस तरह और क्यों मरता है? इस बारे में उनकी प्रसिद्ध पुस्तक है—'द ब्रेक डाउन ऑफ़ डेमोक्रेटिक रिजीम'। सन् 1978 में आयी इस पुस्तक में उन राजनेताओं के चरित्र को पहचानने की कोशिश की गयी थी जो लोकतन्त्र के लिए ख़तरा हैं। उन्हीं के विचार को विकसित करते हुए स्टीवेन लेविस्टस्की और डैनियल जिबलाट ने वे चार सूत्र बताये हैं जो लोकतन्त्र के लिए घातक हैं। अगर यह प्रवृत्तियाँ किसी राजनेता में दिखें तो चौकन्ना हो जाना चाहिए।

1. वह राजनेता अपने वचन और कर्म में लोकतान्त्रिक नियमों को ख़ारिज करता है।
2. विपक्ष की वैधता को मानने से इनकार करता है।
3. या तो हिंसा का विरोध नहीं करता या फिर उसे अपनाने के लिए लोगों को उकसाता है।
4. मीडिया समेत विपक्षियों के नागरिक अधिकारों में कटौती करने की इच्छा का संकेत करता है।

यह व्यापक लिटमस टेस्ट है जिसके आधार पर दुनिया के तमाम देश अपने-अपने नेताओं का परीक्षण कर सकते हैं। यह सही है कि अमेरिका के लोकतान्त्रीकरण की प्रक्रिया लम्बी चली है और अमेरिका पूरी तरह से लोकतान्त्रिक 1965 के बाद ही बना है जब काले लोगों को बराबर के अधिकार मिल गये। उसके बाद अमेरिकी विद्वान निश्चिन्त हो गये थे कि अब अगर कोई भी ख़तरा आयेगा तो उनका संविधान उसे रोक लेगा। लेकिन इक्कीसवीं सदी के आरम्भ से ही और विशेष तौर पर 2015 के बाद लोकतान्त्रिक मन्दी की भविष्यवाणी की जाने लगी। कहा जाने लगा कि लोकतान्त्रिक फिसलन का दौर शुरू हो चुका है। फिर भी अमेरिकी लोग उसे विशेष तौर पर अपने लिए एक हौवा ही समझते थे। 2016 में उनकी आँख तब खुली जब रिपब्लिकन पार्टी के सारे पुराने मूल्यों को ध्वस्त करते हुए एक ग़ैर-राजनीतिक व्यक्ति उनके क्षितिज पर उभरा और अमेरिकी लोकतन्त्र को मनमानी दिशा में हाँकने लगा।

वास्तव में अमेरिका में डोनाल्ड ट्रंप के राष्ट्रपति बनने, ब्रिटेन के यूरोपीय संघ से निकलने के लिए ब्रेग्जिट जैसा जनमत संग्रह कराने, हंगरी में विक्टर ओरबन के सत्ता सँभालने, तुर्की में अर्दोगन के शक्तिशाली होने और ब्राजील में बोलसोनारो के आने (और भारत में नरेन्द्र मोदी के नेतृत्व में भाजपा के सत्तारूढ़ होने) के बाद पूरी दुनिया में लोकतन्त्र की उपयोगिता और उसके स्वास्थ्य व जीवन को लेकर विमर्श और चिन्ताएँ तेज़ हुईं। इस परिघटना को नयी प्रौद्योगिकी के साथ भी जोड़कर देखा जाने लगा। इसी सिलसिले में स्पेन के समाजशास्त्री और सूचना प्रौद्योगिकी के विशेषज्ञ मैनुअल कैसेल्स ने इस विमर्श को नया आयाम दिया है। हालाँकि कुछ बातें उन्होंने आरम्भ में आयी पुस्तक 'द इनफॉरमेशन एजः इकॉनमी सोसायटी एंड कल्चर' में व्यक्त की थीं लेकिन बाद में 'रप्चरः द क्राइसिस ऑफ़ लिबरल डेमोक्रेसी' (2018) में इस बात को नये सिरे से व्यक्त किया। उनका कहना है कि

अब लोकतन्त्र नये रूप में परिवर्तित हो रहा है और उसके बाद वह लोकतन्त्र की पुरानी परिभाषाओं पर खरा उतरेगा या नहीं कुछ कहा नहीं जा सकता। अब नागरिक अपने राजनीतिक प्रतिनिधियों पर भरोसा नहीं करते। न ही वे मुख्यधारा के राजनीतिक दलों और स्थापित संरचना पर यक़ीन करते हैं। इसीलिए वैश्विक राजनीतिक पटल पर हाल फ़िलहाल तमाम तरह के बदलाव हुए हैं। उनमें अमेरिका में डोनाल्ड ट्रंप का राष्ट्रपति चुना जाना, ब्रिटेन का यूरोपीय संघ से अलग होने का प्रयास करना, फ्रांस में पारम्परिक राजनीतिक दलों का अवसान और एक राजनीतिक रूप से बाहरी व्यक्ति का चयन, स्पेन में राजनीतिक प्रणाली में बदलाव, पूरे यूरोप में दक्षिणपन्थी शक्तियों का उदय और राष्ट्रवादी चुनौतियाँ चीज़ों को नये सिरे से देखे जाने की माँग करती हैं। वे इसके पीछे वैश्वीकरण, मीडिया, राजनीति और इंटरनेट, राजनेताओं में बढ़ता भ्रष्टाचार, प्रोफ़ेशनल राजनीतिक वर्ग का सिविल सोसायटी से दूर होना, वैश्विक आतंकवाद और अन्धराष्ट्रवाद और नस्लवाद के ख़िलाफ़ चल रहे युद्ध को ज़िम्मेदार मानते हैं। इसलिए आधुनिक लोकतन्त्र गहरे संकट में है। वे मानते हैं कि आज राज्य और नागरिक का सम्बन्ध बदल गया है और मनुष्य के आत्म का इंटरनेट से रिश्ता हो गया है। यानी जो अस्मिता और सम्बन्ध स्थान को लेकर होते थे वे अब वर्चुअल हो चले हैं। जनता से सम्पर्क करने के लिए पहले लोग घर-घर जाते थे अब जनसम्पर्क एजेंसियाँ मोबाइल पर लोगों से सम्पर्क कर रही हैं और विज्ञापनों के माध्यम से अपनी उपलब्धियों का प्रचार कर रही हैं। वास्तव में समता वग़ैरह के आदर्श समाप्त हो गये हैं। अब राजनीति व्यवसाय हो चली है जिसमें सत्ता हासिल करने के लिए हर समय तैयारी चलती रहती है। वे मानते हैं कि ब्लादीमीर पुतिन का उदय इसी का एक प्रतिफलन है।

इजराइल के प्रसिद्ध इतिहासकार युआल नोवा हरारी कहते हैं कि सूचना प्रौद्योगिकी और जैव-प्रौद्योगिकी के चमत्कारिक विकास ने पृथ्वी नामक ग्रह और मानव समाज की संरचना में भारी उथल-पुथल की है। वह मनुष्य जो होमोसेपियन्स था और जिसने राजतन्त्र, पूँजीवाद, लोकतन्त्र और समाजवाद जैसी व्यवस्थाएँ क़ायम कीं और उससे संसार को संचालित किया वह अब होमोडियस बन चुका है। यानी वह अब प्रबुद्ध मनुष्य के स्तर से उठकर देवता बन चुका है। अब ज़मीन उद्योग सम्पत्ति नहीं हैं। अब डाटा असली सम्पत्ति बन चुका है। जिसके पास जितना डाटा है वह उतना ही अमीर है। इसी के साथ पूँजीवाद और समाजवाद में बुनियादी फ़र्क़ यह है कि पूँजीवाद में डाटा विकेन्द्रीकृत है और समाजवाद में डाटा केन्द्रीकृत। इसी को वे डाटा रिलीजन कहते हैं। मनुष्य वर्चुअल वर्ल्ड में प्रवेश कर गया है।

वहाँ भाषाएँ मर रही हैं। मानवीय सम्बन्ध बदल रहे हैं। राज्य की शक्ति भी अभी बढ़ती हुई भले दिखे लेकिन प्रौद्योगिकी ने नये रूप में चीज़ों को अपने हाथ में लेना शुरू कर दिया है। लेकिन इसी के साथ लोकतन्त्र का आधार कही जाने वाली मनुष्य की स्वतन्त्र इच्छा यानी फ्री विल अब महत्त्वहीन हो गयी है। उसका कोई मतलब नहीं रहा। वजह साफ़ है कि मनुष्य अब इतनी चीज़ों से प्रभावित है कि वह स्वतन्त्र तरीक़े से सोच ही नहीं सकता। इसी सिलसिले में एंथ्रोपोसीन नाम के नये युग की कल्पना भी महत्त्वपूर्ण है। वह ऐसा युग होगा जहाँ तापमान बढ़ेगा, बर्फ़ पिघलेगी और पृथ्वी पर रहने वाले जीवों की एक करोड़ प्रजातियों में से 20 लाख प्रजातियों के विलुप्त होने का ख़तरा है। तब देखना होगा कि कोई राजनीतिक पार्टी पर्यावरण और आदिवासियों के लिए संघर्ष करने वाली मेधा पाटकर को कैसे देशद्रोही कह पायेगी।

पतित होते और लगातार विलोपन की ओर जा रहे लोकतन्त्र के बारे में चिन्ता व्यक्त करते हुए कनाडा की फ़िल्म मेकर और लेखिका अस्ट्रा टाइलर ने एक पुस्तक लिखी है जिसका शीर्षक अपने में बहुत ही आकर्षक है। उसका नाम है—'डेमोक्रेसी मे नाट इक्जिस्ट बट वी विल मिस व्हेन इट इज़ गॉन'। अगर इसका हिन्दी अनुवाद करें तो शीर्षक होगा—लोकतन्त्र तुम चले जाओगे लेकिन तुम्हारी याद बहुत आएगी। जिन वैश्विक राजनीतिक लक्षणों को लेकर उन्होंने अपनी कहानी बुनी है वे सब वही हैं जो अन्य राजनीतिकशास्त्रियों और समाजशास्त्रियों को परेशान कर रही हैं। लोकतन्त्र के विनाश की जो स्थितियाँ बन रही हैं उसके बारे में उनका कहना है कि आने वाले समय में अच्छी लोकतान्त्रिक सरकारें भ्रष्ट हो जायेंगी। स्वतन्त्र न्यायपालिका नहीं रहेगी। वे स्कूल और न्यूज़ मीडिया जो मतदाताओं को सही सूचनाएँ देते हैं वे नहीं रहेंगे। जो रहेंगे वे सही सूचनाएँ नहीं देंगे। निष्पक्ष चुनावी प्रक्रिया और समझदारी देने वाली सही नीतियाँ नहीं रहेंगी।

टाइलर लोकतन्त्र की परिभाषा को लेकर पूरी दुनिया में फैले भ्रम से भी आगाह करती हैं। वे कहती हैं कि मेरे लिए लोकतन्त्र शब्द ज़्यादा मायने नहीं रखता था। क्योंकि हमारे मानस में ज़्यादातर न्याय, स्वतन्त्रता, एकता, समाजवाद और क्रान्ति जैसे शब्द गूँजते रहते थे। फिर लोकतन्त्र को हर कोई अपने ढंग से परिभाषित करता है इसलिए 'जाकी रही भावना जैसी, प्रभु मूरत देखी तिन्ह तैसी' वाली स्थिति रहती है। कई बार तो यह शब्द वे भी इस्तेमाल करते हैं जिन्हें स्वतन्त्रता और न्याय से कोई लेना-देना नहीं होता है। जैसे कि उत्तर कोरिया जैसा तानाशाही वाला देश भी

अपने को डेमोक्रेटिक पीपुल्स रिपब्लिक कहता है। वे इसे अमेरिका की राजनीतिक आत्मरति की संज्ञा देती हैं कि तमाम असन्तुलन के बावजूद कोई भी अमेरिकी संविधान को बदलने की बात नहीं करता। बर्नी सैंडर्स क्रान्ति की बात करते हैं लेकिन संविधान के बारे में कुछ नहीं कहते। वे उसे अपरिवर्तित ही रहने देना चाहते हैं।

अमेरिका की मौलिक प्रशासनिक व्यवस्था ऐसी है कि वहाँ के नौ छोटे राज्यों में रहने वाले सिर्फ़ 2 प्रतिशत अमेरिकियों के पास सीनेट में वही शक्ति है जो 9 बड़े राज्यों में रहने वाले 51 प्रतिशत लोगों के पास है। वहाँ पर कुछ लोगों के वोट के मूल्य तो अन्य के मुक़ाबले 66 गुना ज़्यादा हैं। शहरी पलायन से यह समस्या और भी गम्भीर होती जा रही है। यही वजह है कि टेक्सास विश्वविद्यालय के क़ानून के प्रोफ़ेसर सैनफोर्ड लेविनसन इसे अवर अनडेमोक्रेटिक कांस्टीट्यूशन कहते हैं। इन परिस्थितियों में लोकतन्त्र के लिए चुनौतियाँ और भी गम्भीर हो जाती हैं जब राष्ट्रपति डोनाल्ड ट्रंप इस आधार पर बराक ओबामा को राष्ट्रपति पद के लिए अयोग्य बताते हैं कि उनका जन्म अमेरिका के बाहर हुआ था और वे प्राकृतिक रूप से अमेरिका में पैदा हुए नागरिक नहीं हैं। इस तर्क के आधार पर तो अमेरिका के वे लाखों लोग राजनीतिक बराबरी के अधिकार से बाहर हो जायेंगे जिनका जन्म वहाँ नहीं हुआ था। यहाँ पर टाइलर की कुछ चिन्ताएँ और भी गहरे मन्थन की माँग करती हैं, कई बार लगता है कि वे लोकतन्त्र के सिद्धान्त पर ही अविश्वास पैदा करने वाली हैं। लेकिन जब लोकतन्त्र पर इतना गहरा संकट है तो उनका यहाँ ज़िक्र करते हुए उसकी विस्तृत चर्चा आगे की जानी चाहिए।

टाइलर एक ओर तो यह कहती हैं कि नारीवादियों, श्रमिकों और बहुसंस्कृतिवादियों को अपने आन्दोलन को एक सीमा से आगे नहीं ले जाना चाहिए। उन्हें जानना चाहिए कि उनकी हदें क्या हैं। दूसरी ओर वे यह कहती हैं कि आम आदमी को सबल बनाने का विचार आज एक प्रकार से डर पैदा करता है। क्योंकि अगर लोग नस्लवादी व्यक्ति को वोट देकर तानाशाह को सत्ता में बिठाना चाहते हैं तो उन पर कैसे भरोसा किया जाये। यह वही चिन्ता है जो साठ के दशक में प्रसिद्ध अर्थशास्त्री जोसेफ शूम्पीटर ने अपनी चर्चित पुस्तक 'कैपिटलिज़्म, सोशलिज़्म एंड डेमोक्रेसी' में व्यक्त की थी। वे कहते हैं कि आम नागरिक जैसे ही राजनीतिक दायरे में प्रवेश करता है वैसे ही वह बहुत निम्न स्तरीय मानस का निर्माण कर लेता है।

लोकतन्त्र का यह संकट आम जनता के कम दिमाग़ी स्तर, नासमझी और नादानी के कारण है, बदलते हुए प्रौद्योगिकी सम्बन्धों के कारण है या फिर शासक

वर्ग की क्रूर इच्छाओं और चालाकियों के कारण है? यह संकट लोकतन्त्र के सिद्धान्तों का है या फिर उसकी प्रक्रिया का? अब जबकि तमाम तानाशाहियों के उद्‌भव और विकास की कथाओं को फिर से खँगाला जा रहा है तो समस्या के इन दोनों पक्षों पर नये और पुराने सन्दर्भों से विचार किया जाना चाहिए।

शासक वर्ग और लोक लुभावनवादी (पापुलिस्ट) नेतृत्व पूरे संसार में एक जैसा ही व्यवहार कर रहा है। उसके व्यवहार ने लोकतन्त्र को संकट में डाला है। पूरी दुनिया में दक्षिणपन्थी लोकलुभावनवादी नेतृत्व जो रणनीतियाँ अपनाता है वे एक प्रकार की ही हैं। वह एक दक्षिणपन्थी विचारों के लिए आन्दोलन विकसित करता है, तार्किकता का नाश करता है और भाषा में एक ख़ौफ़ पैदा करता है। वह एक ओर लोगों की हया या लोकलाज ख़त्म करता है तो दूसरी ओर उत्तर सत्य यानी पोस्ट ट्रुथ जगत में अनैतिकता को प्रोत्साहित करता है। न्यायिक और राजनीतिक प्रक्रिया को उखाड़ फेंकता है। अपने नागरिक तैयार करता है और उन्हें अट्टहास करने के लिए प्रेरित करता है। उसके बाद वह अपना देश बना लेता है। तुर्की की लेखिका ईसी टेमेलकुरन ने तुर्की में अर्दोगन के उभार को चरणबद्ध तरीक़े से रिकॉर्ड करते हुए बताती हैं कि पूरी दुनिया के अधिनायक इसी ढर्रे पर चलकर सत्ता पर काबिज़ हो रहे हैं। (ईसी तुमलकुरनः हाउ टू लूज अ कंट्री—सेवेन स्टेप्स फ्रॉम डेमोक्रेसी टू डिक्टेटरशिप)। अर्दोगन ने किस प्रकार संविधान बदल कर अपना अधिनायकवाद थोपने के लिए सैनिक बग़ावत का हौवा खड़ा किया, उसे विधिवत टेलीविज़न चैनलों पर सारी रात प्रसारित किया गया, उसकी आँखों देखी कथा अपने में तानाशाही की उत्पत्ति का दृश्य उपस्थित करती है।

एक ओर मस्जिदों की मीनारों से नारा लग रहा था कि—लोकतन्त्र को बचाओ, राष्ट्रपति को बचाओ और राष्ट्र को बचाओ। आख़िर में लोकतन्त्र तो मारा जाता है लेकिन राष्ट्रपति और राष्ट्र जैसी दो ताक़तवर इकाइयाँ बच जाती हैं। भाषा में होने वाला परिवर्तन भी महत्त्वपूर्ण है। असली जन की खोज होती है। कुछ लोगों को नकली जन और कुछ लोगों को असली जन में बदल दिया जाता है। दक्षिणपन्थी लोकलुभावनवाद यह दावा करता है कि हम अलग लोग हैं। बल्कि हम एक ऐसी पार्टी हैं जो इस भ्रष्ट व्यवस्था में हर चीज़ बदलकर रख देंगे। हालाँकि यह लोकलुभावनवादी वामपन्थी चोला पहनकर भी आ सकते हैं जैसे कि लातीन अमेरिका के देशों में कई तानाशाह आये। अचानक 'मैं' की जगह पर 'हम' शब्द चल पड़ता है और धीरे-धीरे उसकी जगह पर 'देश' और 'राष्ट्र' का प्रयोग होने लगता है।

कई बार उसी के साथ पूरी आबादी का हवाला देकर बताया जाता है कि सब लोग वही चाहते हैं जो शासक चाह रहा है। यहाँ डोनाल्ड ट्रंप के कथन पर ग़ौर करने लायक है। वे कहते हैं, "मैं लोगों की भावनाओं से खेलता हूँ। लोग किसी विराट, महान और दर्शनीय चीज़ की कल्पना करते हैं और मैं उन्हें उसी में ले जाता हूँ। मैं इसे सत्यपरक अतिश्योक्ति कहता हूँ। यह एक निश्छल क़िस्म का अतिरेक है और बहुत प्रभावशाली क़िस्म का प्रचार है।"

15 जुलाई 2016 को तुर्की के लोकतन्त्र को ख़त्म किये जाने के घटनाक्रम का वर्णन करते हुए ईसी तेमेलकुरन लिखती हैं कि उस रात को मस्जिद की मीनारों से लोकतन्त्र बचाओ के नारों के साथ ही एक कविता पढ़ी जा रही थी।

मीनारें हमारी संगीनें हैं
मस्जिदें हमारी बैरकें हैं
मोमिन हमारे सैनिक हैं

अर्दोगन ने जब पहली बार यह कविता पढ़ी थी तो वे गिरफ़्तार हुए थे और उन्हें चार माह की क़ैद हुई थी। लेकिन अब जब सेक्यूलर तुर्की का कायान्तर होने लगा तो असली लोग प्रकट हुए। शिक्षाविद्, पत्रकार और विद्वान लोग जनता के शत्रु हो गये। उन्हें दमनकारी अभिजन कहा जाने लगा। भाषा के स्तर पर एक और शब्द प्रचलित हुआ और वह था सम्मान पर अधिक ज़ोर। असली लोगों को सम्मान चाहिए था। शासकों को जनता से सम्मान चाहिए था और कथित 'हम' को अभिजन से सम्मान चाहिए था। ट्रंप से लेकर अर्दोगन और हंगरी के राष्ट्रपति विक्टर ओरबन इस शब्द का बहुत प्रयोग करते हैं। हालाँकि सम्मान की यह इच्छा एकतरफा है। विक्टर ओरबन कहते हैं कि हमें अपने नागरिकों और उनकी इच्छाओं के लिए जर्मनी, अमेरिका और यूरोपीय संघ से सम्मान चाहिए। लेकिन जब उनके देश की संवैधानिक अदालत ने गिरफ़्तार पत्रकारों को रिहा करने का आदेश दिया तो उनका कहना था, "मैं अदालत के निर्णय का सम्मान नहीं करता हूँ और इसका पालन नहीं करूँगा।"

तुर्की के इस्लामीकरण की प्रक्रिया में भाषा और अतार्किकता का बड़ा योगदान है। असली लोग और दूसरे लोगों के द्वन्द्व के साथ संवाद की भाषा में अरबी के शब्द डाले जाने लगे। वे इससे पहले नहीं थे। इसी के साथ तुर्की में यह आख्यान भी चलाया गया कि सेक्यूलर अभिजन धार्मिक लोगों का दमन कर रहे हैं। अर्दोगन ने लातीन अमेरिकी मुसलमानों को एक कहानी सुनाई जिसमें उन्होंने कहा, "कहा जाता है कि अमेरिकी महाद्वीप की खोज 1492 में कोलम्बस ने की थी।

जबकि मुस्लिम विद्वान वहाँ 314 साल पहले 1178 में ही पहुँच गये थे। क्रिस्टोफर कोलम्बस ने लिखा है कि उन्हें क्यूबा की पहाड़ी पर एक मस्जिद दिखी।"

ब्रेग्जिट वालों ने कहानी चलाई कि उनसे ब्रिटेन की महानता छीनी जा रही है। वे उसे वापस लाना चाहते हैं। ट्रंप के मतदाताओं में प्रचार किया गया कि मैक्सिको वाले उनकी नौकरी छीन रहे हैं वैसा होने नहीं दिया जायेगा।

रोचक तथ्य यह है कि हर लोकलुभावनवादी नेता मुख्यधारा के मीडिया के माध्यम से जनता से सम्पर्क नहीं करता। वह संवाद के अपने मंच बनाता है। जैसे कि ह्यूगो चावेज हर हफ़्ते एलो प्रेसिडेंटे नाम से अपना टीवी शो करते थे, अर्दोगन अपने मीडिया के माध्यम से और ट्रंप ट्विटर के माध्यम से संवाद करते हैं। इस तरह मुख्यधारा का मीडिया प्रमुख नेताओं से कटता जाता है। लोकलुभावनवाद से अधिनायकवाद के प्रति बढ़ते लोकतन्त्र के भीतर मुख्यधारा के मीडिया के प्रति एक प्रकार का हिकारत का भाव रखना एक सामान्य प्रवृत्ति है। उन्हें वह मीडिया पसन्द है जो जनता की ओर शासक से सवाल नहीं करता बल्कि शासक की ओर से विपक्ष से सवाल करता है और उल्टे शासकों की ओर से जनता को कोसता है। वह समकालीन शासकों को आलोचना से परे मानता है, सेना पर चर्चा करने से रोकता है और इसके बदले में पुराने शासकों की आलोचना का आख्यान खड़ा करता है। उदाहरण के लिए अगर भारत-चीन सम्बन्धों की बात आये तो मौजूदा शासकों से सवाल करने की बजाय विपक्ष से सवाल करता है। मौजूदा शासकों से सवाल करने की बजाय 1962 के भारत-चीन युद्ध का प्रसंग छेड़ता है और नेहरू की पिटाई करता है। इस तरह एक प्रकार का गोदी मीडिया विकसित होता है जो पहले की तमाम स्वतन्त्रताओं का अर्थ बदल देता है और नये क़िस्म के देश और नये क़िस्म के जन के निर्माण में लग जाता है। शासकों को यह मीडिया भाता है और इसके विपरीत पुराने ढर्रे का सत्ता से सवाल करने वाला और खोजी ख़बरें छापने वाला मीडिया देशद्रोही और राष्ट्रद्रोही लगता है। वे उस पर पाबन्दी लगाते हैं, उसके सम्पादकों को जेलों में डालते हैं और दूसरे देशों में उनकी हत्या करवा देते हैं। अमेरिका ने विकीलीक्स के जूलियन असांजे के साथ और सऊदी अरब के प्रिंस मोहम्मद बिन सलमान ने जमाल खाशोगी के साथ जो किया वे इसके उदाहरण हैं। 17 जुलाई 2017 को हैमबर्ग में जी-20 के सम्मेलन में पुतिन ट्रंप की ओर झुके और पत्रकारों की ओर संकेत करके कहा, "यही लोग आपको आहत कर रहे हैं।" ट्रंप ने इसके जवाब में कहा, "हाँ यही लोग हैं। आप ठीक कह रहे हैं।" उनका यह संवाद पत्रकारों को चौंकाने वाला था।

लोकतन्त्र को क्षति पहुँचाने वाले लोकलुभावनवादी नेताओं और बहुसंख्यकवादी प्रवृत्तियों की आलोचना के साथ ही हमें यह भी ध्यान रखना होगा कि लोकतन्त्र अपने में सैद्धान्तिक व्यावहारिक रूप से कोई पूर्ण और आदर्श व्यवस्था नहीं है। वह बहुत आरम्भ से ही तमाम कमियों से ग्रसित है। कोई उसे अभिजनवाद की ओर ले जाना चाहता है तो कोई उसे विशेषज्ञवाद की ओर। इसीलिए चर्चिल ने कहा था, "लोकतन्त्र सबसे ख़राब क़िस्म की व्यवस्था है बनिस्पत उन सभी व्यवस्थाओं के जिन्हें समय-समय पर मनुष्य ने अब तक आजमाया है।" यानी सारी ख़राबियों के बावजूद लोकतन्त्र अब तक की सबसे अच्छी व्यवस्था है। लोकतन्त्र की इसी ख़राबी की ओर लक्ष्य करते हुए सर मुहम्मद इक़बाल ने कहा भी है:-

जम्हूरियत इक तर्जे हुकूमत है कि जिसमें
बन्दों को गिना करते हैं तौला नहीं करते

लोकतन्त्र के बारे में ईसा पूर्व पाँचवीं सदी के प्राचीन यूनानी दार्शनिकों प्लेटो और अरस्तू ने आलोचनाएँ प्रस्तुत की थीं और इसे तमाम खामियों से ग्रसित प्रणाली बताया था। दुखद स्थिति यह है कि तमाम प्रयासों के बावजूद मनुष्य 21वीं सदी तक उन खामियों को पूरी तरह से दूर नहीं कर पाया। 'प्लेटो ने तो लोकतन्त्र को अक्षम और अकुशल व्यवस्था करार दिया था। उनकी मान्यता थी कि शासन चलाना विशेषज्ञों का काम है और हर व्यक्ति को शासन चलाने लायक मानना मानव प्रकृति की भ्रान्त धारणा का परिणाम है।... प्लेटो के मुताबिक़ हुकूमत वही कर सकता है जिसमें राजा और दार्शनिक के मिलेजुले गुण हों।' (अभय कुमार दुबे (सं.) समाज विज्ञान विश्वकोश)। प्लेटो के शिष्य और प्रसिद्ध दार्शनिक अरस्तू ने भी लोकतन्त्र को अशुद्ध प्रणाली माना था।

टॉकवील ने तो लोकतन्त्र की आलोचना करते हुए उसके लिए 'बहुमत की निरंकुशता' जैसे पद का प्रयोग किया था। दरअसल वे यूरोप और अमेरिकी लोकतन्त्र के कटु अनुभवों से परिचित थे। वे इसके सांस्कृतिक पहलू से चिन्तित थे। उनका कहना था कि अगर बहुमत के सांस्कृतिक मानकों का बोलबाला हो जायेगा तो विविधता समाप्त हो जायेगी। नैतिकता, शिष्टता और सृजनशीलता की दुनिया दरिद्र हो जायेगी। 'लोकप्रिय होने की चाहत या वोट पाने के लिए लोकप्रिय भावनाओं के सामने घुटने टेकने की प्रवृत्ति से वास्तविक जन हित को ठेस लग सकती है, सही और बुद्धिसंगत नीतियाँ बनाने में बाधा पड़ सकती है।'

लोकतन्त्र की कमियों से सम्बन्धित इन्हीं आलोचनाओं के आलोक में अमेरिकी दार्शनिक जैसन ब्रेनन ने 2016 में 'अगेंस्ट डेमोक्रेसी' (लोकतन्त्र के विरुद्ध) जैसे ग्रन्थ की ही रचना कर डाली है। उनका कहना है कि 21वीं सदी में लोकतन्त्र का सरलीकृत संस्करण न तो उचित है और न ही नैतिक। हमें लोकतन्त्र का जयघोष करते रहने से बचना चाहिए। इस प्रणाली में मतदाता अतार्किक हो जाता है और राजनीति के बारे में अज्ञानी ही रहता है। उन्हें राजनीति में जाग्रत करने के लिए कोई प्रेरणा विद्यमान नहीं रहती। अक्सर लोग तो यह मानते हैं कि एक वोट से बहुत फ़र्क़ नहीं पड़ता। वे कहते हैं कि लोकतन्त्र में तमाम तरह की ग़लतफ़हमियाँ रहती हैं। 'जैसे कि लोग मानते हैं कि सरकार चुनने के लिए लोकतन्त्र सबसे उचित व्यवस्था है। या लोगों के पास राजनीतिक सत्ता में बराबरी का हक़ होता है। लोग समझते हैं कि राजनीतिक भागीदारी ठीक है और इससे उन्हें शक्ति मिलती है। जो हम चाहते हैं वह हमें मिलता है। हम ज़्यादा चौकस होते हैं और नैतिक होते हैं। लोगों को लगता है कि लोकतन्त्र में वे एक-दूसरे की ज़्यादा परवाह करते हैं।'

ब्रेनन कहते हैं कि यह सब ग़लतफ़हमियाँ हैं। हमें डेमोक्रेसी को दावों से नहीं परिणामों से देखना चाहिए। हक़ीक़त में लोकतन्त्र के परिणाम अच्छे नहीं हैं। जैसे कि प्राकृतिक न्याय के सिद्धान्त के तहत प्रतिवादी को बचाव का हक़ मिलना चाहिए वैसे ही नागरिक को अच्छी सरकार पाने का हक़ है। ऐसी कसौटी पर लोकतन्त्र अज्ञानी और अतार्किक व्यक्ति का शासन बनकर रह जाता है। किसी भी नागरिक के पास सत्ता में हिस्सेदारी का कोई मौलिक अधिकार नहीं रहता। राजनीतिक सत्ता किसी का भला भी नहीं करती। शोध बताते हैं कि राजनीतिक भागीदारी और बहसें लोगों को ज़्यादा अतार्किक, पक्षपाती और क्षुद्र बनाती हैं। इसीलिए ब्रेनन ने सुझाव दिया है कि लोकतन्त्र से अच्छी व्यवस्था विशेषज्ञशाही (Epistocracy) है। वास्तव में जानकार लोगों की सरकार लोकतन्त्र की व्यवस्था से बेहतर होती है और आज उसके प्रयोग का समय है। वास्तव में यह अवधारणा ब्राउन विश्वविद्यालय में दर्शनशास्त्र के प्रोफ़ेसर डेविड इस्टलंड की दी हुई है।

नागरिकों (अमेरिकी) की अज्ञानता का वर्णन करते हुए वे कहते हैं कि एक तिहाई अमेरिकी नागरिक समझते हैं कि हर व्यक्ति को उसकी योग्यता और हर व्यक्ति को उसकी आवश्यकता के हिसाब से दिये जाने का मार्क्सवादी सिद्धान्त अमेरिकी संविधान में दर्ज है। इसी प्रकार एक तिहाई लोग नहीं जानते कि अमेरिकी सरकार की तीन में से एक संस्था क्या है? एक-चौथाई लोग नहीं जानते कि उनके

सीनेटर कौन हैं। सिर्फ़ आधे लोग जानते हैं कि उनके राज्य से सिर्फ़ दो सीनेटर चुने जाते हैं। लेकिन इस आधार पर विशेषज्ञशाही का तर्क अब लोगों को गले नहीं उतरता है। लोग वयस्क मताधिकार के इतने अभ्यस्त हो चुके हैं कि उसे बदले जाने पर कम से कम उन देशों में तो कड़ा विरोध होगा ही जहाँ पर वे मौजूद हैं। हालाँकि बिना जानकारी के होने वाले मतदान को ब्रेनन वायु प्रदूषण की संज्ञा देते हैं। लेकिन अगर लोगों के मताधिकार सीमित किये जायेंगे और विशेषज्ञों का शासन लाया जायेगा तो यह बराबरी के सिद्धान्त का भी उल्लंघन होगा।

लोकतन्त्र की सैद्धान्तिक आलोचना बीसवीं सदी के मशहूर अर्थशास्त्री जोसेफ शुम्पीटर ने भी की है। उन्होंने अपनी 'कैपिटलिज़्म, सोशलिज़्म एंड डेमोक्रेसी' में प्रतियोगितामूलक अभिजनवाद का मॉडल पेश किया है। वे आधुनिक औद्योगिक समाजों के लिए इसे सबसे ज़्यादा कारगर मानते हैं और कहते हैं कि निष्क्रिय नागरिकता अच्छे शासन के लिए अच्छी बात है। वे मानते हैं कि लोगों को उन अभिजनों में से अपना शासक चुनना चाहिए जो आपस में होड़ कर रहे हों और उसके बाद जनता को स्वयं ज़्यादा सक्रिय नहीं रहना चाहिए। शुम्पीटर साफ़ तौर पर कहते हैं कि राजनीतिक नेताओं पर मतदाताओं का किसी प्रकार का नियन्त्रण नहीं रहता। वे सिर्फ़ चुनाव के समय उन्हें वोट देने से इनकार करके अपनी कोई शक्ति दिखा सकते हैं। बाक़ी समय उन्हें पीछे से राजनीति को निर्देशित करने का इरादा छोड़ देना चाहिए।

वैश्विक लोकतन्त्र के इन सैद्धान्तिक और व्यावहारिक संकटों के बीच भारतीय लोकतन्त्र की दशा दिशा को समझा जा सकता है। निश्चित तौर पर भारत की स्थितियाँ उनसे अलग हैं। लेकिन लोकतन्त्र का ढाँचा, मनुष्य का स्वभाव, लोकलुभावनवादी नेतृत्व से अधिनायकवादी नेतृत्व तक यात्रा के पथ एक-दूसरे से बहुत कुछ मिलते हैं। यह सही है कि यूरोप और एशिया के धर्म का ढाँचा और मान्यताएँ एक-दूसरे से भिन्न हैं लेकिन नवउदारवाद की नीतियाँ तो एक ही सिद्धान्त पर चलने वाली हैं। नवउदारवाद ने पहले राज्य के कल्याणकारी चरित्र को ख़त्म किया। ढाँचागत सुधार उसी दिशा में उठाया गया महत्त्वपूर्ण क़दम था। उसके तहत सब्सिडी ख़त्म की गयी। शिक्षा और स्वास्थ्य का निजीकरण किया गया। सार्वजनिक उपक्रमों का विनिवेश किया गया। भारी उद्योग और वित्तीय क्षेत्रों को निजी क्षेत्रों में दिया गया। रेलवे और विमान पत्तन का निजीकरण तो हो ही रहा है रक्षा जैसे रणनीतिक क्षेत्र को भी नहीं बख्शा गया। उद्योगपतियों को बिना माँगे करों में रियायत और सस्ते दरों पर क़र्ज़ देने की नीति चलती रही और किसानों को पहले आत्महत्या और फिर

क़र्ज़माफ़ी के लिए आन्दोलन पर मजबूर किया गया। अब जब जनता पर उसका असर पड़ने लगा तो किसान सम्मान निधि और आयुष्मान योजना और रसोई गैस के सिलेंडर पर सब्सिडी और मुफ़्त में राशन देकर लाभार्थी वर्ग का निर्माण किया गया। यानी एक बार राज्य के कल्याणकारी चरित्र को समाप्त करने और याराना पूँजीवाद को फलने-फूलने का पूरा मौक़ा देने के बाद अब राज्य अपने दिखावटी कल्याणकारी स्वरूप को ओढ़ने में लगा है। इसी के साथ यह सब कुछ एक करिश्माई नेतृत्व द्वारा दिये जाने वाले उपहार के रूप में पेश किया जाता है। फिर वह व्यक्ति किसी विशेषज्ञ, किसी बुद्धिजीवी और किसी विचारक का उपहास करने का अधिकार प्राप्त कर लेता है। डॉ. मनमोहन सिंह जैसे अर्थशास्त्री और शालीन व मितभाषी स्वभाव के पूर्व प्रधानमन्त्री का संसद में यह कहकर मज़ाक़ उड़ाया गया कि रेनकोट पहनकर बाथरूम में नहाना कोई डॉक्टर साहेब से सीखे। नोटबन्दी और जीएसटी की आलोचनाएँ करने वाले अर्थशास्त्रियों के लिए कहा गया कि हमें हार्वर्ड के पढ़े-लिखे लोगों की नहीं हार्डवर्क करने वालों की ज़रूरत है। जो लोग सरकारी नीतियों को जनोन्मुख बनाये रहने की बात करते थे और निजीकरण का विरोध करते थे उन्हें अरबन नक्सली कहा गया और नागरिक अधिकारों की बात करने वालों को खान मार्केट गैंग कहा गया।

भारतीय लोकतन्त्र के इस बदलते स्वरूप को मशहूर फ़्रांसीसी विद्वान क्रिस्टोफ जैफ्रलां संजातिक लोकतन्त्र या एथिनिक डेमोक्रेसी के तौर पर देखते हैं। इस पदावली की रचना इजराइली समाजशास्त्री सैमी स्मूहा ने अपने देश के लिए की है। वे मानते हैं कि इसकी उत्पत्ति संजातिक राष्ट्रवाद से होती है। इस प्रवृत्ति की पहचान किसी भी देश के उस प्रमुख समूह से की जाती है जो अपने को नस्ली, भाषायी, धार्मिक और दूसरी सांस्कृतिक प्रवृत्तियों से बँधा समझता है और उसमें एक प्रकार की श्रेष्ठता की भावना होती है। वह समूह देश में रह रहे दूसरे समूहों को ख़ारिज कर अपनी अस्मिता का निर्माण करता है। क्योंकि दूसरा या अन्य समूह संजातिक राष्ट्र के अस्तित्व और अखंडता के लिए ख़तरा होता है। इसमें बहुसंख्यक समाज को गोलबन्द किया जाता है ताकि संजातिक राष्ट्र की हिफाज़त की जा सके। ऐसे संजातिक राष्ट्र-राज्य के प्रति अन्तर्राष्ट्रीय समुदाय या तो उदासीन रहता है या फिर उन्हें समर्थन देता है।

राष्ट्र राज्य के यहूदी चरित्र की विशेषता यह है कि वह अल्पसंख्यकों के अधिकारों पर पाबन्दी लगाता है। इन अल्पसंख्यकों में फिलस्तीनी शामिल हैं जिन्हें इजराइली अरब भी कहा जाता है। राज्य हर जगह यहूदी प्रतीकों को थोप देता है।

इजराइल में पदों के नाम, कैलेंडर, दिन, नायक, झंडे, चिह्न, राष्ट्रगान, समारोह, स्थानों के नाम सभी यहूदी धर्म और परम्परा से लिए जाते हैं। राज्य यहूदी समुदाय को वित्तीय मदद देता है और उन्हें प्रोत्साहित करता है। उसके लिए यहूदी कोष की स्थापना की गयी है। उसी के साथ अल्पसंख्यकों की उपेक्षा करता है। इस उपेक्षा और दमन की बात इजराइली सुप्रीम कोर्ट के जज थियोडोर ओर की अध्यक्षता में बने एक आयोग ने भी स्वीकार किया था।

तमाम सर्वे कहते हैं कि इजराइली लोकतन्त्र अरबियों के लिए उतना लोकतान्त्रिक नहीं है जितना यहूदियों के लिए है। यहूदियों की 74 प्रतिशत आबादी चाहती है कि राज्य यहूदियों को प्राथमिकता दे। 30 प्रतिशत यहूदी चाहते हैं कि अरबियों को वोट देने का अधिकार नहीं होना चाहिए। 32.2 प्रतिशत चाहते हैं कि फिलस्तीनियों को सिविल सेवाओं में न लिया जाये। आज भारतीय लोकतन्त्र भी उसी दिशा में जा रहा है। पिछली सदी के आख़िरी दशक में और इस सदी के पहले दशक में जिस प्रकार लोकतन्त्र की जय जयकार हो रही थी वह स्थिति अब एकदम पलट गयी है।

भारत 2014 के बाद 2019 तक यानी एनडीए-1 के कार्यकाल में एक अलग तरह के परिवर्तन से गुज़र रहा था और 2019 के बाद दूसरे क़िस्म के परिवर्तन से गुज़र रहा है। वह इस दौरान लोकलुभावनवाद से संजातिक लोकतन्त्र में बदला और अब तेज़ी से अधिनायकवाद की ओर जा रहा है। (क्रिस्टोफ जैफ्रला—मोडीज इंडिया-हिन्दू नेशनलिज़्म एंड द राइज ऑफ़ एथिनिक डेमोक्रेसी)। 'अच्छे दिन और सबका साथ सबका विकास' के नारे के साथ लोकलुभावनवाद शुरू हुआ और उसने हिन्दुत्व की विचारधारा और लोकलुभावनवादी राजनेता के साथ लहर पैदा कर सत्ता हासिल की। इस विचारधारा की ख़ासियत यह है कि यह मुसलमानों को पराया मानती है और उन्हें निरन्तर इतिहास और वर्तमान में कलंकित करती रहती है। उसके लिए वह शैक्षणिक जगत से लेकर मीडिया के विमर्श में एक नये क़िस्म के अतीत की रचना करती है और उसे वर्तमान की घटनाओं की भिन्न क़िस्म की व्याख्या से जोड़ देती है। संजातिक लोकतन्त्र की ख़ासियत यह है कि वहाँ बहुसंख्यक समुदाय को राष्ट्र माना जाता है और अल्पसंख्यकों को दूसरे दर्जे का नागरिक। ऊपरी तौर पर वह दावा करता है कि वह दोनों को क़रीब लाने के लिए ऐसा कर रहा है लेकिन वास्तविक तौर पर वह उनके भीतर खाई खोद रहा होता है।

सरकार के पहले कार्यकाल में हिन्दू राष्ट्रवाद को प्रोत्साहित करने के लिए ग़ैर-सरकारी स्तर पर अल्पसंख्यकों पर हमले किये गये। मॉब लिंचिंग की गयी।

गौरी लंकेश जैसे पत्रकार, गोविन्द पंसारे जैसे वामपन्थी कार्यकर्ता और एम.एम. कलिबुर्गी जैसे लिबरल और वामपन्थी लेखकों पर हमले किये गये और उनकी हत्याएँ की गयीं। जवाहरलाल नेहरू जैसे वामपन्थी प्रभाव वाले विश्वविद्यालय पर हमले किये गये और शिक्षा का भगवाकरण किया गया। गोरक्षा के बहाने ज़बरदस्त आक्रामक अभियान चलाये गये। लव जेहाद और लैंड जेहाद का मुद्दा खड़ा कर समाज में नये क़िस्म का ध्रुवीकरण किया गया। इस तरह राजनीतिशास्त्रियों की यह धारणा ग़लत साबित होती गयी कि लोकतन्त्र वामपन्थ से लेकर दक्षिणपन्थ तक के अतिवादी संगठनों को मध्यमार्ग पर ला देता है और चुनाव लड़ने के बाद माओवादियों से लेकर हिन्दुत्ववादी तक सभी नरम और उदार हो जाते हैं। उनके भी बहिर्वेशन की जो प्रवृत्ति होती है वह अन्तर्वेशन में बदल जाती है।

पहले कार्यकाल में केन्द्र सरकार को राज्यसभा में बहुमत नहीं था इसलिए उसने क़ानून बनाने और अल्पसंख्यक समुदायों को सरकारी तौर पर निशाने पर लेने की बजाय ग़ैर-सरकारी तौर पर उन्हें आक्षेपित किया। हालाँकि इस दौरान मीडिया और संघ परिवार के आनुषंगिक संगठन उन्हें कलंकित करने के लिए सक्रिय थे। इसी के साथ कॉर्पोरेट वर्ग विशेषकर याराना पूँजीवाद को फ़ायदा पहुँचाने के प्रयास जारी रहे। उदाहरण के लिए भारतीय किसानों के लम्बे संघर्ष के बाद 2013 में हुए भूमि अधिग्रहण क़ानून को बदलने के लिए 2014 के बाद तीन बार अध्यादेश लाये गये। लेकिन राज्यसभा में बहुमत न होने के कारण उन्हें वापस लिया गया। बाद में उन्हें राज्यों के हवाले छोड़ दिया गया ताकि राज्य सरकारें पूँजीपतियों की सहमति से उसमें अपने ढंग के संशोधन कर सकें। इस तरह उसकी कृषक पक्षधरता की धार को कुंद कर दिया गया।

लेकिन जब दूसरे कार्यकाल तक राज्यसभा में भी भाजपा का बहुमत हो गया तो सीएए एनआरसी जैसे क़ानून बनाने और कश्मीर में अनुच्छेद 370 को ख़त्म करने जैसे क़दम उठाये गये। सीएए एनआरसी के विरुद्ध किस तरह से दिल्ली समेत देश के दूसरे स्थानों पर आन्दोलन हुए और उन्हें ख़त्म करने के लिए कैसे दिल्ली में दंगा आयोजित हुआ और तमाम आन्दोलनकारियों को यूएपीए लगाकर जेल में डाल दिया गया यह तथ्य किसी से छुपा नहीं है। आज जब वही घटनाक्रम बीबीसी की डाक्यूमेंटरी में दिखाया जा रहा है तो लोगों को उसे देखने की इजाज़त नहीं दी जा रही है। संयोग देखिए कि दिल्ली दंगा उस समय 'आयोजित' हुआ जब तत्कालीन अमेरिकी राष्ट्रपति डोनाल्ड ट्रंप भारत और विशेष तौर पर दिल्ली के दौरे पर थे। संयोग से उस समय देश में कोरोना भी पैर पसार रहा था।

उसी समय मध्य प्रदेश में काँग्रेस की सरकार भी गिराई जा रही थी। इस संकट का लाभ उठाकर अल्पसंख्यकों को दबाने के लक्ष्य को साधा गया और बाद में कोरोना से निपटने के लिए तालाबन्दी की गयी।

तमाम राज्यों ने लव जेहाद और धर्म परिवर्तन को रोकने के लिए क़ानून बनाये। अतिक्रमण हटाने के नाम पर बुलडोजर चल निकले। उन्हें सरकार के कुशल प्रशासन का प्रतीक बनाया गया। जनसंख्या नियन्त्रण की चर्चाएँ ज़ोरों पर हैं। उसके लिए क़ानून की माँग हो रही है। साथ ही समान नागरिक संहिता की भी माँग ज़ोर पकड़ रही है। उत्तराखंड जैसी कई राज्य सरकारें इस दिशा में क़दम उठा भी रही हैं। संसद में एक सासंद ने समान नागरिक संहिता के लिए निजी सदस्य विधेयक प्रस्तुत कर दिया है। शायद वह किसी आगामी बिल का पूर्वाभ्यास है।

ध्यान देने की बात है कि इक्कीसवीं सदी के पहले दशक में भारतीय लोकतन्त्र की सफलता का बखान करने वाले अध्ययनों की भरमार है। अन्तर्राष्ट्रीय स्तर के 12 विद्वानों के एक ऐसे ही अध्ययन को 'द सक्सेस ऑफ़ इंडियाज डेमोक्रेसी' शीर्षक से प्रिंसटन यूनिवर्सिटी के प्रोफ़ेसर अतुल कोहली ने 2001 में सम्पादित किया है। प्रणव बर्धन, माइरन वीनर, सुमित सरकार, स्मितु कोठारी और ल्याड रुडाल्ड जैसे विद्वानों के शोधपरक अध्ययनों ने यह बताया है कि भारतीय लोकतन्त्र तमाम प्रतिकूलताओं के बाद अच्छी तरह से चल रहा है। इसकी जड़ें निरन्तर गहरी होती जा रही हैं। एक तो केन्द्रीकरण और विकेन्द्रीकरण की ताक़तों के बीच एक नाज़ुक क़िस्म का सन्तुलन क़ायम कर लिया गया है और दूसरी बात यह है कि समाज के हाशिये पर रहने वालों को बहिष्कृत किये बिना शक्तिशाली लोगों के हितों को पोषित किया गया है। लेकिन आज उसी संकलन के एक प्रमुख लेखक व बर्कले स्थित कैलिफोर्निया विश्वविद्यालय के प्रोफ़ेसर प्रणव बर्धन भारत में निरंकुश शासन आने की आहट देख रहे हैं।

"भारत निरंकुश शासन की ओर जा रहा है। इसलिए राज्यों को प्रतिरोध करने की ज़रूरत है। कश्मीर में जो राजनीतिक बदलाव हुआ वह इस बात का प्रमाण है कि केन्द्र के हाथ में किस तरह से शक्तियों का केन्द्रीकरण होता जा रहा है। प्रधानमन्त्री और उनके साथी सहकारी संघवाद की बात करते हैं लेकिन वह सब धोखा है। पिछले आठ सालों में प्रधानमन्त्री कार्यालय में शक्तियाँ केन्द्रित हो गयी हैं। 2019 में जब एक राज्य (कश्मीर) बाँटा गया तो जनता से कोई राय नहीं ली गयी। तब से वहाँ के कई केन्द्रशासित प्रदेशों पर केन्द्र सरकार का शासन है। किसी और देश में इसकी कल्पना नहीं की जा सकती। जैसे कि कैलीफोर्निया को अमेरिका की

संघीय सरकार उत्तर और दक्षिण में अचानक बाँट नहीं सकती। कश्मीर को बाँटे जाने पर दूसरे राज्यों की चुप्पी हैरान करने वाली है। इसी तरह से 29 मार्च 2000 को कोविड-19 के नाम पर अचानक की गयी तालाबन्दी यह बताती है कि केन्द्र सरकार के हाथ में आपातकालीन शक्तियाँ किस प्रकार से केन्द्रित हैं। जीएसटी उसका एक बड़ा प्रमाण है। ईडी, सीबीआई और एनआईए जैसी केन्द्रीय एजेंसियाँ जिस प्रकार से राज्यों में घुसकर लोगों को गिरफ़्तार करती हैं उससे ज़ाहिर है कि संघवाद कमज़ोर हो गया है और केन्द्र हावी है। सीमा सुरक्षा बल को अन्तर्राष्ट्रीय सीमा से 50 किलोमीटर भीतर तक क्षेत्राधिकार दिया जाना भी इसी का प्रमाण है। पूर्वोत्तर राज्यों में जारी सशस्त्र बल विशेष अधिनियम भी इसी प्रवृत्ति का परिचायक है। मीडिया का पतन और सीबीआई और चुनाव आयोग जैसी केन्द्रीय संस्थाओं की केन्द्र के आगे लाचारी बताती है कि भारत एक निरंकुश शासन की ओर बढ़ रहा है।" *(द टेलीग्राफ,* 12 *दिसम्बर पेज-*1*)*।

प्रोफ़ेसर बर्धन ही नहीं प्रसिद्ध राजनीति शास्त्री सुभाष पल्शीकर भी गुजरात के विधानसभा चुनावों पर टिप्पणी करते हुए लिखते हैं, "इस गुजरात चुनाव में तीन घटनाएँ ऐसी हैं जो भाजपा के विपक्ष मुक्त लोकतन्त्र के नये मॉडल की विशेषता है। इसमें दो घटनाएँ तो बयानों के रूप में हैं और एक बिना बोले घटित की गयी है। एक सिहरन पैदा करने वाला बयान भारत के गृहमन्त्री द्वारा दिया गया कि 2002 की घटना सख़्त सबक सिखाने के लिए हुई थी। दूसरा लोकलुभावनवादी बयान अभिनेता से राजनेता बने व्यक्ति का है जो कहते हैं कि आर्थिक समस्याएँ तो आती जाती रहेंगी लेकिन भाजपा इसलिए महत्त्वपूर्ण है क्योंकि यह मछली खाने वाले बंगालियों से स्थानीय मतदाताओं की भावनाओं की रक्षा करेगी। तीसरी घटना वह है जिसमें प्रधानमन्त्री स्वयं मतदान केन्द्र की ओर जा रहे हैं और जनता की ओर देखते हुए हाथ हिला रहे हैं। पहली घटना हिन्दू राज्य को परिलक्षित करती है जिसे भाजपा ने वास्तविक रूप से निर्मित कर दिया है। दूसरी घटना भाजपा की ओर से प्रचारित की जा रही उस राजनीतिक संस्कृति का विशिष्ट संस्करण है जो कि उसके विषैले राष्ट्रवाद के तहत पनप रही है। तीसरी घटना संस्थाओं के क्षरण और नेता केन्द्रित राजनीतिक व्यवस्था बनाने की है जो संवैधानिक लोकतन्त्र के सिद्धान्तों की जगह ले रही है। हम इन प्रवृत्तियों पर ताली बजाने वाले होते जा रहे हैं और ग़ैर भाजपा दल भाजपा के विपक्ष मुक्त राजनीतिक प्रणाली में मौजूद इन प्रवृत्तियों के बारे में अनजान होने का बहाना बनाते जा रहे हैं।" *(सुभाष पल्शीकर—रीडिंग दिस विक्ट्री, द इंडियन एक्सप्रेस,* 9 *दिसम्बर* 2022*, पृ.* 14*)*।

इसी सिलसिले में 'पाँचजन्य' और 'आर्गेनाइजर' को हाल में दिये गये विस्तृत इंटरव्यू में राष्ट्रीय स्वयं सेवक संघ के सरसंघचालक मोहन भागवत का बयान ग़ौर करने लायक है। उसमें एक प्रकार के भविष्य का ख़ाका है और अल्पसंख्यक समाज को चेतावनी भी है। उसमें भारतीय इतिहास की एक व्याख्या भी है और उसे समझने की एक कुंजी भी है। वे कहते हैं कि हिन्दू समाज एक हज़ार साल से युद्ध में रहा है इसलिए उसका आक्रामक होना स्वाभाविक है। वह कभी विदेशी आक्रमण से जूझता रहा है तो कभी विदेशी प्रभुत्व तो कभी विदेशी साज़िशों से। लेकिन अब वे आश्वस्त दिखते हैं कि हिन्दू समाज ऐसी स्थिति में आ गया है कि वह कभी पराजित होने वाला नहीं है। वे मुसलमानों को आश्वस्त करते हुए कहते हैं कि वह यहाँ रह सकता है उसे डरने की कोई ज़रूरत नहीं है लेकिन उसे यह मानना बन्द करना होगा कि वह किसी प्रकार की श्रेष्ठ नस्ल है। यही बात कम्युनिस्टों को भी माननी पड़ेगी। उनकी इस बात को लोग धमकी की तरह देख रहे हैं।

बारह आलेखों के इस संकलन में लोकतन्त्र और उसकी संस्थाओं के संकट को विभिन्न कोणों से समझने का प्रयास किया गया है।

डॉ. रमेश दीक्षित पूरी दुनिया की लोकतान्त्रिक प्रणाली की ऐतिहासिक यात्रा का वर्णन करते हुए लिखते हैं कि पिछले दस-बारह वर्षों में लोकतान्त्रिक व्यवस्था के भीतर उभर रही अधिनायकवादी प्रवृत्तियों ने सामान्य जन और अभिजन दोनों के भीतर लोकतन्त्र के भविष्य को लेकर असुरक्षा का भाव पैदा किया है। लेकिन उन्हें लातीन अमेरिकी देशों में उग रहे लोकतन्त्र के सूर्य से बड़ी उम्मीदें हैं। लोकतन्त्र के प्रति तमाम आशंकाओं से घिरे इस वातावरण में वे प्रोफ़ेसर जावेद आलम के हवाले से कहते हैं कि लोकतन्त्र को बचाने की ताक़त उन्हीं सामाजिक समूहों की होगी जिनके लिए लोकतन्त्र का बना रहना ज़िन्दगी और मौत का सवाल है।

प्रोफ़ेसर शंभुनाथ मानते हैं कि लोकतन्त्र की व्यापक उपलब्धियों के बावजूद वैश्विक स्तर पर इसकी चिन्ताएँ बढ़ी हैं। वजह साफ़ है कि लोकतन्त्र का ह्रास सिर्फ़ तानाशाही की तरफ़ नहीं ले जाता। वह युद्ध घरेलू दमन, महँगाई और मुनाफ़ाखोरी के प्रति असीम छूट देकर बेहाल जीवन की ओर ले जाता है। वे मानते हैं कि आज मानवता, लोकतन्त्र और न्यायप्रियता पर गहरा संकट है। वे याद दिलाते हैं कि इन चीज़ों को पाने के लिए कितने त्याग और बलिदान हुए हैं। लेकिन उन प्रमुख सवालों को लेकर नागरिकों में बेचैनी नहीं है।

अभय कुमार दुबे लोकलुभावनवाद से वेनोवैलेंट डिक्टेटरशिप (उदार तानाशाही) को उभरते हुए देखते हैं। वे इस परिघटना के लिए नवउदारवाद को ज़िम्मेदार मानते हैं।

नब्बे के दशक में सामाजिक न्याय की जिन शक्तियों का उदय हुआ था और जिनका प्रभाव इक्कीसवीं सदी के पहले दशक तक रहा अब वे परास्त हो चुकी हैं। भाजपा के रूप में नयी शक्ति का उदय हो चुका है। संघ को आज भारत को हिन्दू राष्ट्र घोषित करने की ज़रूरत नहीं है। वह उसके बिना अपने लक्ष्य को प्राप्त कर रहा है। विपक्ष उसका मुक़ाबला तभी कर सकता है जब वह अपनी खोयी हुई साख हासिल कर ले।

नरेश गोस्वामी गणतन्त्र और लोकतन्त्र के अन्तर और स्वतन्त्रता दिवस और गणतन्त्र दिवस के रूप में दोनों के महत्त्व को समझने की आवश्यकता पर बल देते हैं। वे भीखू पारीख के हवाले से कहते हैं कि हमें गणतन्त्र बनना था पर हम केवल लोकतन्त्र बनकर रह गये। बाद में वह सब केवल चुनावी आयोजन बनकर रह गये। चुनावी खेल इतना जटिल होता है कि वह आसानी से समझ में नहीं आता। क्योंकि इसमें संविधान और लोकतन्त्र की संस्थाएँ अपनी जगह पर होती हैं जबकि चुनी हुई सरकार लोकतन्त्र को नष्ट करती है।

विजय झा लिखते हैं कि पूँजीवाद की कार्यप्रणाली को समझे बिना और उसके वैचारिक चौखटे से बाहर निकले बिना मौजूदा लोकतन्त्र पर विचार करना कठिन है। लोकतन्त्र यदि संकट में है तो उसकी जड़ें वहाँ न होकर आर्थिक दायरे यानी पूँजीवाद में हैं। क्योंकि लोकतन्त्र का अर्थ निजी सम्पत्ति पर आधारित अर्थव्यवस्था को वैध करने वाली राज्य व्यवस्था के रूप में रूढ़ हो चला है। यही कारण है कि हमारा लोकतन्त्र लोकोपकारी राज्य से पूँजी उपकारी राज्य का रूप लेता चला गया। वह पहले दुनिया के सबसे बड़े लोकतन्त्र के रूप में देखा जाता था और पूँजीवाद और लोकतन्त्र के बीच सामंजस्य बनाकर चलने की सम्भावना की नज़ीर पेश करता था। वे इस संकट से निकलने का सुझाव देते हुए कहते हैं कि हमें इतिहास के एकरेखीय विकास की अवधारणा का त्याग करना होगा। इससे पूँजीवाद ही मानव समाज के विकास का गन्तव्य है जैसी मान्यताएँ बेबुनियाद हो जायेंगी।

डॉ. सुनीलम कहते हैं कि आन्दोलन लोकतन्त्र का आधार है। लोकतन्त्र ज़िन्दा है इसका प्रमाण यही है कि आन्दोलन जारी है। अगर कोई समाज आन्दोलन रहित हो जाये तो इसका मतलब है कि वहाँ लोकतन्त्र नहीं है। क्योंकि कोई समाज परिपूर्ण नहीं होता इसलिए जन समुदाय को अपनी माँगों के लिए मिलकर प्रतिरोध करना पड़ता है। देश में आज़ादी से पहले और बाद में भी आन्दोलन चलते रहे हैं। यानी आन्दोलन आज़ादी के संघर्ष की विरासत है। इसको कोई भी तानाशाह कुचल नहीं सकता।

वे मानते हैं कि इस लोकतन्त्र को बचाने में जितनी भूमिका विपक्ष की है उतनी ही सिविल सोसायटी की है।

प्रोफ़ेसर गिरीश्वर मिश्र मानते हैं कि भारतवासी एक जीवित सभ्यता के उत्तराधिकारी हैं। भारत के संविधान ने भी इस सभ्यता की स्मृति को सँजो रखा है। भारत के गणतन्त्र के इतिहास में अब तक जनता ने अपने मतदान से सरकारों को स्वीकार और अस्वीकार करने का विवेक दिखाया है। चेतावनी दी है और परिवर्तन हुए हैं। लेकिन इसी के साथ वे यह भी मानते हैं कि गणतन्त्र की परिपक्वता कोई स्थिर बिन्दु नहीं है। वह दायित्वपूर्ण जनभागीदारी और विवेकवान राजनीतिक संस्कृति पर निर्भर है। इस पथ पर हमें सावधानी से चलना होगा। वे आगाह करते हैं कि आज विविध मंचों पर हिंसा पैर पसार रही है। इससे राजनीतिक लोगों की प्रामाणिकता क्षीण हो रही है।

आपातकाल के भुक्तभोगी जयशंकर पाण्डेय उससे इस दौर की तुलना करते हुए कहते हैं कि लोग जिस तरह तमाम पाबन्दियों के प्रति सहज होते जा रहे हैं उससे लगता है कि आपातकाल जैसी स्थितियों के ख़तरे प्रबल हैं। चुनाव होते जाना लोकतन्त्र होने की गारंटी नहीं है। भारत में चुनाव कोविड-19 जैसी महामारी, सर्दी-गर्मी और बरसात के प्रतिकूल मौसम में भी होते रहते हैं। इस मुस्तैदी के बावजूद लोकतन्त्र कमज़ोर होता जा रहा है। इसलिए ज़रूरत लोगों को सचेत करने की है तभी इसे बचाया जा सकता है।

न्यायपालिका पर लगातार हो रहे हमलों के परिप्रेक्ष्य में अनिल जैन को लगता है कि इस संस्था की लोकतान्त्रिक सम्भावनाएँ लगातार क्षीण हुई हैं। तमाम न्यायालीय फ़ैसलों की रोशनी में उनका अवलोकन यही है कि हमारी न्यायपालिका समाज के तमाम पूर्वाग्रहों से ग्रसित है। उसमें भी वही बुराइयाँ हैं जो समाज की तमाम संस्थाओं में हैं। इसके बावजूद आज भी न्यायपालिका हमारे लोकतन्त्र का सबसे असरदार स्तम्भ है। हर तरफ़ से आहत देशवासियों को इसी से आख़िरी उम्मीद भी है। इस स्तम्भ को बचाना है क्योंकि अगर यह भी ढह गया तो लोकतन्त्र दम तोड़ देगा। हालाँकि इस बीच चुनाव आयोग के निर्माण के नेता प्रतिपक्ष, मुख्य न्यायाधीश और प्रधानमंत्री के पैनल के गठन सम्बन्धी सुप्रीम कोर्ट का फैसला अहम हैं।

मेरे (अरुण कुमार त्रिपाठी) के लेख में मीडिया के कॉरपोरेट और सरकार के आगे निरन्तर समर्पित होने की कथा है। पहले का समर्पण धमकी के चलते होता था लेकिन आज धमकी और प्रलोभन दोनों हावी हैं। बल्कि वे एक सिक्के के दो पहलू हैं।

इम्बेडेड मीडिया की अवधारणा इराक़ युद्ध के साथ उभरी थी और उस पर विवाद हुआ था लेकिन आज भारतीय मीडिया का बड़ा हिस्सा उसी रूप में ढल गया है। सारी ख़बरें एक जैसी हो गयी हैं। सारे एंकर एक ही भाषा बोलते हैं और सारे अख़बार एक ही तरह की हेडलाइन लगाते हैं। उनकी ख़बरों का चयन भी एक जैसा है। वे एक ही तेवर से विपक्ष पर हमला करते हैं और सत्तापक्ष के सामने एक ही जैसा रागदरबारी गाते हैं। कोरोना ने मीडिया के इस समर्पण को तेज़ किया और अब वह पूरी तरह से समर्पित होकर गोदी मीडिया बन गया है। एक दो स्वर जो आलोचना के थे उन्हें भी ख़ामोश कर दिया गया है। सत्य के लिए साहस पैदा करने का दौर चला गया है। यही लोकतन्त्र के लिए संकट है।

मध्ययुगीन इतिहास के गम्भीर अध्येता डाक्टर सैयद शाहिद अशरफ़ अल्पसंख्यकों के साथ निरन्तर हो रहे छल को व्यक्त करते हैं। उनका कहना है कि भारत का संविधान हर नागरिक को बराबरी का हक़ देता है बल्कि अल्पसंख्यकों की बराबरी की विशेष परवाह करता है। लेकिन हक़ीक़त में हमारे लोकतन्त्र में अल्पसंख्यकों को बराबरी हासिल ही नहीं है। जिस डर के चलते विभाजन हुआ था आज वह डर एक यथार्थ बन रहा है। वे बताते हैं कि सीएए और एनआरसी के क़ानूनों में मुसलमानों को छोड़ देना भेदभाव को परिलक्षित करता है। आख़िर सरकार छह समुदायों को स्थान देती है लेकिन सिर्फ़ मुसलमानों को छोड़ देती है। वे अल्पसंख्यकों की बदहाली की कहानी का एक पक्का प्रमाण सच्चर समिति की रिपोर्ट में देखते हैं। आज सरकार पसमांदा समाज की ओर ध्यान देने का दावा कर रही है लेकिन उनकी आवाज़ तो पहले से उठ रही है उसकी ओर ध्यान क्यों नहीं दिया गया।

आदिवासियों की दशा पर टिप्पणी करते हुए प्रोफ़ेसर कमल नयन चौबे लिखते हैं द्रौपदी मुर्मू का भारत का राष्ट्रपति बनना भारतीय इतिहास की बड़ी घटना है लेकिन इससे आदिवासियों की दशा सुधारने वाली नहीं है। विकास के मौजूदा मॉडल से आदिवासियों के सामने गम्भीर समस्याएँ पैदा हुई हैं। यह समस्याएँ अंग्रेज़ों ने पैदा की थीं और आज़ाद भारत की लोकतान्त्रिक सरकारों ने भी उन्हें मिटाने का काम नहीं किया। इसीलिए डॉ. ब्रह्मदेव शर्मा ने 'टूटे वायदों का अनटूटा इतिहास' जैसी पुस्तक लिखी। पेसा और वन अधिकार अधिनियम क़ानून बनने के बावजूद आदिवासियों की समस्या का समाधान नहीं हो पाया। लोकतन्त्र में आरक्षण देकर आदिवासियों का प्रतिनिधित्व सुनिश्चित तो किया गया लेकिन उनका कुशल और समझदार नेतृत्व विकसित नहीं हो पाया।

लोकतन्त्र : नन्ही-सी जान, दुश्मन हज़ार

रमेश दीक्षित

ब्रायन एस रोमर अपनी पुस्तक 'द हिस्ट्री ऑफ़ डेमोक्रेसी' (2013) में आधुनिक लोकतन्त्र की जड़ें ईसा पूर्व पाँचवीं, चौथी सदी के यूनानी नगर राज्यों और रोम के गणराज्य में तलाशते हुए यूनानी परम्परा को मेहनतकश किसानों, मज़दूरों के आन्दोलनों से विकसित होकर 1917 की वोल्शेविक क्रान्ति और रोमन परम्परा में मैग्नाकार्टा (1215), 1688 की इंग्लैंड की रक्तहीन क्रान्ति और 1776 की अमेरिकी स्वतन्त्रता की घोषणा में फलीभूत होते देखते हैं। उनका मानना है कि अट्ठारहवीं उन्नीसवीं सदी के निरंकुश राजतन्त्रों को बेदख़ल कर प्रतिनिधिक लोकतन्त्र की स्थापना करने वाली क्रान्तियाँ यूनानी लोकतान्त्रिक परम्परा यानी एथेंस के भागीदारी पूर्ण मॉडल की अपेक्षा रोमन गणराज्य से ज़्यादा प्रभावित थीं।

रोमर के अनुसार सत्रहवीं सदी से उन्नीसवीं सदी के बीच पश्चिमी यूरोप और उत्तरी अमेरिका में लोकतन्त्र का उभार पूँजीवाद के उभार के साथ-साथ हुआ और जहाँ कहीं भी पूँजीवाद की शुरुआत हुई, उसने प्रतिनिधिक लोकतन्त्र के उभरने के लिए अनुकूल परिस्थितियाँ पैदा कीं। तात्पर्य यह है कि प्रतिनिधिक लोकतन्त्र का लालन-पालन पूँजीवाद के पालने में ही होता रहा है और लोकतान्त्रिक व्यवस्थाओं के उदय के लिए सामन्तवाद का पराभव ज़रूरी है।

ईसा पूर्व पाँचवीं सदी के यूनानी नगर राज्यों एथेंस और स्पार्टा से लोकतन्त्र की शुरुआत मानी जाती है और दावा किया जाता है कि लगभग उसी कालखंड में भारत में भी साकेत, मगध, कोशल, वैशाली जैसी गणतान्त्रिक/लोकतान्त्रिक व्यवस्थाएँ थीं। हालाँकि इन प्राचीन भारतीय, रोमन या यूनानी व्यवस्थाओं को आधुनिक सन्दर्भों में लोकतन्त्र मानने का कोई औचित्य समझ में नहीं आता।

यूनानी, रोमन और प्राचीन भारतीय गणराज्यों में दास प्रथा के अस्तित्व को न केवल स्वीकृति मिली हुई थी बल्कि किसी हद तक उसे ज़रूरी भी समझा जाता था। इन सभी तथाकथित लोकतान्त्रिक व्यवस्थाओं में सिर्फ़ कुलीन, बौद्धिक और सम्पत्तिवान वर्गों को ही शासन की गतिविधियों में भाग लेने का अधिकार था। आचार्य चतुरसेन शास्त्री के 'वैशाली की नगर वधू' और यशपाल के 'दिव्या' उपन्यास में बताया गया है कि तत्कालीन लोकतान्त्रिक (यदि ऐसी कोई चीज़ थी) मर्यादाओं के अनुरूप किसी भी सुन्दर स्त्री को समूचे समाज की भोग्या बनाने का निर्णय लिया जा सकता था।

यूनान के नगर राज्यों में दास प्रथा तो थी ही, यूनानी दार्शनिकों की कल्पना के आदर्श राज्यों में उसे समाप्त करने का कोई वायदा भी नहीं था। एक विद्वान ने कहा भी है कि 'देयर इज़ नो पब्लिक इन प्लेटोज रिपब्लिक' यानी प्लेटो की कल्पना के आदर्श में जनसामान्य के लिए कोई जगह नहीं थी। अरस्तू का लोकतन्त्र दासों, स्त्रियों और मेहनतकश तबके से परहेज करता है। अरस्तू ने दासप्रथा को औचित्यपूर्ण ठहराया है। ताक़तवर का हित ही न्याय है। ऐसी स्थापनाएँ प्लेटो के यहाँ मौजूद हैं। रोमन गणराज्य में ग्लेडिएटर के रूप में प्रशिक्षित ग़ुलामों को हिंसक जानवरों से लड़ाने की बर्बरता मनोरंजन समझी जाती थी। उन ग़ुलामों को आज़ाद कराने के लिए ईसा पूर्व 71वें वर्ष में शहीद होने वाले स्पार्टकस की संघर्ष गाथा का विशद वर्णन हावर्ड फास्ट के कालजयी उपन्यास स्पार्टकस में मिलता है। क्या इन व्यवस्थाओं को किसी तरह से लोकतान्त्रिक माना जा सकता है? इसमें कोई शक नहीं कि लोकतन्त्र की व्यवस्था पश्चिम से आयी मगर वह प्लेटो, अरस्तू और यूनानी और रोमन सभ्यता के बहुत बाद में आयी। इसकी शुरुआत सत्रहवीं सदी से मानी जा सकती है। लोकतन्त्र के सफ़र में सत्रहवीं सदी में धर्मसत्ता और राजसत्ता के बीच तीस साल (1618-1648) तक चला युद्ध 1648 की वेस्टफेलिया की सन्धि के साथ समाप्त हुआ जिसके परिणामस्वरूप धर्मसत्ता के प्रभुत्व और राजा के दैवी अधिकारों के दावे से आज़ाद एक ऐसे राज्य को मान्यता मिली जिसके पास एक निश्चित भौगोलिक क्षेत्र होगा और उस भौगोलिक दायरे के भीतर राज्य की सत्ता किसी भी बाहरी या अन्दरूनी दबाव से मुक्त होकर काम कर सकेगी। सम्प्रभु सेक्यूलर राज्य की अवधारणा सत्रहवीं सदी में ही पनपी जिससे धार्मिक साधकों को अपने धार्मिक विश्वासों का पालन करने की आज़ादी मिली।

इंग्लैंड में लोकतान्त्रिक शक्तियों द्वारा चार्ल्स प्रथम जैसे निरंकुश सम्राट को मृत्युदंड देकर ओलिवर क्रामवेल के नेतृत्व में प्रोटेस्टेंट कॉमनवेल्थ व्यवस्था की

स्थापना की गयी और ग्यारह वर्ष के गणतन्त्रीय शासन के प्रयोग के बाद 1660 में धार्मिक सहिष्णुता का आश्वासन और जनता की प्रतिनिधि संसद को राजकाज के अधिकार सौंप देने के बाद चार्ल्स द्वितीय के रूप में सम्राट की संस्था की वापसी लोकतन्त्र के विकास के महत्त्वपूर्ण घटनाक्रम है। 1688 में बिना ख़ून ख़राबे के जेम्स द्वितीय को सत्ता से बेदख़ल करने की घटना ग्लोरियस रिवोल्यूशन के नाम से जानी जाती है। जब जेम्स द्वितीय ने सम्राट की लगभग सभी शक्तियाँ जनता के प्रतिनिधियों को सौंपकर यह सुनिश्चित कर दिया कि ब्रिटेन अब एक संवैधानिक लोकतन्त्र है जहाँ शासन करने का अधिकार जनता द्वारा चुनी गयीं संसद को है।

इसी सदी के थॉमस हाब्स (1588-1679) और जॉन लॉक (1632-1704) ने सामाजिक समझौता सिद्धान्त के तहत प्रतिपादित किया कि राज्य और समाज का निर्माण व्यक्तियों ने अपनी सुरक्षा और सुविधा के लिए किया है और राज्य की सत्ता की वैधता नागरिकों की सहमति पर आधारित है। जॉन लॉक ने तो यहाँ तक कहा कि राज्य का अस्तित्व जनता के लिए है, नागरिकों की स्वतन्त्रता और प्राकृतिक अधिकारों का राज्य द्वारा अतिक्रमण किये जाने की स्थिति में जनता प्रतिरोध कर सकती है और अपनी सहमति वापस ले सकती है। जनता की सहमति पर आधारित राज्य की सत्ता के सिद्धान्त को अट्ठारहवीं सदी में जान लाक रूसो (1712-1787) ने अपनी पुस्तक सोशल कान्ट्रैक्ट में व्यक्ति की स्वतन्त्रता और सामाजिक समानता के सन्दर्भ में पर्याप्त विचार देते हुए राज्य की सम्प्रभु शक्ति को जनता में निहित माना है।

दरअसल सत्रहवीं सदी से शुरू हुए प्रबोधन/ज्ञानोदय काल (1685) से ही व्यक्तिगत स्वतन्त्रता, धार्मिक सहिष्णुता, समानता जैसे मूल्यों को सामाजिक स्वीकृति मिली वैज्ञानिक आविष्कारों का दौर शुरू हुआ। आइजक न्यूटन, बरुच स्पिनोजा और दकार्ते जैसे दार्शनिकों के विचारों से तार्किक, वैज्ञानिक चेतना औऱ मानवतावाद का विकास हुआ जिसके बिना आधुनिक लोकतन्त्र का अभ्युदय और विकास सम्भव न हो पाता और न ही सामान्य व्यक्तियों के अधिकारों को राजनीति के केन्द्र में लाने वाली फ्रांसीसी और अमेरिकी क्रान्तियाँ सम्भव हो पातीं।

अमेरिकी क्रान्ति व्यक्ति की सुरक्षा की व्यवस्था के विकास में बहुत बड़ी छलाँग थी। इसी सदी में 1789 में फ्रांस की क्रान्ति के प्रचलन में आये स्वतन्त्रता, समानता और बन्धुत्व के नारों ने लोकतन्त्र के प्रति वैश्विक आकर्षण पैदा किया। वैसे तो इंग्लैंड के 1688 की रक्तहीन क्रान्ति के बाद 1689 में जारी अधिकार पत्र इन्सानों के अधिकारों को क़ानूनी मान्यता मिलने का सिलसिला शुरू हो गया था

परन्तु लोकतन्त्र को मज़बूती 1776 की अमेरिकी क्रान्ति से मिली जब इसी वर्ष जारी अमेरिकी स्वाधीनता की घोषणा और 1791 में अधिकार सम्बन्धी क़ानून के नाम से जाने गये संविधान में किये गये पहले 10 संशोधनों के माध्यम से लिखित तौर पर नागरिकों के लिए अभिव्यक्ति की स्वतन्त्रता, धार्मिक स्वतन्त्रता और सभा सम्मेलन आयोजित करने की स्वतन्त्रता जैसे अधिकारों की गारंटी दी गयी। लिखित संविधान के ज़रिये राज्य की न्यायपालिका, कार्यपालिका और व्यवस्थापिका जैसी संस्थाओं के बीच स्पष्ट बँटवारा कर नागरिकों के अधिकारों की सुरक्षा की व्यवस्था लोकतन्त्र के विकास में बहुत बड़ी छलाँग थी।

इसी सदी में 1789 की फ्रांस की क्रान्ति से प्रचलन में आये स्वतन्त्रता, समता और बन्धुत्व के नारों ने लोकतन्त्र के प्रति वैश्विक आकर्षण पैदा किया। उल्लेखनीय है कि यूरोप और उत्तरी अमेरिका के बाहर के एशियाई अफ़्रीकी समाजों में उस वक़्त तक स्वतन्त्रता, समानता और सार्वभौम भाईचारा जैसे विचारों के लिए कोई जगह नहीं बनी थी। भारत समेत समस्त एशियाई देशों के उच्चता क्रम आधारित सोपानबद्ध समाजों में बराबरी की तो कल्पना ही नहीं की जा सकती थी। कार्ल अगस्त बिट फोगेल ने इन समाजों को ओरियंटल डेस्पाटिज्म कहा है और भारत को चातुर्वर्ण सामाजिक व्यवस्थाओं और ग़ैर-बराबरी की संस्थागत संरचना कहा है।

दरअसल लोकतन्त्र यूरोप और अमेरिका में जन्मी एक ऐसी राजनीतिक व्यवस्था है जो इस सैद्धान्तिक बुनियाद पर टिकी है कि शासन सत्ता में उन लोगों की भागीदारी होनी चाहिए जिनसे वसूले गये करों और लगान जैसे राजस्व से किसी भी राजनीतिक व्यवस्था का फ़ौज फाटा और तामझाम चलता है। अगर देशों का भौगोलिक क्षेत्र छोटा है तो शासन व्यवस्था में जनता की सीधी भागीदारी भी हो सकती है, परन्तु भौगोलिक क्षेत्र बड़ा और ज़्यादा आबादी वाले देशों में तो प्रतिनिधिक लोकतान्त्रिक व्यवस्था ही कारगर हो सकती है। मगर जनता की मर्ज़ी के बिना राजकाज नहीं होगा, इस बात पर वैश्विक आम सहमति बन चुकी है।

लोकतन्त्र की शुरुआत पुराने राजतन्त्रों, सैनिक तन्त्रों और धर्मसत्ताओं की एकाधिकारवादी शासन व्यवस्थाओं से भिन्न शासित होने वाले समूहों की सहमति से चलने वाली आदर्श व्यवस्था के रूप में हुई परन्तु इसे प्रारम्भ से ही वैचारिक और व्यावहारिक दोनों स्तरों पर बहुत सारी चुनौतियों का सामना करना पड़ा। फ्रांस की राज्य क्रान्ति दस वर्षों के भीतर ही आर्थिक बदहाली और अपने सेनापति नेपोलियन की राजनीतिक महत्त्वाकांक्षा के सामने घुटने टेक गयी और कई राजनीतिक सैनिक उतार-चढ़ाव देख चुकने के बाद उसकी बहाली सम्भव हो सकी।

अमेरिका में भी स्वाधीनता की घोषणा के लोकतान्त्रिक लक्ष्यों को अमल में लाने के रास्ते में दक्षिणी प्रान्तों के भूस्वामियों द्वारा दास प्रथा बनाये रखने की हठधर्मी सबसे बड़ी बाधा बनी जिसे ख़त्म करने के लिए तत्कालीन अमेरिकी राष्ट्रपति अब्राहिम लिंकन को जान की बाज़ी लगानी पड़ी।

सच तो यह है कि लगभग सभी समाजों के राजा-रानी, भू-स्वामी, सामन्त, कुलीन, धर्मगुरु, सैनिक-असैनिक-नौकरशाह, व्यापार व उद्योग धन्धों के स्वामी जैसे विशेषाधिकार सम्पन्न तबके किसी भी क़िस्म की लोकतान्त्रिक व्यवस्था को अपने पारम्परिक वर्चस्व के लिए चुनौती मानते रहे हैं। इसलिए लोकतन्त्र के दुश्मनों की तादाद कभी कम नहीं रही। इसके अलावा लोकतान्त्रिक प्रणालियों के अपने अन्तर्विरोध भी ग़ौरतलब हैं। स्वतन्त्रता और समानता की अलख जगाने वाले यूरोपीय देशों और संयुक्त राज्य अमेरिका को लोकतन्त्र और पूँजीवाद के कारण सामन्ती अधिपत्य से उन्मुक्त उत्पादन की शक्तियों के उद्यम और वैज्ञानिक खोजों से हासिल प्रौद्योगिकी के बूते पर जो आर्थिक समृद्धि मिली उसकी परिणति साम्राज्यवाद और उपनिवेशवाद की शक्ल के रूप में हुई। अपने देशों के उभरते उद्योगों के लिए कच्चा माल जुटाने और औद्योगिक उत्पाद के लिए संरक्षित बाज़ार तलाशने की कोशिश में इन लोकतान्त्रिक देशों को एशिया, अफ्रीका और लातिन अमेरिकी देशों के प्राकृतिक संसाधनों से समृद्ध देशों को ग़ुलाम उपनिवेश बनाने में कोई संकोच नहीं हुआ।

अपने नागरिकों के लिए वयस्क मताधिकार पर आधारित चुनाव की व्यवस्था क़ानून का शासन क़ानून के सामने सभी नागरिकों की समानता, न्याय, स्वतन्त्रता और अधिकारों की गारंटी परन्तु दक्षिणी गोलार्ध के उपनिवेशों की प्रजाओं के साथ अमानवीय बर्ताव को गोरी चमड़ी का रंगभेद आधारित साम्राज्यवादी लोकतन्त्र की संज्ञा दी जा सकती है, उसे पूँजीवादी लोकतन्त्र तो कहा ही जा सकता है। अक्सर यूरोप के लोकतान्त्रिक देशों की साम्राज्यवादी महत्त्वाकांक्षाओं की चर्चाओं के बीच स्वतन्त्रता की देवी वाले अमेरिकी लोकतन्त्र का औपचारिक पक्ष अनदेखा रह जाता है और मान लिया जाता है कि अमेरिका ने कभी किसी देश को ग़ुलाम नहीं बनाया जैसा कि यूरोपीय देशों ने किया। यह आंशिक रूप से सत्य है। क्योंकि अमेरिका ने 1823 में अमेरिकी राष्ट्रपति जेम्स मुनरो द्वारा घोषित मुनरो डाक्ट्रिन के ज़रिये यूरोपीय देशों को अमेरिका के पड़ोसी महाद्वीप दक्षिण अमेरिका के देशों में औपनिवेशिक हस्तक्षेप करने का दुस्साहस न करने की सख़्त चेतावनी देकर उस समूचे महाद्वीप के प्राकृतिक संसाधनों की लूट का एकाधिकार प्राप्त कर लिया था।

एक समूचे महाद्वीप को ही उपनिवेश बना लिया गया था। उसके सभी देशों की राजनीतिक सत्ताओं को अमेरिकी सत्ता प्रतिष्ठान की कठपुतलियों की तरह बर्ताव करने को मजबूर किया जाता रहा।

इसके ठीक विपरीत प्रथम विश्व महायुद्ध के अन्तिम चरण में 1917 में रूस में निरंकुश जारशाही का तख्ता पलट करने वाली बोल्शेविक क्रान्ति के बाद सोवियत संघ का गठन करने वाली समाजवादी/साम्यवादी सत्ता ने उपनिवेशों में यूरोपीय साम्राज्यवाद को उखाड़ फेंकने के लिए चल रहे स्वाधीनता आन्दोलनों का नैतिक समर्थन कर एक नये क़िस्म के लोकतन्त्र का आगाज़ कर किया, जो कि मेहनतकश तबकों के सपनों को उड़ान देना चाहता था और जिसकी प्राथमिकताओं में एशिया, अफ्रीका के यूरोपीय दासता के अधीन देशों की आज़ादी शामिल थी। इस सन्दर्भ में लेनिन के तीन पैम्फलेट–राष्ट्रीय और औपनिवेशिक प्रश्न, साम्राज्यवाद: पूँजीवाद की चरम अवस्था, अवेकनिंग ऑफ़ एशिया और बाल गंगाधर तिलक और महात्मा गाँधी के बारे में उनकी प्रशंसात्मक टिप्पणियाँ उल्लेखनीय हैं।

इन सभी प्रकार की लोकतान्त्रिक व्यवस्थाओं को सबसे बड़ी चुनौती बीसवीं सदी के तीसरे और चौथे दशक में नाज़ीवाद और फ़ासीवाद सर्वसत्तावाद से मिली। नस्लभेद, उग्रराष्ट्रवाद और सैन्यवाद, नायकपूजा, मज़दूर संघों का दमन, समाजवाद/साम्यवाद का विरोध, राजनीतिक विपक्ष के प्रति असहिष्णुता चुनावी राजनीति से परहेज, पूँजी के एकाधिकार को नागरिक स्वतन्त्रताओं के हनन पर आधारित संरचना निर्माण की छूट जैसी इन विचारधाराओं की शुरुआती सफलताएँ चमत्कारिक थीं। बेनितो मुसोलिनी, जर्मनी के एडोल्फ हिटलर, स्पेन के फ्रांसिस्को फ्रैंको इन विचारधाराओं के प्रतीक नायकों के रूप में उभरे। हिटलर द्वारा पहली सितम्बर 1939 को पोलैंड पर हमले शुरू हुए द्वितीय विश्व महायुद्ध से पहले 1936 से 1939 के बीच चला स्पेन का गृहयुद्ध एक मायने में लोकतन्त्र और फ़ासीवाद के बीच शक्ति परीक्षण का रणक्षेत्र माना जा सकता है। जिसमें लोकतान्त्रिक शक्तियों के पराजय ने फ़ासीवाद और नाज़ीवाद को निर्णायक शिकस्त देने के लिए सभी लोकतान्त्रिक शक्तियों की विश्वव्यापी बृहत्तर एकता की तात्कालिक और त्वरित ज़रूरत को रेखांकित किया। इस बृहत्तर एकता जिसमें संयुक्त राज्य अमेरिका ब्रिटेन और फ्रांस के साथ सोवियत संघ भी मित्र राष्ट्रों की जमात में शामिल हुआ, का सैद्धान्तिक आधार बल्गेरिया के साम्यवादी चिन्तक और राजनेता ज्यार्जी दिमित्रोफ द्वारा प्रस्तुत फ़ासीवाद विरोधी थीसिस ने तैयार किया। आज यह दावे के साथ कहा जा सकता है कि पूँजीवादी/साम्राज्यवादी लोकतन्त्र और सोवियत साम्राज्यवादी

लोकतन्त्र के मज़बूत गठबन्धन के बिना नाज़ीवाद और फ़ासीवाद को परास्त कर पाना सम्भव नहीं हो पाता।

स्पेन के गृहयुद्ध में लोकतान्त्रिक शक्तियों के पक्ष में लड़ने और शहीद होने वालों में 29 वर्षीय क्रिस्टोफर काडवेल जैसे प्रखर बुद्धिजीवी भी शामिल थे जिन्होंने कविता समीक्षा की किताब 'इल्यूजन एंड रियल्टी' और पश्चिमी पूँजीवादी सभ्यता की आलोचना करते हुए 'स्टडीज इन अ डाइंग कल्चर' और 'फर्दर स्टडीज इन डाइंग कल्चर' जैसी महत्त्वपूर्ण किताबें लिखी थीं। लेकिन उस लड़ाई में स्पेन में लोकतान्त्रिक शक्तियाँ पराजित ही नहीं हुईं बल्कि फ़ासीवादी जनरल फ्रैंको इतने मज़बूत हो गये कि उन्हें 1960 के आसपास ही हटाया जा सका। स्पेन में पराजय से सबक लेकर ही फ़ासीवाद विरोधी बृहत्तर लोकतान्त्रिक मोर्चा बन सका था। द्वितीय विश्व युद्ध के दौरान मित्र राष्ट्रों ने वादा किया था कि फ़ासीवादी इटली-जर्मनी और जापान के धुरी राष्ट्रों को पराजित करने के बाद वे अपने-अपने उपनिवेशों को आज़ाद कर देंगे। द्वितीय विश्व युद्ध 1945 में समाप्त हुआ और उसके बाद ही एशिया अफ्रीका के तमाम देशों को औपनिवेशिक सत्ताओं से आज़ादी नसीब हुई। हालाँकि इस आज़ादी को पाने के लिए भारत समेत सभी देशों में लोकतन्त्र में आस्था रखने वालों को बड़ी कुर्बानियाँ देनी पड़ी थीं।

औपनिवेशिक दासता से आज़ाद हुए लगभग सभी देशों ने लोकतन्त्र में ही आस्था व्यक्त की और अपने पूर्व स्वामी देशों के लोकतन्त्रों को ही अपना आदर्श बनाया और ब्रिटिश उपनिवेश रहे देशों ने संसदीय लोकतन्त्र की व्यवस्था अपनायी। पश्चिमी लोकतन्त्रों ने द्वितीय विश्व युद्ध के दौरान अमेरिकी राष्ट्रपति रूजवेल्ट के दबाव में उपनिवेशों को युद्धोपरान्त आज़ाद करने के वादे को पूरा करने में लोकतान्त्रिक मर्यादाओं का निर्वाह नहीं किया। सबसे पहले भारत को स्वाधीनता मिली लेकिन विभाजन की क़ीमत पर। हालैंड, फ्रांस, बेल्जियम, पुर्तगाल आदि ने अपने अधीन उपनिवेशों को दोबारा अपने शिकंजे में लेने की हर सम्भव कोशिश की। इंडोनेशिया में सैनिक हस्तक्षेप करने के बाद जब विश्व जनमत का दबाव बना तो हालैंड 1949 में वहाँ से अपना बोरिया बिस्तर समेटने को मजबूर हुआ। फ्रांस ने वियतनाम, कंबोडिया और लाओस पर दोबारा अपना कब्ज़ा जमाया और अन्तत: वहाँ के राष्ट्रवादियों के साथ सैनिक संघर्ष में पराजित होकर 1954 में वापस लौटा। लेकिन जिनेवा सम्मेलन के माध्यम से वियतनाम को दो हिस्सों में विभाजित कर दिया।

फ्रांस के हटने के बावजूद हिन्द चीन क्षेत्र के तीनों देशों वियतनाम, कंबोडिया और लाओस को अमेरिकी लोकतन्त्र के सैनिक हस्तक्षेप के विरुद्ध 1975 तक छापामार युद्ध लड़ना पड़ा। अन्ततः अमेरिका को निर्णायक शिकस्त देने के बाद ही वियतनाम के एकीकरण और तीनों देशों की आज़ादी की राह खुली। ग़ौरतलब है कि लोकतन्त्र की दुहाई देने वाले देशों के अलोकतान्त्रिक आचरण के कारण ही लोकतन्त्र का अस्तित्व ख़तरे में पड़ता रहा है। यह नहीं भुला देना चाहिए कि अफ्रीकी महाद्वीप के अधिकांश देशों को साम्राज्यवाद से आज़ाद होने के लिए पिछली सदी के साठ और सत्तर के दशक तक लड़ते रहना पड़ा है।

सकारात्मक बात यह है कि दुनिया में एक आम सहमति बन चुकी है जिसके तहत लोकतन्त्र को एक ऐसी व्यवस्था के रूप में स्वीकार किया जाता है जो इन्सानों की शासन सत्ता में अधिकतम भागीदारी सुनिश्चित करती है। परन्तु जिन्हें लोकतन्त्र से परेशानी है वे ताक़तें अपनी कारगुजारियों से बाज नहीं आतीं।

आज़ादी से छह महीने पहले बर्मा (आज का म्यांमार) और आज़ादी के तुरंत बाद के वर्षों में भारत-पाकिस्तान और श्रीलंका (तत्कालीन सीलोन) यानी दक्षिण एशिया के देशों में लोकतान्त्रिक व्यवस्थाओं को अस्थिर करने के हिंसक प्रयासों पर पर्याप्त गम्भीरता से ज़्यादा कुछ नहीं लिखा गया है। क्या इसे सिर्फ़ संयोग माना जा सकता है कि आज़ादी मिलने से छह महीने पहले ही बर्मा के शीर्षस्थ नेता और अन्तरिम सरकार के प्रधानमन्त्री आंग सान की 19 जुलाई 1947 को हत्या कर दी जाती है। आज़ादी मिलने के छह महीने बाद ही 30 जनवरी 1948 को भारत के राष्ट्रपिता महात्मा गाँधी की उस हत्यारे की गोली से हत्या होती है जिसे ब्रिटिश हुकूमत से पेंशन प्राप्त राजनीतिक हिन्दुत्व के प्रतिपादक द्वारा इस जघन्य कृत्य के लिए बाकायदा प्रशिक्षित किया गया था। 16 अक्तूबर 1951 को पाकिस्तान के प्रधानमन्त्री लियाकत अली खान को इसलिए मार दिया जाता है कि वे पाकिस्तान के संसदीय लोकतन्त्र को बचाने की जद्दोजहद में लगे थे और 26 सितम्बर को सीलोन के प्रधानमन्त्री सोलोमन भंडारनायके का भी यही हश्र होता है। इन हत्याओं में सादृश्य का तत्त्व यह है कि यह सभी नेता अपने-अपने देशों में सर्वाधिक लोकप्रिय हस्तियाँ थे। इन सभी की लोकतन्त्र के प्रति प्रतिबद्धता अक्षुण्ण और निर्विवाद थी।

एक दशक के भीतर चार पड़ोसी लोकतान्त्रिक देशों में घटित होने वाली हिंसक घटनाएँ सिर्फ़ संयोग नहीं हो सकतीं। इनका इरादा दक्षिण एशिया में लोकतन्त्र को पटरी से उतारने का था। लेकिन वह इन देशों की लोकतान्त्रिक शक्तियों की

परिपक्वता और दूरदर्शिता के कारण पूरी तरह से कामयाब नहीं हो सका। अफ्रीकी देश कांगो के पहले प्रधानमन्त्री पैट्रिस लुमुंबा को जनवरी 1961 में और अमेरिकी देश चिली के राष्ट्रपति सल्वाडोर एलेंदे को सितम्बर 1973 में इसलिए गोलियों का निशाना बनाया गया क्योंकि वे अपने देश में लोकतन्त्र को मज़बूत करने का दुस्साहस कर रहे थे। वे महाबली लोकतन्त्र की मर्ज़ी के ख़िलाफ़ थे। दरअसल इन सभी देशों की पूर्व साम्राज्यवादी शक्तियों को ऐसी राजनीतिक व्यवस्थाएँ दरकार थीं जो उनकी कठपुतली की तरह उनके आर्थिक मुनाफ़े के लिए काम कर सके।

लोकतन्त्र विरोधी इस सिलसिले को आगे बढ़ाने में एशिया, अफ्रीका और लैटिन अमेरिका के लोकतान्त्रिक देशों के अति महत्त्वाकांक्षी और साम्राज्यवादी आकांक्षाओं द्वारा तैयार की गयी धुन पर नाचने को तत्पर मझोले क्रम के सैनिक अधिकारियों ने भी विशेष योगदान दिया जिसके परिणामस्वरूप साठ के दशक में तीसरी दुनिया की बहुत सारी लोकतान्त्रिक व्यवस्थाएँ सैनिक तानाशाहियों की लपेट में आ गयीं। बिडम्बना यह कि पिछड़ी अर्थव्यवस्थाओं वाले इन देशों में सेना को आधुनिकता का वाहक होने का तर्क देकर पश्चिमी लोकतन्त्रों को इन कठपुतली सैनिक तानाशाहों को दुलारने-पुचकारने से कोई परहेज नहीं था। उस दौर के कुछ अन्य घटनाक्रमों पर भी लोकतन्त्र के भविष्य की चिन्ता करने से पहले पैनी निगाह डालना ज़रूरी है।

पिछली सदी के सातवें दशक में लोकतन्त्र की जड़ों में मट्ठा डालने का काम कुछ ज़्यादा तेज़ी से हुआ। हम पाकिस्तान से शुरू कर सकते हैं। वहाँ तत्कालीन राष्ट्रपति इस्कंदर मिर्ज़ा को महसूस हुआ कि लोकतन्त्र बेक़ाबू होता जा रहा है। उन्होंने सेना प्रमुख अय्यूब खान से अनुरोध किया कि अस्थिरता को ठीक कर दें। अय्यूब खान ने मार्शल ला के तहत कुछ ठीकठाक किया भी। लेकिन जल्दी ही उन्होंने समझ लिया कि जब उन्हीं को सब कुछ ठीकठाक करना है तो सत्ता का बोझ ही क्यों न उठा लिया जाये। दो हफ़्ते के भीतर ही उन्होंने 1958 में इस्कंदर मिर्ज़ा को बेदख़ल कर सत्ता की बागडोर सँभाल ली। मगर इतना ही काफ़ी नहीं था। उन्होंने दुनिया को यह बताना चाहा कि भले ही वहाँ सेना की हुकूमत है लेकिन उसे लोकतन्त्र ही माना जाये। सैनिक तानाशाही को लोकतन्त्र मनवाने के आग्रह से उन्होंने अपने शासन को नाम दिया—'बेसिक डेमोक्रेसी'। इसमें संसद का पाँच साला चुनाव नहीं होगा। पंचायतों के स्तर पर चुनाव नहीं होंगे। और पंचायतें अपने प्रत्यक्ष रूप से चुने हुए प्रतिनिधि संसद में भेजेंगी। इस बेसिक डेमोक्रेसी में डेमोक्रेसी ही नदारद थी।

नतीजा यह निकला कि पाकिस्तान में आजतक हुकूमत सेना के ही हवाले रहती है ऊपरी तौर पर राष्ट्रपति चाहे जो हो जाये।

इंडोनेशिया के सुकार्तो राष्ट्रपति थे, वे वहाँ के स्वाधीनता आन्दोलन के करिश्माई नायक रहे थे जैसे भारत में नेहरू। नेहरू की तरह ही सुकार्तो भी जनता के बीच बहुत लोकप्रिय थे। यहाँ तक कि सेना, कम्युनिस्टों और राष्ट्रवादियों के बीच भी। सन् 1959 में उन्हें लगा कि संसदीय लोकतन्त्र ने उनके पाँवों में बेड़ियाँ डाल रखी हैं। इसलिए उन्होंने पारम्परिक ग्रामीण समाज के बड़े बूढ़ों की सहमति की तर्ज़ पर सेना के समर्थन से कम्युनिस्टों समेत सभी दलों की मिलीजुली सरकार बनाने का निर्णय लिया। इसमें सारी शक्तियाँ राष्ट्रपति के हाथों में केन्द्रित थीं। इसे उन्होंने गाइडेड डेमोक्रेसी नाम दिया जिसमें राष्ट्रपति की मर्ज़ी ही सब कुछ थी। लोकतन्त्र शासन प्रणाली के नाम में शामिल भर था।

निर्देशित लोकतन्त्र के नाम पर जानी जाने वाली सेना समर्थित सुकार्तो की तानाशाही का ही परिणाम था कि जनरल सुहार्तो ने सुकार्तो को 1967 में सत्ता से हटाकर तीन दशक तक इंडोनेशिया को सैनिक तानाशाही के नियन्त्रण में रखा। आज भी इंडोनेशिया में लोकतन्त्र की बहाली के बावजूद सत्ता पर सेना का ही कब्ज़ा बना रहता है। द्वितीय विश्व महायुद्ध के बाद का इतिहास इस बात का साक्षी है कि एक बार राजनीतिक सत्ता का स्वाद चखने के बाद सेनाएँ अमूमन आसानी से बैरकों में वापस नहीं जातीं। बर्मा में भी ऊ नू की लोकतान्त्रिक सरकार को सत्ता से हटाकर जनरल ने विन ने सैनिक तानाशाही क़ायम की थी। आज तक म्यांमार सेना के चंगुल से मुक्ति पाने के लिए छटपटा रहा है। फिलीपींस में राष्ट्रपति मारकोस ने ज़्यादा अधिकार पाने के लिए फिलीपींस की राष्ट्रपति प्रणाली को न्यू डेमोक्रेसी का नाम दे दिया था जिसके तहत चुनावों में सिर्फ़ सत्ता का नवीकरण ही होता था।

नेपाल में पचास के दशक में तानाशाही का अन्त कर महाराजा त्रिभुवन के संवैधानिक राजतन्त्र की बहाली भारत की सहायता से ही सम्भव हो सकी थी मगर उनके बेटे महाराजा महेन्द्र विक्रम को लोकतन्त्र वाली व्यवस्था कुछ जमी नहीं। उन्होंने सारी सत्ता अपने हाथ में ले ली और इसे पंचायत डेमोक्रेसी कहा।

महत्त्वपूर्ण बात यह है कि अय्यूब खान की बेसिक डेमोक्रेसी, सुकार्तो की गाइडेड डेमोक्रेसी, मारकोस की न्यू डेमोक्रेसी और महेन्द्र की पंचायत डेमोक्रेसी में सही मायने में लोकतन्त्र न होने के बावजूद इन चारों अधिनायकवादी शासकों में से कोई भी यह कहने का साहस नहीं जुटा पाया कि उसे लोकतन्त्र से परेशानी है। इसीलिए लोकतन्त्र को ख़त्म किया जा रहा है ठीक इसके विपरीत वे अपनी सत्ता

की वैधता और जनसामान्य के बीच उसकी स्वीकार्यता के लिए बनी राजनीतिक व्यवस्था के लोकतान्त्रिक होने का ही दावा करते रहे। यही है लोकतन्त्र की शक्ति कि तानाशाह भी ख़ुद को लोकतान्त्रिक ही कहलाया जाना पसन्द करते हैं।

सिर्फ़ पश्चिमी लोकतन्त्रों का ही नहीं समाजवादी या जनवादी लोकतन्त्र का तमगा लटकाये राज्यों का भी शुरुआती कुछ दशकों के क्रान्तिकारी तेवरों के बाद आन्तरिक और बाहरी दोनों स्तरों पर आचरण लोकतन्त्र विरोधी ही रहा है। सोवियत संघ में आन्तरिक तौर पर स्टालिन के दौर में असहमति की आवाज़ों को कुचलने का सिलसिला हो या जनवादी चीन गणराज्य में सांस्कृतिक क्रान्ति के दौरान बरती गयी बर्बरताएँ हों उनसे लोकतन्त्र लहूलुहान ही हुआ है।

अन्तर्राष्ट्रीय मामलों में भी इन दोनों राज्यों ने लोकतन्त्र के बुनियादी तत्त्व असहमति के अधिकार के प्रति असहिष्णुता का ही रुख अपनाया है। सोवियत संघ द्वारा 1956 में हंगरी, 1968 में चेकोस्लोवाकिया, 1979 में अफ़ग़ानिस्तान और उसके उत्तराधिकारी रूसी फेडरेशन द्वारा यूक्रेन में सैनिक हस्तक्षेप हो या चीन द्वारा 1979 में वियतनाम में हस्तक्षेप या भारतीय सीमाओं में घुसपैठ, दोनों राज्यों का चरित्र हिन्द चीन, अफ़ग़ानिस्तान, इराक़ और अन्य कई सम्प्रभु देशों में सैनिक हस्तक्षेप करने वाले संयुक्त राज्य अमेरिका और उसके सहयोगी देशों से भिन्न नहीं है। लोकतन्त्र के हम्माम में सभी समान रूप से नंगे दिखाते रहे हैं।

तात्पर्य यह है कि लोकतन्त्र विरोधी अन्तर्राष्ट्रीय सम्बन्धों के बीच लोकतान्त्रिक राज्य व्यवस्थाओं का ज़्यादा समय तक लोकतान्त्रिक बना रहना एक असम्भव अपेक्षा है। इस सम्बन्ध में अनायास धर्मवीर भारती के नाटक अन्धायुग की कुछ पंक्तियाँ जेहन में आती हैं:—

टुकड़े टुकड़े हो बिखर चुकी मर्यादा।
इसको दोनों ही पक्षों ने तोड़ा है।।
पांडवों ने कम कौरवों ने कुछ ज़्यादा।

जब हर सम्प्रभु राज्य के सामने अपने क्षेत्रीय भौगोलिक अस्तित्व को आन्तरिक और बाहरी दोनों ही स्तरों पर चुनौतियों से बचाने की चुनौती पेश हो, राज्य सम्भावित आन्तरिक टूटन अथवा बाहरी आक्रमण का मुक़ाबला करने के लिए आधुनिकतम संहारक हथियारों की मंडी बनते जा रहे हैं और राष्ट्रीय सुरक्षा का त्वरित विकास का बहाना लेकर अपने ही नागरिकों के अधिकारों और स्वतन्त्रताओं को सीमित करते जा रहे हों तब किसी भी क़िस्म के लोकतान्त्रिक राज्य का तसव्वुर करना एक खाम ख़याली है।

लोकतन्त्र की कामयाबी के लिए किसी भी देश के आन्तरिक समाज के साथ ही अन्तर्राष्ट्रीय बिरादरी का लोकतान्त्रिक होना भी ज़रूरी है। वैश्विक परिदृश्य पर प्रथम विश्व महायुद्ध के दौर का शक्ति सन्तुलन का सिद्धान्त एक बार फिर चर्चा में आ रहा है। अमेरिका और उसके सहयोगी नाटो के सदस्य राज्यों की रूस की घेराबन्दी करने की व्यूह रचना हो या रूस द्वारा नाटो की रणनीति को मोहरे की तरह इस्तेमाल कर यूक्रेन पर हमला हो, दोनों के दूरगामी परिणाम के तौर पर वैश्विक स्तर पर लोकतान्त्रिक व्यवस्थाओं और लोकतान्त्रिक सिद्धान्तों का नेपथ्य में फेंके जाने की आशंका बेबुनियाद नहीं है।

पिछली सदी के अन्तिम दो दशकों में अन्तर्राष्ट्रीय और राष्ट्रीय परिप्रेक्ष्य पर जो उथल-पुथल हुई उसका तार्किक विश्लेषण लोकतन्त्र की अहमियत और उसकी दीर्घजीविता के रास्ते में आने वाली रुकावटों को समझने के लिहाज़ से बहुत ज़रूरी है। सन् 1989 के पूर्व और पश्चिमी जर्मनी को विभाजित करने वाली बर्लिन की दीवार को तोड़ा जाना पूर्वी यूरोप की एकदलीय शासन व्यवस्थाओं में बहुदलीय लोकतन्त्र की बहार आने की शुरुआत थी। एक के बाद एक सभी पूर्वी यूरोप के देश लोकतन्त्र के पश्चिम यूरोपीय मॉडल को अपनाते दिखे। मगर यह नवोदित लोकतन्त्र लोकतान्त्रिक मूल्यों और जनता के प्रति शासकों की जवाबदेही की अपेक्षाओं का बोझ सँभाल पाने में कामयाब नहीं हो सके। इसी तरह सोवियत संघ और यूगोस्लोवाकिया जैसे दो विविधतापूर्ण और राष्ट्रीयताओं की बहुलता वाले राज्यों के विघटन हुए।

यह निष्कर्ष निकाला जा सकता है कि सत्ता का अतिशय केन्द्रीकरण, अल्पसंख्यक राष्ट्रीयताओं के हितों की अनदेखी, बहुसंख्यकवाद का उभार और लोकतन्त्र का न होना भी इन दोनों राज्यों के विघटन के कारणों में शुमार किये जा सकते हैं। अल्बेयर कामू ने लोकतन्त्र को बहुमत के शासन का सिद्धान्त नहीं बल्कि अल्पसंख्यक समुदायों के संरक्षण की व्यवस्था कहा है। पिछली तीन-चार व्यवस्थाओं में बहुमत के शासन के नाम पर बहुसंख्यकवाद के उभार ने भाषाई, धार्मिक, नस्ली और एथनिक अल्पसंख्यकों के प्रति भेदभाव की स्थितियाँ पैदा की हैं। अमेरिका और भारत के लोकतन्त्र भी इस चुनौती का सामना कर रहे हैं। विडम्बना यह है कि भूमंडलीकरण के दौर में संकुचित और उग्र राष्ट्रवाद ज़्यादा आक्रामक तेवर के साथ आन्तरिक और बाहरी दोनों स्तरों पर लोकतान्त्रिक व्यवस्थाओं में बहुलता (सांस्कृतिक, भाषाई और धार्मिक) के लिए अवरोधक और होमो जेनाजेशन की प्रवृत्ति को बढ़ावा देने का कारक बन रहा है।

यूरोप और अमेरिका के लोकतन्त्रों का प्रवासी और अल्पसंख्यक समुदाय के प्रति लगातार अनुदार होते जाना, अमेरिका में ट्रंप का राष्ट्रपति बन जाना और दूसरी अवधि में पराजय के बाद जनादेश को पलटने के लिए अराजक नाटकीय स्थितियाँ पैदा करना अमेरिकी लोकतन्त्र के सैन्य औद्योगिक चरित्र की हर्बर्ट मार्क्यूज और नोम चोमस्की द्वारा की गयी आलोचनात्मक टिप्पणियों को विश्वसनीयता प्रदान करता है।

भारतीय राज्य और समाज के सन्दर्भ में यह संकट कहीं ज़्यादा गम्भीर इसलिए है क्योंकि राजनीतिक व्यवस्था के लोकतान्त्रिक होने के बावजूद भारतीय समाज में लोकतान्त्रिक भावबोध की कमी रही है। बाबा साहेब आम्बेडकर ने ठीक ही कहा था कि भारत में लोकतन्त्र केवल ऊपरी परत की शक्ल में है। सन् 1975-76 में आपातकाल के रूप में एक गहरा धक्का इसे भी लग चुका है। इसलिए लोकतान्त्रिक संस्थाओं, चुनावों की प्रक्रियाओं, संसदीय मर्यादाओं और संघीय ढाँचे के साथ की जाने वाली थोड़ी छेड़छाड़ मुल्क के राजनीतिक और बौद्धिक समूहों में बेचैनी पैदा कर सकती है। परन्तु जब बड़े पैमाने पर सत्ता पक्ष की राजनीतिक विचारधारा से असहमत सामाजिक कार्यकर्ताओं को बिना मुक़दमा चलाये जेलों में ठूँसा जा रहा है और नीचे से ऊपर तक की अदालतें उन्हें जमानत देने में क़ानूनी नुक्तों के बजाय सरकारी वकील की दलीलों और पुलिस अधिकारियों की डायरियों पर ही भरोसा कर रही हैं तो भारत में लोकतन्त्र के भविष्य को लेकर गम्भीर चर्चाएँ शुरू हो जाना स्वाभाविक है। सत्तर के दशक में घोषित आपातकाल और मौजूदा दौर में हर दिन महसूस किये जाते आपातकाल के परिप्रेक्ष्य में भारत में लोकतन्त्र की स्थिति और उसमें निहित सम्भावनाओं पर कुछ बिन्दु विचारणीय हैं।

इस समाज में सोच और मानसिकता के स्तर पर कई शताब्दियाँ एक साथ अस्तित्व में हैं। यहाँ के धार्मिक बहुसंख्यक समाज का एक छोटा परन्तु मुखर तबका इक्कीसवीं सदी के मसलों पर ध्यान देने के बजाय बारहवीं सदी के इतिहास को दुरुस्त करना ज़रूरी समझता है। बेरोज़गारी, सामाजिक ग़ैर-बराबरी, भुखमरी, स्त्रियों और दलितों का बढ़ता हाशियाकरण और अल्पसंख्यक समुदायों में व्याप्त असुरक्षा जैसे प्रश्नों पर उनकी दृष्टि से बाद में कभी भी ग़ौर किया जा सकता है क्योंकि भवभूति के शब्दों में "कालो ह्यं निरवधिर्विपुला च पृथ्वी" यानी समय असीम है धरती भी बहुत बड़ी है।

इसलिए पहले उन इतिहासकारों और उनकी हाँ में हाँ मिलाने वाले जवाहर लाल नेहरू से निपट लिया जाना चाहिए जिनकी दृष्टि में बौद्ध होते हुए भी सम्राट

अशोक और मुसलमान होते हुए भी सम्राट अकबर महान हैं या जो मनुस्मृति को स्त्रियों और शूद्रों की स्वाधीनता का समर्थन करने वाला महान ग्रन्थ मानने से इनकार करते हैं। धार्मिक बहुसंख्यक समाज के शिक्षित और बौद्धिक पेशों से जुड़े मध्यवर्ग की अतीतजीविता आधुनिक लोकतन्त्र के लिए कड़ी चुनौती है। यही वह समूह है जो आज़ादी से 2014 तक पढ़ाई, दवाई और जीवनोपयोगी खाद्य सामग्री हर ज़रूरतमन्द नागरिक को सस्ती दरों पर उपलब्ध कराने को रेवड़ियाँ बाँटना और जनता की गाढ़ी कमाई से खड़े किये गये सार्वजनिक उद्यमों, बन्दरगाहों, एयरपोर्टों को रेवड़ी की तरह सत्ता के चहेते खरबपतियों में बाँट देने को आर्थिक विकास बताता रहा है। इस वर्ग का लोकतन्त्र आदिवासियों और अन्य हाशिये के समूहों को व्यवस्था पर बोझ समझता रहा है।

भारतीय लोकतन्त्र को सबसे बड़ी चुनौती उन शक्तियों से है जो केवल अतीत की बातें करते हैं उनके पास न वर्तमान के लिए कोई दिशा है न भविष्य के लिए कोई सपना। ऐसी स्थिति में हमारा लोकतन्त्र बहुत ही फिसलन भरी ज़मीन पर खड़ा है। लोकतन्त्र को मज़बूती जनता से मिलती है जिसे धर्म, जाति, क्षेत्र, भाषा, रंग, खानपान, पहनावा, पर्व-त्योहार शक्लों और सूरतों के आधार पर बाँट दिया गया है। कम संख्या वाले समुदायों के ख़िलाफ़ घृणा और हिंसा का प्रायोजित अभियान समाज में दहशत पैदा कर रहा है। अहिंसा, सत्याग्रह से साम्राज्यवादी सत्ता को उखाड़ फेंकने वाले स्वतन्त्रता सेनानियों के अवदान को झुठलाने की कवायद युवा पीढ़ी को स्वाधीनता संग्राम की बहुलतावादी, सर्वधर्म समभाव वाली गौरवशाली विरासत के बारे में जानने और उसके अनुरूप आचरण करने के अवसर से वंचित कर रही है। जिसका परिणाम यह हुआ है कि क़ानून के शासन की अवधारणा को धता बतलाने वाली बुलडोजर संस्कृति शासन सत्ता की कार्य प्रणाली का सहज अंग बनती जा रही है। बिना किसी प्रतिरोध का सामना किये वयस्क मताधिकार पर आधारित सार्वजनीन निर्वाचन प्रणाली के माध्यम से एक निश्चित अवधि के लिए शासन सत्ता चलाने का अवसर देकर जनता किसी राजनीतिक दल की सत्ता को वैधता प्रदान करती है, लोकतन्त्र में राजनीतिक दलों की मौजूदगी अपरिहार्य है और उन दलों के बीच जनता का समर्थन पाने के लिए प्रतिस्पर्धा भी। एक दलीय व्यवस्था वाली राजनीतिक प्रणाली को सामान्य अर्थों में लोकतन्त्र नहीं माना जाता। चिन्ता की बात यह है कि भारत के बहुदलीय लोकतन्त्र को एक दलीय व्यवस्था में बदलने का अभियान चलाया जा रहा है। भारतीय लोकतन्त्र के इस गौरवशाली कंगना राणावत दौर की शुरुआत एक दल विशेष के मुक्त भारत बनाने के अभियान से हुई थी।

दोबारा सत्ता पाने के बाद सत्तारूढ़ दल पर देश पर एकछत्र शासन करने की लालसा बेक़ाबू हो चुकी है और अब उन्हें सिंगापुर जैसा विपक्ष मुक्त भारत चाहिए। इस लक्ष्य को प्राप्त करने के लिए प्रिंट और इलेक्ट्रॉनिक मीडिया को सत्ता का भोंपू बनाकर विपक्षी दलों को मीडिया के माध्यम से अपने मतदाताओं तक पहुँचने से वंचित कर दिया गया है। सत्ता पक्ष के चार पूँजीपतियों के स्वामित्व वाले संचार माध्यमों के नक्कारखाने से विपक्षी राजनीतिक दलों की तूती की आवाज़ भला जनता तक कहाँ पहुँचने वाली है।

सोशल मीडिया पर भी पगार/भत्ता भोगी, व्हाट्सऐप ग्रुप, विश्वविद्यालय प्रशिक्षित विद्वानों की टोली दिन-रात विपक्षी दलों की राजनीति, संवैधानिक मूल्यों और समावेशी बहुलतावाद का मर्सिया पढ़ते हुए साम्प्रदायिक बहुसंख्यकवाद का जयकारा लगाती रहती है—

तेग मुंसिफ़ हो जहाँ, दारो रसन हो शाहिद
बेगुनाह कौन है फिर शहर में क़ातिल के सिवा

पिछले 67 वर्षों में राजनीतिक सत्ता का हस्तान्तरण चुनाव परिणामों के माध्यम से जनता की राय जानने के बाद शान्तिपूर्ण तरीक़े से होता जा रहा है, यहाँ तक कि आपातकाल के बाद भी परन्तु हाल के वर्षों में चुनाव की प्रक्रिया के दौरान प्रशासनिक अधिकारियों और बाद में राज्यपालों के माध्यम से विपरीत जनादेश को अनुकूल बना लेने का चलन बढ़ा है। हमारे बहुदलीय लोकतन्त्र की एक बड़ी उपलब्धि यह रही है कि लगभग सभी राजनीतिक दलों को प्रदेशों के स्तर पर तो छोटी से छोटी पार्टियों को भी सत्ता में भागीदारी का अवसर मिल चुका है। हालाँकि इसके बावजूद जिस रफ़्तार से प्रसार होना चाहिए काम नहीं हुआ। इसके लिए काफ़ी हद तक समाज का सवर्ण सामन्ती ढाँचा और उसमें गहराई से पैठे पुरातनपन्थी सामन्ती मूल्य ज़िम्मेदार हैं। अक्सर चुनावों के दौरान अख़बारों में ऐसे फोटो छपे दिखते हैं जिनमें किसी न किसी राजनेता को (स्त्री, पुरुष सभी) तलवार और गदा भेंट करने के बाद चांदी का मुकुट पहनाया जा रहा होता है। यह कि इस लवाजमे में विदूषक नज़र आते राजनेताओं से जनता लोकतान्त्रिक मूल्यों और संस्थाओं की हिफाज़त की अपेक्षा रखती है।

दरअसल यह एक दबी हुई लालसा और दमित वासना है इन नेताओं की कि उन्हें राजा होना चाहिए था। कहाँ फँस गये लोकतन्त्र के प्रपंच में हर तिकड़म पट्टी पर चुनाव जीत कर आते हैं। मन्त्री मुख्यमन्त्री बनते हैं फिर भी तमाम संवैधानिक बन्दिशों में काम करना पड़ता है, कितना अच्छा होता अगर मुकुटधारी राजा की

तरह निरंकुश शासन करने का सौभाग्य मिलता। तो सबसे बड़ा ख़तरा है उन सामन्ती मूल्यों से जो राजनेताओं के ही नहीं जन सामान्य के दिलों दिमाग़ में भी गहराई से फँसे रहते हैं। सामन्ती मूल्यों और जीवनशैली के प्रति मोहग्रस्त समाज आज़ादी के पचहत्तर वर्ष बाद भी लोकतान्त्रिक मूल्यों को आत्मसात नहीं कर सका है। इन हालात में किसी भी राजनेता के लिए जाति, धर्म अतीत के गौरव जैसे सामन्ती प्रतीकों के सहारे लोकतान्त्रिक संस्थाओं को पटरी से उतारना आसान हो जाता है। इन्हीं तत्त्वों ने यह प्रचार करने में सफलता पा ली है कि लोकतन्त्र में संवैधानिक क़ानूनी बन्दिशों के चलते विकास की रफ़्तार धीमी रहती है और त्वरित विकास के लिए कुछ लोकतान्त्रिक मर्यादाओं को ताक पर रखने में कोई हर्ज़ नहीं है।

आज़ादी के बाद सत्ता की बागडोर सँभालने वाले राजनेताओं ने गाँधी के नेतृत्व में स्वाधीनता आन्दोलन के दौरान लिए गये संकल्पों के अनुरूप एक ऐसा संसदीय लोकतन्त्र क़ायम किया है जिसमें लिखित संविधान के ज़रिये और ब्रिटिश साम्राज्यवाद और देशी राजे-रजवाड़ों की प्रजाओं को समानता के अधिकार से लैस नागरिकों में तब्दील कर दिया गया है। भारतीय संविधान पर अपनी बेहतरीन किताब 'द इंडियन कांस्टीट्यूशन: कार्नरस्टोन ऑफ़ दे नेशन' में ग्रैनविल आस्टिन ने लिखा है कि मौलिक अधिकारों, राज्य के नीति निर्देशक तत्वों, सार्वजनिक वयस्क मताधिकार जैसे प्रावधानों के माध्यम से भारतीय संविधान ने भारत में सामाजिक, आर्थिक क्रान्ति का सूत्रपात किया है। मौलिक अधिकारों के प्रावधान से आम आदमी की नागरिक स्वतन्त्रताओं में बढ़ोतरी हुई है।

संविधान के अध्याय 3 के अनुच्छेद 17 द्वारा अस्पृश्यता बरतने वाले आचरण को दंडनीय अपराध करार देने के साथ अल्पसंख्यकों को धार्मिक स्वतन्त्रता अधिकारों की गारंटी अनुच्छेद 25 से 28 के माध्यम से दी गयी है। इसके अलावा शताब्दियों से सामाजिक बहिष्कार के शिकार दलितों और आदिवासियों को आरक्षण का अधिकार दिया गया है। बाबा साहेब आम्बेडकर ने संविधान के अनुच्छेद 32 को संविधान की आत्मा कहा है जिसके तहत किसी भी मौलिक अधिकार का उल्लंघन होने पर न्यायालय का दरवाज़ा खटखटाने का अधिकार दिया गया है। हालाँकि मौलिक अधिकारों की रक्षा और राजनीतिक व्यवस्था बनाये रखने के लिए संविधान में बहुत सारे इन्तज़ाम करने के बावजूद 1975 से 1976 तक 21 महीने का आपातकाल लगाया गया और इस दौरान लोकतन्त्र को कड़ी अग्निपरीक्षा से गुज़रना पड़ा है।

सन् 2014 से केन्द्रीय सत्ता की बागडोर जनता द्वारा जिन जनप्रतिनिधियों को सौंपी गयी है उनमें से बड़ी संख्या उन लोगों की है जिन्होंने लोकतन्त्र से दूर-दराज़ का भी सरोकार न रखने वाली उस पाठशाला से प्रशिक्षण प्राप्त किया है जो एक चालकानुवर्ती सिद्धान्त पर आधारित है। भारतीय लोकतन्त्र को कारगर बनाये रखने में आपातकाल के पहले और बाद में भी विभिन्न स्तरों की न्यायपालिका की महत्त्वपूर्ण भूमिका रही है। हालाँकि पिछले दस-बारह वर्षों में न्यायपालिका द्वारा क़ानूनी बिन्दुओं के बजाय जनता के बीच फैली/फैलाई गयी धारणाओं और सत्ता पक्ष के प्रति अतिशय उदारता के आधार पर लिए गये फ़ैसलों से आम आदमी के भरोसे को ठेस पहुँची है। बाबरी मस्जिद के दिन दहाड़े विध्वंस के आरोपियों या गुजरात के नरसंहार के आरोपियों का बाइज़्ज़त बरी हो जाना 1991 के धार्मिक स्थल विधेयक के बारे में अपने ही फ़ैसले पर अडिग न रहना, मुख्य न्यायाधीश द्वारा राज्यसभा का सदस्य और राज्यपाल पद के प्रलोभनों में बह जाना, अथवा मानवाधिकार कार्यकर्ताओं को जमानत देने के सरकार की दलीलों को ही महत्त्व देना जैसे अनेक मुद्दे आश्वस्त नहीं करते कि संविधान की भावना और आम्बेडकर की अपेक्षाओं के अनुरूप सर्वोच्च न्यायालय अपने आने वाले वक़्त में फ़ैसले देगा। भारतीय संविधान का अनुच्छेद 32 भारतीय राज्य और उसकी संस्थाओं की मनमानी के विरुद्ध नागरिकों को यह अधिकार देता है कि वे सुप्रीम कोर्ट में अपने मौलिक अधिकारों की रक्षा के लिए जा सकें और इसी के तहत सुप्रीम कोर्ट को यह अधिकार और दायित्व देता है कि वह उसकी रक्षा करे। लेकिन मौजूदा स्थितियों में ऐसा होता हुआ दिखता नहीं।

तीसरी दुनिया के कई देशों में लोकतन्त्र सेना की राजनीतिक महत्त्वाकांक्षाओं की भेंट चढ़ गया। लेकिन भारत में सेना के सभी अंगों ने संवैधानिक मर्यादाओं का पालन किया है। मगर मौजूदा सत्ता प्रतिष्ठान सेना की निष्पक्षता बनाये रखने के मामले में परिपक्व दृष्टिकोण नहीं दिखा पा रहा है। भारतीय लोकतन्त्र को उन नौकरशाहों से भी ख़तरा है जो सेना में रहते हुए ही कॉरपोरेट घरानों या राजनीतिक दलों के हितों के अनुरूप प्रशासनिक निर्णय लेकर सेवानिवृत्ति के बाद राजनीतिक करियर बनाने या कॉरपोरेट घरानों की चाकरी के लिए जोड़ तोड़ शुरू कर देते हैं।

भारतीय लोकतन्त्र के सन्दर्भ में परिवार नाम की संस्था पर भी ध्यान दिये जाने की ज़रूरत है। एशियाई समाजों में परिवार नाम की संस्था बहुत मज़बूत है। भारतीय समाज और राजनीति में परिवार ताक़त भी है और कमज़ोरी भी। कोई भी राजनीतिक

दल परिवारवाद के दायरे के बाहर नहीं है सिर्फ़ सभी क़िस्म के कम्युनिस्टों को छोड़कर, राजनीति एक ऐसे दौर में प्रवेश कर चुकी है जब राजनीतिक सिद्धान्तों नहीं बल्कि राजनीतिक परिवार विशेष के प्रति निष्ठा के आधार पर ही विभिन्न स्तरों पर सत्ता और शक्ति का बँटवारा होता है।

महत्त्वपूर्ण बात यह है कि लोकतन्त्र की व्यवस्था सभी तरह के विचारों, संगठनों के सहअस्तित्व को लोकतन्त्र के स्थायित्व की पूर्व शर्त मानकर चलती है। यह मध्यम निकाय है जिसमें आम सहमति का रास्ता तलाश करना पड़ता है, किसी भी तरह के अतिरेक के लिए कोई गुंजाइश नहीं है। यह बुनियादी तौर पर पारस्परिक वैचारिक या व्यक्तिगत न्यूनतम स्तर पर सभी के हितों की सुरक्षा की गारंटी करने वाली एक ऐसी व्यवस्था है जो जितनी लचीली होगी उतनी ही टिकाऊ और कामयाब होगी।

पिछले दस-बारह वर्षों में लोकतन्त्रिक व्यवस्थाओं के भीतर उभर रही अधिनायकवादी प्रवृत्तियों ने सामान्य जन और अभिजन दोनों के बीच लोकतन्त्र के भविष्य को लेकर असुरक्षा का भाव पैदा किया है। जहाँ कुछ स्थापित संवैधानिक लोकतन्त्रों में ढलान की प्रवृत्ति निस्सन्देह चिन्ता का विषय है वहीं लातिन अमेरिकी देशों में उग रहा लोकतन्त्र का सूर्य आश्वस्तिकारक है। इससे लगता है कि लोकतन्त्र का पौधा अपने लिए उर्वर ज़मीन तलाश ही लेगा और समुचित हवा पानी और खाद मिलते ही उन मैदानों में भी हरा-भरा हो जायेगा जहाँ उचित देखरेख के अभाव में वह थोड़ा मुरझाने लगा था।

लातिन अमेरिका के अधिकांश देशों में इस समय समाजवाद और लोकतन्त्र के सहअस्तित्व में यक़ीन रखने वाले राजनीतिक दल या कई दलों के गठबन्धन या तो सत्ता में हैं या मसलन वेनेजुएला, पेरू, चिली, मेक्सिको, वोलीविय में अन्यथा अर्जेंटाइना, कोलम्बिया सहित अधिकतर देशों में प्रमुख और प्रभावी विपक्ष की भूमिका निभा रहे हैं लोकतन्त्र का यह उभार वयस्क मताधिकार और चुनावों के माध्यम से हो रहा है। जिसे सम्भव बनाने में लिबरेशन थियोलोजी यानी धर्म के उदात्त मानवीय पक्ष की महत्त्वपूर्ण भूमिका रही है। लोकतन्त्र के भविष्य के प्रति थोड़ी-सी भी आशंका पनपते ही नेपाल के अनुभव को याद कर लेना चाहिए जहाँ दशकों तक राजशाही के ख़िलाफ़ सशस्त्र छापामार युद्ध करने वाले माओवादी अन्ततः संसदीय लोकतन्त्र की भागीदारी में ही अपना और देश का भविष्य तलाशते हैं।

जिसकी सकारात्मक उपलब्धि राजशाही के खात्मे और सभी धर्मों के प्रति समान वर्ताव वाली लोकतान्त्रिक व्यवस्था की स्थापना है।

भारत के मौजूदा सूरते हाल पर इंक़लाबी शायर फ़ैज़ की कुछ पंक्तियाँ सटीक बैठती हैं:—

सितम की रस्में बहुत थीं लेकिन
न थी तेरी अंजुमन से पहले
सज़ा ख़ताए नज़र से पहले
इताब (नाराज़गी) जुर्मे सुखन से पहले
अब उसको यह भी नहीं गवारा
न ज़िद है क़ातिल कि जाने बिस्मिल
फिगार (घायल) हो जिस्मों तन से पहले

इस सूरते हाल से निजात पाने में मशहूर राजनीतिकशास्त्री जावेद आलम की किताब है—हू वांट्स डेमोक्रेसी (वाणी प्रकाशन से 'लोकतन्त्र के तलबगार' शीर्षक से अभय कुमार दुबे द्वारा अनूदित) हमारी मददगार हो सकती है। जावेद आलम कहते हैं कि लोकतन्त्र को बचाने की तलब उन्हीं सामाजिक समूहों की होगी जिनके लिए लोकतन्त्र का बना रहना उनकी ज़िन्दगी और मौत का सवाल है। राजनीतिक, सांस्कृतिक, ब्यूरोक्रेटिक, व्यापारिक और बौद्धिक अभिजन को लोकतन्त्र बचाने और उसके संघर्ष करने में कोई दिलचस्पी नहीं है क्योंकि यह अभिजन वर्ग हर क़िस्म के सत्ता प्रतिष्ठान के साथ तालमेल बिठाने में महारत हासिल कर चुका है। लोकतन्त्र के रहने या न रहने से उसकी हैसियत पर कोई फ़र्क़ नहीं पड़ने वाला है।

मगर आज़ादी से पहले सत्ता, शिक्षा और प्रतिष्ठा की दौड़ से बाहर रहे जिन सामाजिक वर्गों ने आज़ादी मिलने के बाद पहली बार शिक्षा पाने, इन्सान के रूप में बराबरी के आधार पर अपनी पहचान क़ायम करने और राजनीतिक सत्ता में भागीदारी का अवसर पाया है, जिन्हें हम सबआल्टर्न या हाशिये के समूह कहते हैं उनकी सलामती तो लोकतन्त्र के बने रहने में ही है। हाशिये के इन समूहों में दलितों, आदिवासियों और सामाजिक शैक्षणिक रूप से पिछड़े वर्गों के साथ वे स्त्रियाँ भी शामिल हैं जिनके लिए लोकतन्त्र ने चौके चूल्हे और घर की चौखट के बाहर की दुनिया से जुड़ने का अवसर उपलब्ध कराया है और वे धार्मिक अल्पसंख्यक भी जो लगातार धार्मिक बहुसंख्यक समुदाय के अराजक और लम्पट तत्त्वों द्वारा फैलाई जा रही नफ़रत और हिंसा की लपटों से झुलस रहे हैं। विकास की प्रक्रियाओं से बेदख़ल आदिवासियों समेत अपने अस्तित्व को बनाये रखने के लिए चिन्तित यह

सभी समूह एकजुट होकर लोकतन्त्र को बचाने की कोई कसर छोड़ने वाले नहीं हैं। किसानों के अदम्य साहस और संघर्ष ने हाशिये के सभी समूहों में अपने अधिकारों के लिए सड़कों पर आकर संघर्ष करने की प्रेरणा दी है। भारतीय लोकतन्त्र को आक्रामक बहुसंख्यकवाद और राजसत्ता की मनमानी से बचाने की निर्णायक लड़ाई गाँधी के बताये तरीक़ों से अन्ततः लोकतन्त्र के तलबगार ही लड़ेंगे। इनका सामूहिक आन्दोलन जयप्रकाश नारायण और अन्ना हज़ारे के आन्दोलनों से कहीं ज़्यादा व्यापक और किसानों के आन्दोलन की तरह असरदार होगा। अन्त में हबीब जालिब का यह शेर—

"ये लोग कुछ कमनिगाह जिनको
समझ रहे हैं कि नासमझ हैं
यही ज़माने के आम जालिब
सऊर की रोशनी करेंगे"

लोकतन्त्र का पुनर्निर्माण

शंभुनाथ

लोकतन्त्र के बारे में सोचते समय इन्द्रप्रस्थ में बने पांडवों के सुन्दर भवन की याद आती है। इसमें जो दिखता था वह होता नहीं था, जो होता था वह दिखता नहीं था। दुर्योधन वहाँ जल को थल समझकर गिर गया था। आज का लोकतन्त्र कुछ वैसा ही है, जो दिखता है वह होता नहीं है। कुछ व्यक्ति कहने लगे हैं कि दुनिया से लोकतन्त्र का विलोप हो रहा है, जबकि कुछ यह सवाल करते हैं कि अभी लोकतन्त्र नहीं है तो कब लोकतन्त्र था। स्त्रियाँ कब इतनी संख्या में संसद में थीं, दलित कब ऊँचे पदों पर आज से अधिक थे, आदिवासी कब इतने अधिक शहर के अंग थे और राष्ट्रपति बने थे। ग़रीबों के बैंक खाते में कब इतना पैसा पहुँचा था और कब इतने अधिक शहर, कब इतने अधिक फ्लैट, मॉल, बाग़-बग़ीचे कारें और शराब की दुकानें थीं? सुख का मध्यवर्गीय लोकतान्त्रीकरण हुआ है। यदि लोकतन्त्र का एक प्रमुख चिह्न स्वतन्त्रता है तो सोशल मीडिया पर जहाँ रोक नहीं है सभी स्वतन्त्र ही हैं। सन् 2022 में भारत में 68 करोड़ यानी लगभग आधी आबादी इंटरनेट का इस्तेमाल करती है।

इन सबके साथ यह असुविधाजनक सवाल किया जाता है कि क्या चाहिए राष्ट्र की सुरक्षा या स्वतन्त्रता? अंग्रेज़ों के शासन के समय 19वीं सदी में यह सवाल था कि क्या चाहिए आधुनिकता या स्वतन्त्रता? स्वतन्त्रता हर ज़माने में दाँव पर लगायी जाती रही है। भारत के लोग इंटरनेट के कारण आज से अधिक सम्पर्क में पहले कभी नहीं थे और आज जितने विभाजित, विद्वेष से भरे और हिंसक भी नहीं थे। वे आज़ादी के 75 सालों में आपस में जितने जुड़े हैं उससे अधिक एक-दूसरे से भयभीत हैं। उच्च टेक्नोलॉजी आज से लगभग 40 साल पहले एक नयी आशा जगाते हुए आयी थी, लेकिन आज उसने लोगों को एक मोहक दुःस्वप्न में अकेला छोड़ दिया है।

लोकतन्त्र को टेक्नोलॉजी ने क्या दिया? ऊपर से यही दिखता है कि इसने हर क्षेत्र में पारदर्शिता बढ़ा दी। यह कम दिखता है कि नयी टेक्नोलॉजी एक बड़े रोज़गार भक्षी के रूप में सामने आ रही है, लोगों की बड़े पैमाने पर काम से छँटाई हो रही है। यह बिल्कुल नहीं दिखता है कि उसने निजता पर संकट पैदा कर दिया है, रिश्तों की गहराई ख़त्म कर दी है। वह लोगों की सोचने या कल्पना करने की क्षमता सीमित करती जा रही है। दूसरी तरफ़ इसने अफ़वाह फैलाने की असीमित शक्ति दे रखी है। इंटरनेट का एक उपयोग, झूठनेट, फूटनेट और लूटनेट के तौर पर हो रहा है।

लोकतन्त्र और टेक्नोलॉजी के सम्बन्ध पर सोचा जाना चाहिए कि यदि यह जीवन की मूल्यवान चीज़ों की सुरक्षा पर संकट पैदा कर चुकी है तो इस चुनौती का कैसे सामना किया जाये। नयी टेक्नोलॉजी बोतल से बाहर निकले जिन्न की तरह है। उसे वापस बोतल में लाना मुमकिन नहीं है। उसे नियन्त्रित करके आज्ञाकारी बनाना फ़िलहाल राजनीतिक मामला है। सत्ता का खेल। टेक्नोलॉजी कभी एक तटस्थ चीज़ नहीं है। वह अपने निर्माता के उद्देश्य को पूरा करने के लिए होती है। इसका अर्थ लोकतन्त्र अब पहले की तरह एक आदर्श और पवित्र मामला नहीं रह गया है। उसे बड़ी पूँजी के साथ अब टेक्नोलॉजी प्रभावित कर रही है। ख़ासकर हिंसा की विचारधारा ही जब टेक्नोलॉजी की जननी है तो उसका सुनिश्चित लक्ष्य है, आदमी को थोड़े भी मानवीय गुणों के साथ न रहने देना, उसका सम्पूर्ण विमानवीयकरण। इस तरह इस धारणा का अर्थ नहीं रह जाता कि मनुष्य ही सोचता है और टेक्नोलॉजी को चलाता है।

एक महत्त्वपूर्ण सवाल यह है कि क्या विकास और लोकतन्त्र के बीच सम्बन्ध बचा रहेगा? जिस तरह दुनिया के देश जलवायु परिवर्तन या पर्यावरण के सन्दर्भ में 'सस्टनेबल डेवलपमेंट' की बात करते रहे हैं लोकतन्त्र के सन्दर्भ में उन्होंने विकास पर कभी लम्बी बहस नहीं छेड़ी। वे ज़्यादा से ज़्यादा मानवीय चेहरे की अवधारणा देते हैं, अर्थात मुफ़्त में चावल या गेहूँ देकर किसी को भूख से नहीं मरने देना है, पर सम्मान के साथ जीवन भी नहीं जीने देना है। लोकतन्त्र का अर्थ है हरेक के सम्मान के साथ ज़िन्दा रहने का अधिकार। यह सम्मान बुनियादी आर्थिक अधिकारों और मानवाधिकारों के बिना बैंड बाजा वालों की रंगीन राजसी पोशाक की तरह है। निरंकुश राजतन्त्र का एक चिह्न है अपनी लोकोपकारी छवि के लिए दान करना। निरंकुश कॉरपोरेट अर्थतन्त्र अपनी सुरक्षा के लिए सत्तारूढ़ दलों को भारी चन्दा देने के अलावा अपने मुनाफ़े का एक छोटा-सा हिस्सा ग़रीबों-वंचितों की सेवा में ख़र्च

करता है और अभावग्रस्त गाँवों को गोद लेता है। वह बढ़ती जा रही विषमता को ढकने के लिए ही अपनी लोकोपकारी छवि बनाता है।

दरअसल निर्मम इतिहास ने एक ज़माने के अधिकार को ख़ैरात में बदल दिया है और करोड़ों मनुष्यों को दयनीय हालत में धकेल दिया है। लोक की आकांक्षाएँ दो रुपये किलो चावल, मिड डे मील, सौ दिनों की रोज़गार गारंटी, कभी टैबलेट, कभी साइकिल-कभी कम्बल-कभी लैपटॉप, कभी कुछ हज़ार मासिक की राहत में सीमित हो गयी हैं। हज़ारों साल के इतिहास में लोक कभी इतनी कम आकांक्षाओं के साथ नहीं जी रहा था। वह कभी इतना बिखरा और विवश नहीं था। ऐसा लोक लोकतन्त्र में कितना दख़ल रखेगा और बोल पायेगा? दरअसल हमारे देश में फिर एक मूक भारत बन गया है जो आम्बेडकर की धारणा से बहुत अधिक विस्तृत है, यदि समझा जाये।

वैश्वीकरण ने इन 30-32 सालों में लोकतन्त्र के अर्थ को काट-छाँटकर अपने अनुसार ढाल लिया है जिसे कभी प्रयोग और कभी नवाकार कहा जाता है। आज दुनिया के देशों में लोकतन्त्र की पहले वाली अवधारणा नहीं है। क्योंकि पहले वाले स्वप्न भी नहीं हैं। अब लोकतन्त्र वित्तीय बाज़ार की बड़ी पूँजी का बेरोकटोक आवागमन सुनिश्चित करने वाली एक उदार राजनीतिक प्रणाली है। यह अन्तर्राष्ट्रीय लूट, विषमता और सामाजिक असुरक्षा से ध्यान हटाने के लिए राजनीतिक पटाखे छोड़ती रहती है। जनता की आशा की आतिशबाज़ी देखती रहती है। वह विवश होती है। दरअसल निजीकरण और लोकतन्त्र को एक साथ सम्भव करना एक हाथ से दो कबूतर पकड़ना है। यही वजह है कि किसी ज़माने का व्यक्ति का अकेलापन अब जनता का अकेलापन है।

जिस तरह लोकतन्त्र का अर्थ काट-छाँटकर बदल दिया जाता है उसी तरह से संस्कृति का अर्थ संकुचित कर दिया जाता है। संस्कृति के स्तर पर अभेद में भेद की खोज होने लगती है इससे भिन्नता की राजनीति अस्तित्व में आती है। ख़ासकर भारत जैसे देश में जहाँ कई राज्य हैं, बहुलतापरक संस्कृति है और कई धर्म हैं, सांस्कृतिक भिन्नता और विद्वेष को खुलकर बढ़ावा दिया जाने लगा। इसका असर लोकतन्त्र पर पड़ा। इससे आर्थिक एकरूपता-सामाजिक भिन्नता का एक युग्म बना, अर्थात बाज़ार एक है पर समाज विभक्त है। इधर धर्म, नस्ल, जाति और प्रान्तीयता के आधार पर खड़ी राजनीति ने लोकतान्त्रिक चेतना की अपूर्णनीय क्षति की है। यही वजह है कि राजनीतिक तानाशाही काफ़ी शक्तिशाली है और बाज़ार की तानाशाही

बढ़ती जा रही है। दूसरी तरफ़ जनप्रतिरोध बुरी तरह विभाजित है। लोक लोकतन्त्र में एक असहाय मतदाता संख्या भर है।

एक अन्य घटना है, अब अमीरों और विशेषज्ञों के लिए देश का कोई धर्म नहीं है। वे ग्लोबल हो चुके हैं और बेहिचक विदेशों में बस जाते हैं, बस मौक़ा मिले। उन्हें देशभक्ति नहीं रोकती। ग़रीबों और वंचितों से प्रेम रुकावट नहीं बनता, मोटी आय होनी चाहिए। भारत में अंग्रेज़ी शिक्षा तथा पश्चिमी संस्कृति ने लोगों में राष्ट्रीयता, मानवता तथा लोकतन्त्र की भावनाओं को विकसित होने से रोका। फलस्वरूप एक टाँग नयी टेक्नोलॉजी में है तो दूसरी टाँग परित्यक्त खाइयों में फँस गयी है। अंग्रेज़ों के ज़माने में आदमी पराधीन था पर उसका मन ग़ुलाम न था। आज उसका मन इतना ग़ुलाम है कि वह बाज़ार की वस्तुओं को ख़रीदने को ही स्वतन्त्रता, चुनाव में वोट देने को ही लोकतन्त्र और अतीत की रूढ़ियों को ही धर्म समझता है। वह अपनी जाति बिरादरी में ही रहने पर सुरक्षा का अनुभव करता है।

अब हर क्षमतावान आदमी के भीतर छोटा मोटा फ़ासिज्म बैठा होता है,परिवार से लेकर राजनीतिक नेतृत्व तक। फिर बबूल के पेड़ पर आम कहाँ से फलेगा, लोकतन्त्र का सूर्योदय कैसे होगा? कहना न होगा कि लोकतान्त्रिक संस्कार वाले लोग ही लोकतन्त्र की स्थापना कर सकेंगे बाक़ी सिर्फ़ नामोच्चार करेंगे। दरअसल अपनी संस्कृति का अहम् हो या साम्प्रदायिक कट्टरवाद, यह दूसरे समाजों और संस्कृतियों को समझने में ही बाधक नहीं होता, लोकतन्त्र की सम्भावनाओं को नष्ट करता है। अपनी पहचान पर गौरव बोध करता है या अपनी पीड़ाओं को कहता है तो यह बिल्कुल सही है लेकिन जब वह अपनी संस्कृति, पहचान और पीड़ाओं का अतिक्रमण करके दूसरों के प्रति भी न्याय के बारे में नहीं सोचता या दूसरों की भावनाओं को समझना नहीं चाहता तो यह लोकतन्त्र में दीवार खड़ी करता है। यदि लोकतन्त्र में दीवारें हैं तो वहाँ लोकतन्त्र नहीं है। ऐसी स्थिति में संस्कृति में राजनीतिक घुसती है और संस्कृति से राजनीति बाहर निकल जाती है।

यह एक उल्लेखनीय तथ्य है कि वैश्वीकरण जिस तरह से उदारीकरण ले आया वह सामाजिक उदारीकरण नहीं ला पाया। साथ ही वह राजनीति में गुणवत्ता लाने में विफल रहा। यही वजह है कि नायक पूजा ख़त्म नहीं हो सकी, अपने को करिश्माई व्यक्तित्व में उपस्थित करने की प्रवृत्ति बनी रह गयी। यह लोकतान्त्रिक चेतना के अभाव का चिह्न है कि आज भी राजवंश एक बड़ा तत्त्व बना हुआ है। धार्मिक सांस्कृतिक चिह्न शक्तिशाली हैं। लाल टीका लगाया हर नेता धर्मात्मा दिखता है।

कहना नहीं होगा कि धर्म और जाति का सहारा लेना राजनीति में प्रदूषण फैलाना है। ज़ाहिर है कि अच्छी राजनीति न हो तो लोकतन्त्र एक दूर का स्वप्न है।

बहुत अकेली लगती है प्रेम शून्य पृथ्वी। आदमी नये माहौल में प्रेम करना भूलता जा रहा है। उसके पास सिर्फ़ देह बची है। सैकड़ों सालों के सुन्दर सपनों, त्याग और उच्च कृतियों को भूलने का यही नतीजा हो सकता है कि आदमी के पास सिर्फ़ देह हो और उसकी क्षुधाएँ हों। लोकतन्त्र के बारे में लम्बी-चौड़ी बातें कही जाती हैं। साथ ही इसकी सभी संस्थाओं को नष्ट और कमज़ोर करने का अभियान भी ज़ोरों पर चलता है क्योंकि लोकतन्त्र को नये-नये तरीक़े अपनाकर कमज़ोर किये बिना स्वेच्छाचारिता सम्भव नहीं है। लगता है लोकतन्त्र सिर्फ़ दुरुपयोग की चीज़ है खुलेआम। दरअसल नागरिकों को अच्छा जीवन न देकर व्यक्तिगत सुख सुविधाएँ बटोरने लग जाना लोकतन्त्र का दुरुपयोग है। इसका असर बड़े आदर्शों और सपनों पर पड़ता है। फ़ासिज़्म या किसी भी क़िस्म की निरंकुशता लोकतन्त्र के दुरुपयोग का नतीजा है। निजीकरण और बाज़ार अर्थव्यवस्था भी लोकतन्त्र के दुरुपयोग के परिणाम हैं। जनता का एक हिस्सा भ्रमवश मानने लगता है कि देश को चलाने के लिए थोड़ी बहुत तानाशाही ज़रूरी है। राजा भूल नहीं करता। फिर घर्म राष्ट्रवाद, जाति, प्रान्तीयता आदि की राहों में हम-वे, बाहरी-भीतरी, हमारा आदमी-उनका आदमी की दुर्भावनाएँ फैलाई जाने लगती हैं। इन्हीं आधारों पर लोकतान्त्रिक संस्थाओं पर राजनीतिक कब्ज़ा होने लगता है। न्याय स्वप्न हो जाता है। न्याय विहीन लोकतन्त्र एक कंकाल है।

यही सब देखकर दुनिया के संवेदनशील लोगों की चिन्ता बढ़ी है। क्योंकि लोकतन्त्र का ह्रास सिर्फ़ तानाशाही की तरफ़ नहीं ले जाता। यह युद्ध घरेलू दमन, महँगाई और मुनाफ़ाखोरी की असीम छूट से बेहाल जीवन की तरफ़ भी ठेलता है। यह असहमति और शत्रुता का फ़र्क़ मिटा देता है। दो ही श्रेणियाँ बनती हैं—पिछलग्गू या देशद्रोही। लोकतन्त्र का ह्रास हिंसा को लोकप्रिय बना देता है। विभिन्न धर्मावलम्बियों, विभिन्न नस्लों और जाति के लोगों के बीच परस्पर विद्वेष एक राजनीतिक ही नहीं अर्थतन्त्रीय ज़रूरत भी होती है। यह सब मानवीय गुणों को ही नहीं कला, साहित्य और शिक्षा के संसार को भी प्रभावित करता है।

मानवता, लोकतन्त्र और न्यायप्रियता आधुनिक युगों में मानवजाति की ऐसी उपलब्धियाँ हैं जिन पर आज चरम संकट है। हम भूल गये हैं कि इनके लिए कितने त्याग और बलिदान हुए हैं। लोकतान्त्रिक संस्थाओं की पवित्रता की रक्षा कैसे की जाये, राजनीति का पुनर्मानवीयकरण कैसे हो, बराबरी, पारदर्शिता और जवाबदेही

का ज़माना कैसे आये ऐसे सवालों को लेकर नागरिकों की बेचैनी में कमी है। यह चिन्ताजनक है कि दुनिया के लोगों में राजनीति को लेकर दिलचस्पी घटी है, वे पैसे को लेकर भाग-दौड़ में ज़्यादा हैं। अब सब कुछ पैसे के अधीन है। मीडिया और राजसत्ता की साँठगाँठ लोकतान्त्रिक चेतना के पुनर्निर्माण में एक बड़ी बाधा है। प्रायोजित मीडिया दिन-रात छाया रहता है। राजनीति का बाज़ार बनते जाना भी एक समस्या है। बिना करोड़ों की राशि ख़र्च किये आज एमपी एमएलए बनता असम्भव है। देखा जा सकता है कि चुनाव ही फ़िलहाल लोकतन्त्र का अन्तिम अन्ति चिह्न है और वह भ्रष्टाचार के पैसे पर टिका है। दूसरी ओर राजनीतिक उदारवाद वैचारिक खोखलेपन के दौर से गुज़र रहा है। उसमें बिखराव ही नहीं, किंकर्तव्यविमूढ़ता भी है। धर्मनिरपेक्षता और भ्रष्टाचार के बीच सम्बन्ध की वजह से आये लोगों की आर्थिक दशा बिगड़ी, मूल्यों का व्यापक क्षय हुआ और विश्वास टूटे। विचारधारा से जब विचार उजड़ जाते हैं तो उसमें अतीत के प्रेत अपनी माँद बना लेते हैं।

यह विपर्यय का युग है इसलिए लोकतान्त्रिक अधिकारों पर नये-नये आघात हो रहे हैं। राजसत्ता यह काम बड़ी आसानी से कर पा रही है। क्योंकि जनता के एक हिस्से का उसे समर्थन है। वह हिस्सा जो झुंड है। वस्तुतः लोकतान्त्रिक अधिकार और राष्ट्र दो विरोधी पक्ष बना दिये गये हैं। राष्ट्रीय सुरक्षा और अभिव्यक्ति की स्वतन्त्रता में विरोध बताया जा रहा है। निश्चय ही असहमति और विरोध की आवाज़ के प्रति असहिष्णुता विश्वव्यापी मामला है, लेकिन भारत में उसका ख़ास चरित्र है। यही असहमति और विरोध की आवाज़ सैकड़ों टुकड़ों में विभाजित है। ज़्यादातर अपनी ढपली अपना राग है। असहमति और प्रभावशाली प्रतिरोध का अभाव है। यह भी देखा जा सकता है कि जिस राष्ट्र को पिछले कुछ दशकों के बौद्धिक विमर्शों और राजनीति में खलनायक बना दिया गया था, वह पलटवार कर रहा है। हिन्दुत्व के महाविमर्श ने दलित, स्त्री, आदिवासी विमर्शों को निगल लिया है। क्या यह ग़रीबों के पराभव और उसको मूक कर दिये जाने का समय है।

क्या ग़रीब वंचित और सीमान्त पर खड़ी जनता तक निम्न दर्जे का चावल गेहूं पहुँचा देना ही अब लोकतन्त्र है? क्या मध्यवर्ग का दिमाग़ी गैस निकालने के लिए बना सोशल मीडिया ही अब लोकतन्त्र का अन्तिम चिह्न है? आख़िरकार इक्कीसवीं सदी में लोकतन्त्र को कैसा होना चाहिए? क्या हम-वे का भेदभाव और लोकतन्त्र या हिंसा और लोकतन्त्र सहगामी हो सकते हैं? क्या कभी सम्भव है कि जो हो वही दिखे ? आम लोग क्या अब बाज़ार की कृत्रिम इच्छाएँ और ऊपर से थोपे गये निर्णय ही ढोते रहेंगे या उनकी अपनी भी कुछ इच्छाएँ हो सकती हैं।

उनकी अपनी कोई कल्पना हो सकती है और निर्णयों में अपनी हिस्सेदारी की माँग की स्थिति में कभी हो सकते हैं? आर्थिक वृद्धि के साथ तेज़ी से बढ़ती आर्थिक विषमता को रोकने के लिए क्या लोकतन्त्र का उपयोग करना अब सम्भव रह गया है? मतदान लोकतन्त्र का एक महत्त्वपूर्ण तत्त्व है, पर वह सम्पूर्ण लोकतन्त्र नहीं है। इसलिए ऊपर के प्रश्नों का उत्तर ढूँढ़ना होगा। क्योंकि बहुत कुछ इस पर निर्भर है कि 21वीं सदी में लोकतन्त्र से सम्बन्धित प्रयोग किस दिशा में कर रहे हैं। हम वस्तुतः उससे कितने प्रतिबद्ध हैं। और क्या वह अब भी जनता की उम्मीदों का हमसफ़र है।

इस चिन्ताजनक मोड़ पर भारी चुनौतियाँ स्वाभाविक हैं। लेकिन नये अवसर भी हो सकते हैं जो बने-बनाये नहीं होते। उन्हें आत्मनिरीक्षण करते हुए गढ़ना पड़ता है। क्या हम आत्मनिरीक्षण के लिए तैयार हैं? आज जब स्वेच्छाचारियों द्वारा भी भारत को दुनिया का सबसे बड़ा लोकतन्त्र बताया जा रहा है तो इसका अर्थ है कि वे भारत के लोगों की लोकतन्त्र में आस्था से डरते हैं।

लोकलुभावनवाद और तानाशाही

प्रसिद्ध समाजशास्त्री प्रोफ़ेसर अभय कुमार दुबे से कमल नयन चौबे और अरुण कुमार त्रिपाठी की बातचीत

प्रश्न : *एक दौर में भारत में लोकतन्त्र का भविष्य बहुत उज्ज्वल बताया जा रहा था। आपने भी लोकतन्त्र के सात अध्याय में उसका भारतीयकरण देखा है। शीत युद्ध के बाद लोकतन्त्र दुनिया में तेज़ी से अपना दबदबा क़ायम करता जा रहा था। लेकिन आज उसका आत्मविश्वास हर तरफ़ हिला हुआ है। कहा जाता है कि भारत में लोकतन्त्र का भविष्य बहुत उज्ज्वल नहीं है?*

उत्तर : लोकतन्त्र में हमेशा से एक प्रवृत्ति काम करती है वह है लोकलुभावन प्रवृत्ति। उसके ज़रिये एक नेता करिश्माई छवि हासिल कर लेता है। मैं उसको कहता हूँ वेनोवेलेंट (उदार) तानाशाही। वो एक ऐसा निरंकुश शासक बन जाता है जिसे लोकतान्त्रिक तरीक़े से ही चुना जाता है लेकिन उसकी कार्यप्रणाली लोकतान्त्रिक नहीं होती। उसकी कार्यप्रणाली पर लोकलुभावन नीतियों की छाप होती है। उन नीतियों की प्रकृति केवल आर्थिक ही नहीं होती, वह सांस्कृतिक भी हो सकती है, धार्मिक हो सकती है, जातिवादी हो सकती है। साठ के दशक में जो राजनीति थी उनकी प्रकृति आर्थिक हुआ करती थी। आज उनकी प्रकृति आर्थिक तो है ही वह और दायरे में बढ़ी भी है। वह सांस्कृतिक जातीयतावादी और धार्मिक भी हो चली है। ऐसी प्रवृत्ति पूरी दुनिया में बढ़ी है। जिन चिन्ताओं की ओर आप इशारा कर रहे हैं वे चिन्ताएँ यही हैं।

ऐसा नहीं है कि लोकतन्त्र में यह कोई अचानक आ गयी समस्या है। यह लोकतन्त्र की प्रकृत्ति में निहित है। इसी के साथ लोकतन्त्र में बहुसंख्यकवाद की प्रवृत्ति भी होती है। बहुमत और अल्पमत से जो लोकतन्त्र बनता है बहुसंख्यकवाद को उससे अलग करके देखा जाना चाहिए। बहुमत अल्पमत अस्थायी क़िस्म का

होता है वह बनता-बिगड़ता रहता है। इसी आधार पर लोकतान्त्रिक सिद्धान्त हमें जो निर्देश देता है, सरकारें जो निर्णय लेती हैं उसके लिए वह बहुमत के रास्ते पहुँचा जाता है। लेकिन निर्णय लेने की जो प्रक्रिया है उसमें उसे अल्पमत की राय लेनी चाहिए। इसलिए इस तरह के बहुमत अल्पमत के लोकतन्त्र में अल्पमत का महत्त्व हमेशा रहता है और उसे मान्यता मिलती है। लेकिन बहुसंख्यकवाद स्थायी क़िस्म की बहुमत प्राप्त करने की प्रक्रिया है। स्थायी बहुमत पाने का आवेग हर लोकतन्त्र में हमेशा मौजूद रहता है। जो लोग वास्तव में सच्चे लोकतान्त्रिक है वे कोशिश करते हैं दोनों प्रवृत्तियों का शमन करते हुए राजनीति करें। लोकलुभावन प्रवृत्तियों का भी शमन करें और संस्कृतिवाद और धर्मवाद से जो समस्या पैदा होती है उनका भी शमन करें और इन दोनों के प्रभाव से जो बहुसंख्यकवाद पैदा होता है उनका भी शमन करते हुए आगे बढ़ें। मैं यह मानता हूँ कि अस्सी के दशक के बाद भारत समेत दुनिया के दूसरे लोकतन्त्र में इस प्रकार की विकृतियों के शमन करने की क्षमता का ह्रास हुआ। यह मुख्य तौर पर हमारी चिन्ता का विषय है।

प्रश्न : *नवउदारवाद और जो बहुसंख्यवाद यानी हिन्दुत्व की विचारधारा है उन दोनों ने गठजोड़ बना लिया है। उसका कोई विकल्प खड़ा नहीं हो पा रहा है। बहुत सारी चीज़ों के पीछे इसको वजह बताया जा रहा है। जब नवउदारवाद शुरू हुआ तो कहा गया कि राज्य की शक्तियों को सीमित कर दिया जायेगा। लेकिन फिर विश्व बैंक ने सोचा कि राज्य की शक्तियों को महत्त्व दिये बिना काम नहीं चलेगा। तो सवाल यह है कि नवउदारवाद विफल हो गया है या उसने नया रूप ले लिया है?*

उत्तर : इस प्रश्न पर अगर आप वास्तव में गहन विचार करना चाहते हैं तो आपको पश्चिम के लोकतन्त्र पर विचार करना होगा। जब पश्चिम में लोकतन्त्र उभर रहा था तब वहाँ के पूँजीवाद के लोकतन्त्र से कैसे ताल्लुक थे। एशिया में भी आप देख लीजिए। जापान को देख लीजिए। वहाँ के पूँजीवाद के वहाँ के राज्य से क्या ताल्लुक थे? उस समय राज्य की संस्थाएँ जो पूँजीवाद पर आधारित थीं वे बाज़ारवादी संस्थाएँ थीं। उन पूँजीवादी संस्थाओं को मज़बूत करने के लिए राज्य की संस्था थी। जब पूँजीवाद में तरह-तरह के अन्तर्विरोध पैदा हुए तो उन्हें ठीक करने के लिए कीन्स की थ्योरी की मदद ली गयी। मदद लेने की वह जो प्रक्रिया चली उसके परिणाम यह हुए कि लोकोपकारी राज्य की संकल्पना सामने आयी। लोकोपकारी राज्य पूँजीवादी राज्य के अन्तर्विरोध से निपटने की युक्ति थी। जब तक उस युक्ति की उन्हें आवश्यकता पड़ी उन्होंने उसका इस्तेमाल किया।

जब उन्हें लगा कि उस युक्ति की आवश्यकता नहीं तो रेगनॉमिक्स और थैचरानॉमिक्स के ज़रिये उन्होंने लोकोपकारी राज्य को ख़त्म कर दिया या उसे एकदम हाशिये पर डाल दिया। जिसको आप नवउदारवाद कह रहे हैं वह दरअसल उदारतावादी लोकतन्त्र की ही पैदाइश है। उदारतावाद कहाँ से निकला है? वह वहीं से निकला है जहाँ के बने हुए लोकतान्त्रिक सिद्धान्तों के आईने में हम अपने लोकतन्त्र की व्याख्या करने को मजबूर हैं। वह कहीं बाहर से तो आया नहीं है। उन्हीं की संस्थाएँ हैं। उन्हीं का पूरा बन्दोबस्त है। पहले ब्रेटनवुड संस्थाएँ थीं। अब वे संस्थाएँ नहीं रहीं लेकिन वे संस्थाएँ मौजूद हैं। विश्व बैंक भी मौजूद है, मुद्राकोष भी मौजूद है, एशियाई विकास बैंक भी मौजूद है। विश्व व्यापार संगठन भी बन गया है। यह सारी संस्थाएँ मिलकर दुनिया को चला रही हैं। अब देखिए श्रीलंका का क्या हश्र हुआ। कहते हैं कि बांग्लादेश का भी वही हश्र होगा जो वहाँ का हुआ। ऐसी चिन्ता भारत के बारे में भी की जाने लगी है। लेकिन चूँकि भारत की अर्थव्यवस्था बड़ी है और बहुमुखी है जिसमें श्रीलंका और बांग्लादेश जैसी बहुत सारी अर्थव्यवस्थाएँ समा सकती हैं। इसलिए भारत के ऊपर इस तरह का ख़तरा नहीं है। उस तरह की चिन्ताएँ हैं। बहुत सारी समस्याएँ हैं और धीरे-धीरे करके वे समस्याएँ हमारी राजनीति को पूरी तरीक़े से प्रभावित कर रही हैं। जो लोकोपकारी राज्य था वह पूँजीवादी राज्य का विरोध करने के लिए आया था। यह सैद्धान्तिक रूप से भी ग़लत है, व्यावहारिक रूप से भी ग़लत है और ऐतिहासिक रूप से भी ग़लत है। लोकोपकारी राज्य पूँजीवादी राज्य को मज़बूत करने की एक युक्ति थी। जब तक युक्ति की ज़रूरत थी वह चली। जब ज़रूरत नहीं है तो उन्होंने उसे मुअत्तल कर दिया। वे जब चाहेंगे उस युक्ति को फिर से निकाल लायेंगे। वह युक्ति तो उनकी जेब में पड़ी है। जब चाहेंगे वे राज्य नाम की संस्था से वही काम करवाने लगेंगे। जब उन्हें नहीं ज़रूरत होगी तो वह काम नहीं करेंगे। कुल मिलाकर उनका काम पूँजीवाद पर आधारित उदारतावादी लोकतन्त्र को मज़बूत करना है।

प्रश्न : *हमारे यहाँ जो लोकतन्त्र का मॉडल अपनाया गया वह वेस्ट मिनिस्टर मॉडल है। संविधानवाद का मॉडल अपनाया। वह कोलोनियल मॉडल था। संविधानवाद की शुरुआत तो 1919 से शुरू हो गयी। 1935 में फिर उसे मज़बूत किया गया। भारतीय संविधान तो 1935 के अधिनियम पर ही बना। फिर भी हमारे स्वतन्त्रता सेनानियों की ज़िद थी कि संविधान हमीं बनायेंगे। पाकिस्तान तो संविधान बना ही नहीं पाया और हमने तो बना डाला। एक संसदीय लोकतन्त्र हम लोगों ने*

अपने ढंग से बना लिया। अब यह बात बड़े पैमाने पर कही जा रही है हमारे समाज की जड़ें उसके अनुकूल नहीं हैं। यह नये क़िस्म के साम्राज्यवाद की साज़िश थी। या हमारा समाज लोकतान्त्रिक नहीं है?

उत्तर : लोकतन्त्र को जनता की हुकूमत कहा जाता है लेकिन व्यावहारिक रूप से वह जनता की हुकूमत है नहीं। वह एक तरह का आवरण है। लोकतान्त्रिक इलीट होता है उसकी हुकूमत होती है। वही लोग शासन करते हैं और प्रतिनिधित्व के ज़रिये ही वे जनता की नुमाइन्दगी का दावा करते हैं। हमेशा हर वक़्त लोकतन्त्र के नाम पर चाहे वह संयुक्त राज्य अमेरिका हो, ब्रिटेन हो, फ्रांस हो या भारत हो सब जगह यही चलता है। इसलिए यह कहना कि यह भारतीय समाज के साथ इसका रिश्ता ठीक नहीं है इसलिए गड़बड़ियाँ हो रही हैं, ठीक नहीं है। चाहे अमेरिकी मॉडल हो या वेस्टमिनिस्टर मॉडल उसे समाज की राय लेकर कभी भी लागू नहीं किया गया था। भारत में उपनिवेशवाद विरोधी आन्दोलन का जो अभिजन था उन लोगों का चुनाव था कि हम लोग ऐसा करेंगे। उन लोगों की शिक्षा-दीक्षा पश्चिम में हुई थी। जो पश्चिमी आदर्श थे उनसे अनुप्राणित थे वे। किसी को बुरा-भला कहने की ज़रूरत नहीं है। यह तो हमारे इतिहास का तथ्य है। वे लोग वहाँ पढ़े थे। उनको लगता था कि यही सबसे अच्छा है। मेरे पिताजी कहते थे लोकतन्त्र सारी राज्य व्यवस्थाओं का नवनीत है। सारी राज्य व्यवस्थाओं को एक बर्तन में डाल दें और उसे मथें और उसमें जो मक्खन निकलेगा वही लोकतन्त्र है। लोकतन्त्र के आलोचक यह मानते हैं कि यह कोई परफेक्ट सिस्टम नहीं है। यह आख़िर में लोगों को निराश ही करता है। लेकिन इसके बावजूद इससे अच्छी व्यवस्था मौजूद नहीं है। इसमें समाज की पहलक़दमी खुलने की गुंजाइश रहती है। वरना अगर कोई निरंकुश और तानाशाही वाली प्रणाली आ जायेगी वहाँ ऐसी खुलने की गुंजाइश नहीं रहेगी। अब देखना यह है कि ऐसी तमाम बड़ी शक्तियाँ हैं जहाँ लोकतन्त्र नहीं है। जैसे रूस एक बड़ी शक्ति है, चीन एक बड़ी शक्ति है। हर राज्य में केन्द्रीकरण की प्रवृत्ति होती है। लोकतन्त्र में भी केन्द्रीकरण की शक्ति ताक़तवर होती है। इसलिए तुलनात्मक रवैया अपनाना चाहिए। जहाँ लोकतन्त्र नहीं है वहाँ क्या हो रहा है? जहाँ माना जाता है कि लोकतन्त्र के अलावा कुछ हो नहीं सकता वहाँ क्या हो रहा है? हमारे देश में जहाँ पर माना जाता है कि लोकतन्त्र आधुनिक है और समाज पारम्परिक है वहाँ जो हो रहा है वह आपके सामने है।

प्रश्न : *क्या आपको लगता है कि भारत का ऐसा कोई मानस बन रहा है कि जो भी लोकतन्त्र हम लोगों ने अपनाया था अब वह बहुत अच्छा नहीं है। हम चीन जैसे हो जायें या कुछ और हो जायें?*

उत्तर : इस तरह की प्रवृत्तियाँ हमेशा चलती रहती हैं। जब इन्दिरा गाँधी प्रधानमन्त्री थीं तो उन्होंने भी यह बहस चलवाई थी। उनके एक लेफ्टिनेंट थे शशि भूषण वे जगह-जगह घूमकर भाषण देते थे कि एक सीमित तानाशाही होनी चाहिए। एक लोकप्रिय नेता हो और सभी को उसके मुताबिक़ चलना चाहिए। लेकिन इस तरह की बात चली नहीं है। माना जाता है कि जो भी लोकतान्त्रिक नेता होते हैं वे यह कोशिश करते हैं कि वे अमेरिका के राष्ट्रपति की तरह आचरण करें। एक मन्त्रिमंडल नियुक्त करते हैं और सारे मन्त्रियों को आप कोई अधिकार नहीं देते हैं। आपका जो प्रधानमन्त्री दफ़्तर है वह बहुत कुछ नियन्त्रित करता है। मुख्यमन्त्री दफ़्तर है वह सारे अधिकारों का इस्तेमाल करता है। वेस्टमिनिस्टर सिस्टम के ज़रिये आप अमेरिका की राष्ट्रपति प्रणाली का इस्तेमाल कर रहे हैं भले ही उसका वह नाम न हो। यह स्थिति आज नहीं पैदा हुई है जवाहर लाल नेहरू के समय में पीएमओ नामक संस्था का अस्तित्व नहीं था। मोरारजी देसाई के समय में पीएमओ नामक संस्था का अस्तित्व नहीं है। इन्दिरा गाँधी के समय में पीएमओ नामक संस्था पैदा हुई। उसके बाद नरेन्द्र मोदी के ज़माने में उसकी शक्ति बढ़ गयी है। दस साल यूपीए का जो शासन था उस समय भी पीएमओ बहुत शक्तिशाली था। केवल इसलिए कि नरेन्द्र मोदी ने पीएमओ की शक्ति को बढ़ा दिया है आप पीएमओ के इतिहास को नज़रअन्दाज़ नहीं कर सकते।

प्रश्न : *आम्बेडकर ने 26 नवम्बर 1949 को कहा था कि आज से हम एक नये युग में प्रवेश कर रहे हैं। हमने राजनीतिक लोकतन्त्र तो प्राप्त कर लिया लेकिन हमारे समाज में सामाजिक और आर्थिक स्तर पर लोकतन्त्र नहीं है। अगर ग़ैर-बराबरी बनी रही तो यह संविधान नहीं चलेगा, लोकतन्त्र नहीं चलेगा।*

उत्तर : ऐसा कौन-सा लोकतन्त्र है जहाँ पर सोशल हायरारकी (सामाजिक तरतमता) नहीं है। हर लोकतन्त्र में वैसी स्थितियाँ रहती हैं। हर समाज में सामाजिक तरतमता रहती है। क्या अमेरिका में सामाजिक तरतमता नहीं है? क्या ब्रिटेन में वह नहीं है? सामाजिक तरतमता चाहे वह वर्ण आधारित हो, नस्ल आधारित हो चाहे वर्ग आधारित हो, वह तो रहती है। तमाम जगहों पर इस प्रकार का ऊँच-नीच मौजूद है। शासक क़ानून बनाकर उन्हें नियन्त्रण में रखने की कोशिश करते हैं।

इसलिए हर लोकतन्त्र में यह समस्या मौजूद रहती है। अमेरिकी लोकतन्त्र में यह समस्या मौजूद है। वहाँ अफरमेटिव एक्शन के ज़रिये यह काम किया गया है। अफरमेटिव एक्शन के ज़रिये जो नस्लगत भेदभाव था उसको उन्होंने नरम करने की कोशिश की। जो वर्गीय भेदभाव था उसे कम करने की कोशिश नहीं की। बल्कि अमेरिकी लोकतन्त्र में वह बढ़ा ही है। वह बढ़ता ही रहा है। मैं आपको एक उदाहरण देता हूँ। इयान बाथम इंग्लैंड क्रिकेट के सर्वश्रेष्ठ सर्वकालीन ऑलराउंडर माने जाते हैं। इंग्लिश टीम के कैप्टन भी थे। इमरान खान से उनका झगड़ा हो गया। इमरान खान अपना ज़्यादातर समय लन्दन में ही गुज़ारते थे। इस झगड़े में गाली गलौज और मारपीट भी हो गयी। उस पूरी प्रक्रिया में इयान बाथम ने इमरान खान पर अदालत में नालिश कर दी। उन्होंने अपने पक्ष में इंग्लिश टीम के दो पूर्व कप्तानों का गवाह के तौर पर नाम दिया। उन पूर्व कप्तानों ने इयान बाथम के पक्ष में गवाही देने से इनकार कर दिया। वे इमरान खान के पक्ष में चले गये। वजह यह थी कि इमरान खान आक्सफोर्ड के पढ़े हुए थे। जबकि इयान बाथम वर्किंग क्लास से सम्बन्धित रहे हैं। इसलिए उन कप्तानों ने गवाही देने से इसलिए इनकार कर दिया। क्योंकि उन्हें लगा कि यह व्यक्ति हमारे क्लास का नहीं है।

इसी तरह भारत में औपनिवेशिक इतिहास देखिए तो कई उदाहरण मिल जायेंगे। जब लार्ड क्लाइव पहली बार भारत में आये तो वे दौरा कर रहे थे। उन्होंने देखा कि जो अंग्रेज़ टामी (सिपाही) थे वे कपड़े उतारकर खुले में नहा रहे हैं। उन्होंने जीवन में पहली बार किसी अंग्रेज़ को खुले में नहाते हुए देखा था। उन्होंने कहा कि 'आई नेवर न्यू दैट दिस वर्किंग क्लास मेन आर सो फेयर।' यह तो वर्गीय तरतमता है। भारत में जातीय तरतमता है हम उस पर ज़्यादा ज़ोर देते हैं लेकिन दुनिया में जो वर्गीय तरतमता है उसे आप कम करके मत आँकिये। हर लोकतन्त्र चाहे विकसित देशों का लोकतन्त्र है चाहे वह अल्पसंख्यक देशों का लोकतन्त्र है वहाँ पर तरतमता मौजूद रहती है। उस तरतमता को लोकतान्त्रिक विधियों द्वारा एंटागोनिस्टिक होने से रोका जाता है। शत्रुतापूर्ण अन्तर्विरोधों में न बदलने पाये इस तरह की कोशिशें होती रहती हैं। इसलिए भारत को इस बारे में विशेष रूप से दोष देने की ज़रूरत नहीं है।

प्रश्न : *अभी भारतीय लोकतन्त्र की जो स्थिति है क्या वह ख़तरे में लगती है या नहीं। संस्थागत चुनौती के बारे में क्या कहते हैं? मुकुलिका बनर्जी ने हाल में एक किताब लिखी है कल्टिवेटिंग डेमोक्रेसी। ईवीएम हैक की जा सकती है या नहीं यह अलग मसला है लेकिन ईवीएम से कोई राजनीतिक दल यह पता लगा सकता है कि*

एक ख़ास इलाक़े में उसे कितने वोट मिले और किन लोगों ने उसे वोट नहीं दिये। क्या भारतीय लोकतन्त्र संस्थागत स्तर पर या प्रणाली के स्तर पर कुछ ऐसी गम्भीर चुनौतियों का सामना कर रहा है जो बहुसंख्यकवाद से अलग हैं?

उत्तर : यह तो निर्विवाद है कि हमारा लोकतन्त्र बहुत गम्भीर चुनौतियों का सामना कर रहा है। उसकी वजह यह है कि हमारे लोकतन्त्र में पिछले चालीस साल से किसी भी क़िस्म का सुधार नहीं किया गया है। प्रशासनिक सुधार हो, शिक्षा का क्षेत्र हो, न्याय का क्षेत्र हो कहीं किसी क़िस्म का सुधार नहीं हुआ है। जब आप किसी भी मशीनरी या प्रणाली में किसी क़िस्म का कोई सुधार नहीं करते तो धीरे-धीरे करके प्रणाली ख़राब हो जाती है उसमें जंग लग जाता है और उसके कलपुर्जे काम नहीं करते हैं। यह भारतीय लोकतन्त्र की एक बहुत दुखद स्थिति है कि हमारे यहाँ सुधार नहीं हुए। जिन प्रधानमन्त्रियों को पूर्ण बहुमत नहीं प्राप्त था वे कह सकते थे हम क्या कर लें। लेकिन जिन प्रधानमन्त्रियों को पूर्ण बहुमत प्राप्त है उन्होंने क्यों नहीं किया सुधार। जो मज़बूत सरकारें रही हैं उन्होंने कोई सुधार नहीं किया। मौजूदा प्रधानमन्त्री ने भी कोई सुधार नहीं किया। ऐसा नहीं कि सुधारों पर ग़ौर नहीं किया गया। सुधारों की फ़ाइलें बहुत मोटी बनी हैं। उन पर धूल जम रही है। आप सुधार करते नहीं हैं और स्टॉप गैप अरेंजमेंट के ज़रिये प्रणाली को चलाने की कोशिश करते हैं। यह भारतीय लोकतन्त्र की एक बड़ी समस्या है। दूसरी समस्या यह है कि परमानेंट मेजोरिटी। यानी बहुसंख्यकवाद। उस बहुसंख्यकवाद ने पिछले आठ सालों में एक नया रूप प्राप्त किया है। वह हिन्दू गोलबन्दी तक सीमित नहीं है। हिन्दू समाज के साथ कुछ ख़ास तरह का प्रयोग किया जा रहा है। किस तरह समाज को ऐसा बनाया जाये कि लोग सरकार के ख़िलाफ़ न सोच पायें। यानी एक प्रकार का आज्ञापालक समाज बन जाये। लोग सरकार के ख़िलाफ़ न सोच पायें और अपने लोकतान्त्रिक अधिकारों का इस्तेमाल केवल पाँच साल में वोट देने के लिए करें। बाक़ी दो चुनावों के बीच सरकार जो नीतियाँ बनाती है जो दावे करती है उस पर कोई सवालिया निशान न लगाया जाये। पाँच साल बाद वोटर अपना फ़ैसला दे। पाँच साल के बीच पूरा समाज एक आज्ञापालक समाज की तरह से काम करे। इस तरह के प्रयास किये जा रहे हैं। इसीलिए कर्तव्यों पर बहुत ज़ोर है। अधिकारों पर ज़ोर नहीं है। कहा जाता है कि अगर आप कर्तव्यों पर ध्यान देंगे तो अधिकार आपको अपने आप मिल जायेंगे। सरकार के पास ऐसी स्थिति होगी कि आपको अधिकारों से नवाज़ा जा सके। यह लोकतन्त्र पर बड़ा ख़तरा है। लेकिन इस तरह के प्रयोगों

की भी एक सीमा होती है। ऐसा नहीं है कि यह प्रयोग हो रहे हैं और यह पूरी तरह से सफल हो जायेंगे। क्योंकि समाज की प्रक्रिया बहुत जटिल होती है। समाज क्या सोच रहा है इसे प्रयोग करने वाले भी नहीं समझ पाते हैं। इसलिए अन्ततः क्या होगा इस बारे में कह पाना बहुत कठिन है। बहुत सारे कारक अपनी भूमिका निभाएँगे।

प्रश्न : *राष्ट्रीय स्वयं सेवक संघ एक बड़ा संगठन है। वह समाज की चिन्ता भी करता है और राष्ट्रीय एकता के बारे में भी अक्सर बयान देता रहता है। वह लोकतन्त्र को अपने ढंग से ढालना चाहता है। उसकी वास्तव में लोकतन्त्र के प्रति कितनी निष्ठा है? इस बारे में आपके क्या विचार हैं?*

उत्तर : सत्तर के दशक के बाद राष्ट्रीय स्वयं सेवक संघ का उभार इसलिए रेखांकित करने लायक है कि उसमें काफ़ी परिवर्तन हुआ है। जो सत्तर के दशक के बाद का आरएसएस है उसमें पहले के मुक़ाबले काफ़ी बदलाव हुआ है। उसको यह विश्वास है कि वह लोकतान्त्रिक प्रक्रियाओं के ज़रिये अपनी विचारधारा और उसके उद्देश्यों को पूरा कर सकता है। उसके लिए कोई निरंकुशता या तानाशाही लागू करने की ज़रूरत नहीं है। यानी पेशवाशाही वग़ैरह लाने की कोई ज़रूरत नहीं है। वे लोग जो चाहते हैं उसे लोकतान्त्रिक तरीक़े से लोकतान्त्रिक संस्थाओं के ज़रिये संविधानसम्मत तरीक़े से अपना उद्देश्य पूरा करने की कुशलताएँ उन्होंने विकसित कर ली हैं। जहाँ तक संस्थाओं का सम्बन्ध है तो संस्थाएँ इस प्रक्रिया में हैं। वे अभी पूरी तरह से वैसा कर नहीं पाये हैं लेकिन वे लगे हैं कि किस तरह संस्थाओं को पूरी तरह से अपने अनुकूल बना लें। क्योंकि उन्हें शासन में पूर्ण बहुमत से आये सिर्फ़ आठ साल हुए हैं। इस बीच तमाम तरह की समस्याएँ होती हैं। उसका भी सामना वे कर रहे हैं। जो संस्था उनके पूरी तरह से अनुकूल नहीं होगी उसे वे मिटा देंगे। जो होगी उसे वे चलाते रहेंगे।

प्रश्न : *संघ के सौ साल होने वाले हैं। वे हिन्दू राष्ट्र की घोषणा कर सकते हैं या नहीं। इस बारे में आप क्या सम्भावना देखते हैं?*

उत्तर : एक ज़माना था जब बहुत सारे लोग कहते थे कि भारत तो हिन्दू राष्ट्र है उसे बस घोषित करने की ज़रूरत है। लेकिन अब वे वैसा नहीं सोचते हैं। भारत हिन्दू राष्ट्र है इसे घोषित करने की क्या आवश्यकता है। संविधान में लिखने की क्या ज़रूरत है? यह उनकी सत्तर से पहले की सोच है। अभी भी उस सोच के बहुत सारे लोग हो सकते हैं जो ऐसा बोलेंगे लेकिन अब उसकी आवश्यकता नहीं है।

प्रश्न : *अभय जी नब्बे के दशक में ऐसी सम्भावना जगी थी कि जिस पर आपने लिखा भी है कि लोकतन्त्र के सात अध्याय। उस समय प्रोफ़ेसर रजनी कोठारी ने एक बात कही थी कि जो भारतीय भाषाओं में लेखन हो रहा है वह अंग्रेज़ी के लेखन से ज़्यादा जीवन्त है। वह ज़्यादा ज़मीन के क़रीब है। उस समय लग रहा था कि डेमोक्रेसी का एक्सपैंशन हो रहा है। हर राज्य की हैसियत होती थी कि वह केन्द्र को डिक्टेट कर सके। जातियों की भी हैसियत बन गयी थी कि वे कहीं न कहीं पावर को प्रभावित कर सकें। सामाजिक शक्तियों का जो उदय नब्बे के दशक में हुआ था उसकी चरम परिणति कांशीराम के इस बयान में है हम दिल्ली में मज़बूत नहीं मजबूर सरकार चाहते हैं। वे सारी शक्तियाँ कहाँ चली गयीं?*

उत्तर : आप जिस ज़माने की बात कर रहे हैं और जब रजनी कोठारी ने यह बात कही थी उस समय काँग्रेस का ग्राफ नीचे गिर रहा था। उससे जो अन्तराल पैदा हुआ था उसको भरने की क्षमता भारतीय जनता पार्टी में थी नहीं। वह एक ऐसी अवधि थी जिसमें छोटी छोटी पार्टियों और छोटे-छोटे नेताओं की बन आयी थी। उस समय चर्चा होती रहती थी कि ज्योति बसु प्रधानमन्त्री हो सकते हैं, देवगौड़ा प्रधानमन्त्री बने भी। इन्द्रकुमार गुजराल प्रधानमन्त्री बने। कयास लगाया जाता था कि मुलायम सिंह यादव बनेंगे या लालू प्रसाद यादव बनेंगे। यह जितने नाम मैंने आपके सामने गिनाए उनमें से कोई ऐसा व्यक्ति नहीं था जिसकी राष्ट्र के स्तर पर छवि हो। ऐसा कोई संगठन हो जो राष्ट्रीय स्तर पर सक्रिय हो। वो पूरा नब्बे का दशक या नयी सदी का पहला दशक है उसमें एक प्रकार की राजनीतिक अस्थिरता रही। जिसे आप कह सकते हैं कि गठजोड़ राजनीति आयी। वैसे तो भारतीय राजनीति का स्वरूप ही गठजोड़ात्मक है लेकिन उसे मैं कहता हूँ कि वह गठजोड़ात्मक राजनीति का सबसे बुरा दौर था। प्रयास यह था छोटी-छोटी शक्तियाँ अपनी राजनीतिक औकात से ज़्यादा सत्ता का बड़ा हिस्सा प्राप्त कर लें। यह उसी ज़माने में सम्भव था कि मायावती 50 सीटें प्राप्त करें और 175 सीटों वाली भाजपा को अपना समर्थन करने के लिए बाध्य कर दें। वह अब असम्भव है। मायावती ने इस काम को एक नहीं तीन बार किया। अब नहीं हो सकता कि भारतीय जनता पार्टी ऐसा करे। जिस समय का आप ज़िक्र कर रहे हैं वह एक ख़ास समय था। प्रोफ़ेसर कोठारी ने जिन रचनाओं की बात की है वह समाज विज्ञान में लिखने की शुरुआत थी। वरना उससे पहले भारतीय भाषाओं में कहाँ समाज विज्ञान लिखा जाता था। उन्होंने एक तरह से हम लोगों की हौसला अफजाई करने के लिए यह बात कही होगी। ज़ाहिर है कि जो रचनात्मक

साहित्य है उसके बारे में वे इस तरह की बात नहीं कह रहे होंगे। उस वक़्त स्थितियाँ दूसरी थीं आज दूसरी हैं। आज काँग्रेस का ग्राफ बहुत नीचे गिर गया है। भारतीय जनता पार्टी बहुत बड़ी शक्ति के रूप में उभरी है। न केवल काँग्रेस का ग्राफ नीचे गिर गया है बल्कि जिन्हें आप सामाजिक न्याय की शक्तियाँ कह रहे हैं वे केवल एक-दो बिरादरियों की पार्टियाँ बनकर रह गयी हैं। परिस्थितियाँ अलग हैं। कोठारी साहब ने जब बातें कही थीं तब नब्बे के दशक में स्थितियाँ अलग थीं। जो नयी सदी का पहला दशक था वह भिन्न था। आज हालात पूरी तरह से बदल चुके हैं।

प्रश्न : *पिछले आठ सालों में विपक्ष की राजनीति कहाँ पहुँची है? उनकी बात करें तो पायेंगे कि लोकतन्त्र को समझने के लिए उन्हें जानना बहुत ज़रूरी है। उसकी सबसे बड़ी समस्या क्या है सबसे बड़ी कमी क्या है? उससे कैसे वह उबर करके आगे बढ़ सकता है ताकि बहुसंख्यावादी लोकतन्त्र का मुक़ाबला कर सके? और विकल्प प्रस्तुत कर सके।*

उत्तर : जो लोग आज विपक्ष में हैं उन्होंने तमाम मौक़ों पर तरह-तरह से हुकूमत की है। काँग्रेस ने लम्बे समय तक हुकूमत की है। दूसरी पार्टियाँ हैं उन्होंने भी हुकूमत की है। उन्होंने जो शासन किया था उनके अनुभव भारतीय जनता को पता हैं। उन लोगों ने वादों को पूरा नहीं किया जिन्हें करके वे सत्ता में चुने गये थे। वे न केवल वादों को पूरा करने में विफल रहे बल्कि इनकी वजह से लोकतन्त्र में बहुत ज़्यादा विकृतियाँ आयी हैं। इन लोगों की सार्वजनिक जीवन में साख बहुत अच्छी नहीं है। नरेन्द्र मोदी के नेतृत्व में आज जो सरकार चल रही है उस लिहाज़ से नरेन्द्र मोदी काफ़ी ख़ुशक़िस्मत हैं कि विपक्ष की सार्वजनिक जीवन में कोई अच्छी साख नहीं है। इसलिए जब वे विपक्षी बात कहते हैं उनकी बात पर जनता ज़्यादा विश्वास नहीं करती। जो पार्टियाँ नयी उभरी हैं उनकी बात पर जनता यक़ीन कर सकती है। जैसे कि आम आदमी पार्टी है उनकी बात जनता सुनती हैं। जिन क्षेत्रों में इनका प्रभाव है वहाँ इनकी बात ज़्यादा सुनी जाती हैं। जहाँ क्षेत्रीय शक्तियाँ हैं वहाँ उनकी बात ज़्यादा सुनी जाती है। लेकिन ऐसी शक्तियाँ जो अपने को अखिल भारतीय दावेदारी के साथ पेश करती थीं उनकी साख काफ़ी गिर गयी है। उन्हें अपने उस साख को पूरा करने में काफ़ी समय लगेगा। जब वे उस साख को प्राप्त करेंगे विपक्षी एकता का सूचकांक बढ़ेगा तो वे नरेन्द्र मोदी को मज़बूत चुनौती दे सकेंगे।

प्रश्न : *एक बात मनमोहन सिंह कहते थे कि यह जो नयी आर्थिक नीतियाँ हैं उनमें गवर्नेंस सिस्टम की बड़ी ज़रूरत है। अगर गवर्नेंस सिस्टम नहीं बनाया गया*

तो बहुत सारी दिक़्क़तें पैदा होगी। भ्रष्टाचार को दूर करने के लिए गवर्नेंस सिस्टम नहीं बना उससे यूपीए सरकार की छवि ख़राब हुई। इतना बड़ा आन्दोलन हुआ भारत बनाम भ्रष्टाचार का लोकपाल बनाने के लिए। वह बना भी लेकिन सक्रिय नहीं हुआ। उस आन्दोलन के गर्भ से आम आदमी पार्टी निकली। लोकपाल नामक संस्था डिफंक्ट है। जो पहले से संस्थाएँ थीं जैसे कि सीबीआई और ईडी वे सब सक्रिय हैं। ईडी तो पहले इतनी शक्तिशाली नहीं थी। लेकिन मनी लांडरिंग क़ानून में संशोधन के साथ उसे बहुत ताक़तवर बना दिया गया। एक्सप्रेस ने ख़बरें की हैं कि किस तरह से यह सारी जाँचें विपक्षी नेताओं के विरुद्ध ही हो रही हैं। चाहे काँग्रेस के विरुद्ध हों या आम आदमी पार्टी के विरुद्ध हों।

उत्तर : नरेन्द्र मोदी और भारतीय जनता पार्टी यह जानती है कि विपक्ष की साख गिरी हुई है। यह गिरी साख जो जनता के मन पर है वह पुरानी न पड़ जाये इसको वे ताज़ा करते रहते हैं। इसके लिए वे लगातार चाहे वास्तविक हों चाहे कल्पित हों तमाम मुद्दों पर छापामारी करते रहते हैं। लगातार विपक्ष के बारे में कहा जाता है कि हथकड़ियाँ उनसे थोड़ी ही दूर हैं। यह इसीलिए है ताकि विपक्ष की साख जो गिरी हुई है वह किसी भी तरह से दोबारा ऊपर न उठ पाये। जो पार्टी लम्बे समय तक शासन करती है उसकी साख जनता की नज़र में कुछ न कुछ गिर ही जाती है। उसे हम चुनाव की भाषा में सत्ताविरोधी जनमत कहते हैं। इस सरकार को आठ साल हो गये हैं। एंटी इनकमबेंसी इसके ख़िलाफ़ भी जमा हो रही है। बेरोज़गारी बढ़ रही है। महँगाई बहुत है। बहुत सारे मसलों पर सरकार की नाकामियाँ हैं। अगर जनता के सामने विकल्प मज़बूती से खड़ा नहीं है तो जनता एंटी इनकमबेंसी के बावजूद सरकार को चुनती रहती है। यह कई बार देखा गया है कि सरकार विरोधी भावनाओं के बावजूद सरकारें वापस आती रहती हैं। उसके लिए एंटी इनकमबेंसी को नियन्त्रित करने का तरीक़ा यह है कि आप विपक्ष को लगातार कटघरे में रखें। यह लोग लगातार विपक्ष को कटघरे में खड़ा रखते हैं। पहले काँग्रेस मुक्त भारत कहते थे अब विपक्ष मुक्त भारत कहते हैं। विपक्ष मुक्त भारत की दावेदारियाँ बढ़ने लगी हैं। ईडी सीबीआई का इस्तेमाल भी उसी लिए हो रहा है। लेकिन इन लोगों को यह बात भूल रही है कि कोई व्यक्ति अनन्त काल तक सत्ता में नहीं रह सकता। जब कोई व्यक्ति सत्ता से हटेगा तो जो हथकंडे यह दूसरों के ख़िलाफ़ इस्तेमाल कर रहे हैं उसे दूसरे इनके ख़िलाफ़ इस्तेमाल करेंगे। क्योंकि इन्होंने नज़ीरें बना दी हैं।

प्रश्न : *क्या पहले भी ऐसा होता था या आज ही होने लगा है?*

उत्तर : देखिए जो कुछ पहले हो रहा था वह आज बड़े पैमाने पर हो रहा है। उसकी मात्रा और बारम्बारता बहुत अधिक बढ़ गयी है। काँग्रेस की जो सरकार थी वह इनकम टैक्स का और सीबीआई का अपने विरोधियों के ख़िलाफ़ इस्तेमाल करती थी। उनके ख़िलाफ़ डोजिए बनाये जाते थे, फ़ाइलें तैयार रहती थीं। ताकि वे नेता सरकार के ख़िलाफ़ कोई बड़ी गोलबन्दी न कर पायें। इस बात को नेता भी समझते थे। वे पूरी आक्रामकता के साथ खड़े नहीं होते थे। आज काँग्रेस से वही सारे हथकंडे सीख कर भारतीय जनता पार्टी की सरकार उसे ज़्यादा प्रभाव से और ज़्यादा ज़बरदस्त तरीक़े से लागू कर रही है।

प्रश्न : *न्यायपालिका के बारे में द हिन्दू में एक लम्बा लेख है। न्यायमूर्ति एपी शाह का पूरे पेज का। मोदी के कार्यकाल में जो मुख्य न्यायाधीश थे उन्होंने कैसे-कैसे फ़ैसले लिये और बिना कूलिंग पीरियड पूरा किये राज्यसभा वग़ैरह जाते रहे। न्यायपालिका चूँकि महत्त्वपूर्ण संस्था है जिसके बारे में एनजेएसी का फ़ैसला देते हुए न्यायमूर्ति केहर ने कहा था कि न्यायपालिका की स्वतन्त्रता बची रहनी चाहिए। क्योंकि मीडिया बहुत स्वायत्त रह पायेगी इसकी उम्मीद नहीं है। उन्होंने आडवाणी के हवाले से भी कहा कि जिन ताक़तों ने आपातकाल लगाया है वे अभी सक्रिय हैं। न्यायपालिका में आपक्या उम्मीदें देखते हैं कैसे इसकी स्वायत्तता बच सकती है कैसे यह लोगों के मौलिक अधिकारों की हिफाज़त कर सकती है? जो संवैधानिक प्रावधान है उनको कैसे बचाया जा सकता है?*

उत्तर : कहने के लिए तो लोकतन्त्र के तीन स्तम्भ हैं। विधायिका, कार्यपालिका और न्यायपालिका। लेकिन इसमें व्यावहारिक रूप से जो कार्यपालिका है वही प्रभावी होती है। व्यवहार में देखिए जजों की नियुक्तियाँ कहाँ से होती हैं? जजों का वेतन जो आता है कहाँ से आता है? सरकारी ख़ज़ाने से आता है जिस पर कार्यपालिका का कब्ज़ा है। कार्यपालिका किस तरह से काम रही है उसी के अनुपात में विधायिका और न्यायपालिका काम करेगी। कार्यपालिका जितना चाहेगी उतनी ही स्वायत्तता उन्हें प्राप्त होगी। ऐसा तो है नहीं कि स्वायत्तता किसी अलमारी में रखी है। आप दौड़ के जायें और इतने फ़ीसदी और इतने किलो स्वायत्तता उठाकर ले आयें। और अपने-आप को वह दे दें। कार्यपालिका के जो अधिकार हैं वह सर्वव्यापी हैं। जज की रक्षा करने का काम भी कार्यपालिका का है। जज के घर में गुंडे न घुस जायें जज के साथ कोई हिंसा न करे इस निगरानी का काम कार्यपालिका का है।

सब कुछ काम कार्यपालिका का है। कार्यपालिका केन्द्रीय संस्था है। खम्भा वह है जिस पर लोकतन्त्र टिका है। कार्यपालिका अगर व्यवस्था को लोकतान्त्रिक रखना चाहेगी तो व्यवस्था उतने प्रतिशत में लोकतान्त्रिक रहेगी। इन्दिरा गाँधी कार्यपालिका की इंचार्ज थीं उन्होंने तय किया कि वह न्यायपालिका के अधिकारों को स्थगित कर देंगी। उन्होंने मौलिक अधिकारों को स्थगित कर दिया। उन्होंने इमरजेंसी लगा दी। आज घोषणापूर्वक इमरजेंसी नहीं लगायी जाती है लेकिन जो क़ानून हैं उनका वेपनाइजेशन कर दिया गया है। उन्हें हथियार बना दिया गया है। उन हथियारों के ज़रिये सत्ताधारी वर्ग की जो विचारधारा है उसके पक्ष में खड़े हुए लोगों को वे मज़बूत करते हैं जो विचारधारा के विपक्ष में खड़े लोग हैं उन्हें कमज़ोर करते हैं। उनको हाशिये पर ढकेलते हैं। यह एक नयी प्रविधि है जिसका इस्तेमाल किया जा रहा है।

प्रश्न : *मीडिया बहुत महत्त्वपूर्ण संस्था है। हम लोग जब इंडियन एक्सप्रेस में थे वह इतना शक्तिशाली था कि वह कमज़ोर विपक्ष को भी शक्ति देता था। विपक्ष को एकजुट करने में भूमिका निभाता था। आज स्थितियाँ बहुत बदल गयी हैं। जो गोदी मीडिया है उसका बोलबाला हो गया है। हिम्मती मीडिया का दायरा सिकुड़ गया है। जो चैनल बहुत हिम्मती बताये जाते थे वे भी ख़रीद लिए गये। भारतीय मीडिया का क्या भविष्य देखते हैं? उसमें किस तरह से सुधार सम्भव है?*

उत्तर : मीडिया में जब तक पूँजी सघनता बढ़ती रहेगी तब तक मीडिया की गति वही होगी जो इस वक़्त हो रही है। अगर आपको मीडिया को जनोन्मुख बनाना है तमाम तरह के दबावों से मुक्त होकर अभिव्यक्ति की स्वतन्त्रता का मूर्तिमान स्वरूप मीडिया में देखना है तो आपको उसको पूँजी सघनता से बचाना होगा। पिछले 20-25 साल में मीडिया बहुत ज़्यादा पूँजी सघन हुआ है। आज आपको एक चैनल खड़ा करने में 500 करोड़ तक लगाना पड़ता है। जिस संस्था में इतनी पूँजी सघनता होगी वह संस्था सरकार से टक्कर लेने के बारे में सोच ही नहीं सकती क्योंकि वहाँ तो बहुत ज़्यादा नुक़सान हो जायेगा। चूँकि सोशल मीडिया में बहुत पूँजी की आवश्यकता नहीं है इसलिए वहाँ एक गुंजाइश बनती है। लेकिन उस पर तरह-तरह से कब्ज़ा किया जा सकता है। क़िस्म-क़िस्म के क़ानून बनाकर उसकी स्वायत्तता का आप हरण कर सकते हैं। सोशल मीडिया को आप अभिव्यक्ति की स्वतन्त्रता का प्लेटफॉर्म मानते हैं और यह भी सही है कि कम पूँजी में इसका काम चल सकता है। लेकिन आप ऐसा एक प्लेटफ़ॉर्म खोलेंगे तो इसके समान्तर दस प्लेटफॉर्म खोल दिये जायेंगे।

जहाँ आपको लगेगा कि यह दोनों ख़ूबियाँ उनके अन्दर नहीं हैं। जो सोशल मीडिया था उस पर आप इस तरह से कब्ज़ा कर सकते हैं। जो मुख्य धारा का मीडिया था उसे पूँजी सघनता ने एकदम बर्बादी के कगार पर पहुँचा दिया है और जो सोशल मीडिया था उस पर राजनीतिक शक्तियों ने कब्ज़ा कर लिया है।

प्रश्न : *लोकतन्त्र को बचाने के क्या उपाय हो सकते हैं। लोग चर्चा करते हैं कि लोकतन्त्र लम्बे स्वतन्त्रता आन्दोलन से निकला है। या फिर डॉ. राम मनोहर लोहिया या जयप्रकाश नारायण ऐसे लोग थे जो आज़ादी के बाद भी आन्दोलन के रास्ते पर चलने को सही मानते थे। जेपी ने एक बड़ा आन्दोलन किया इन्दिरा गाँधी के ख़िलाफ़ उसके फलस्वरूप इमरजेंसी भी लगी लेकिन उनकी सरकार पलट दी गयी। आज भी आन्दोलन होते हैं जैसे कि किसान आन्दोलन हुआ। उसको सफलता भी मिली लेकिन जहाँ तक चुनाव का प्रश्न है तो जहाँ किसान आन्दोलन हुए वहाँ सरकारें बदलती भी हैं और नहीं भी बदलतीं। आज डेमोक्रेसी को बचाने के सन्दर्भ में आन्दोलनों की कितनी सार्थकता आप देखते हैं?*

उत्तर : जनान्दोलनों की प्रकृति 1990 के बाद से लगातार बदल रही है। जबसे भूमंडलीकरण हुआ है और पूँजी का निजाम बना है तबसे स्थितियाँ अलग हो गयी हैं। पहले उत्पादक पूँजी का महत्त्व था। अब वित्तीय पूँजी का प्राधान्य हो गया है। कितना जीडीपी है इस आधार पर अर्थव्यवस्था का मूल्यांकन कम होता है भारत का स्टाक एक्सचेंज कितना बूम कर रहा है उस आधार पर मूल्यांकन किया जाता है। चूँकि भारत का स्टाक एक्सचेंज पिछले आठ साल से लगातार बूम ही कर रहा है इसलिए वह पैमाना बना हुआ है। कोविड के ज़माने में भी बूम कर रहा था। वित्तीय पूँजी का जो मामला है वह कभी भी सोती नहीं है। जब हम लोग सोते हैं तब भी सारी दुनिया के स्टाक एक्सचेंज अपना काम कर रहे होते हैं। पूँजी तब भी सक्रिय होती है। नब्बे के दशक के बाद एकदम नयी परिस्थिति बन गयी है। इस नयी परिस्थिति ने क्या किया है कि पुराने तरह से जनान्दोलनों की प्रभावकारिता का क्षय कर दिया है। किसान सभाओं के आन्दोलन होते थे चाहे वे कम्युनिस्टों की किसानसभाएँ हों या समाजवादियों की हों आज वे सभाएँ उतनी प्रभावशाली नहीं रह गयीं। इसी तरह से मज़दूरों के जो आन्दोलन होते थे मज़दूर संघों के माध्यम से उनका भी असर घट गया। छात्र आन्दोलनों की प्रकृति और उनकी संरचना भी पूरी तरह से बदल गयी है। तो वो जो द्वितीय विश्व युद्ध के बाद से आन्दोलनों का एक सार्वजनिक जीवन बना था उसमें कोई भी प्रधानमन्त्री आन्दोलनकारियों पर तंज़ नहीं कसता था।

आज के प्रधानमन्त्री तो उन्हें आन्दोलनजीवी कहते हैं। वे ऐसा कहते हैं जैसे वे कीड़े-मकोड़े हों या कोई गन्दी चीज़ हों। जैसे आन्दोलन कोई गन्दी चीज़ हो वे उसे खाकर ज़िन्दा रहते हैं। इस तरह से पूरी बात को कहा जाता है। वह वक़्त बदल गया है। वे जानते हैं कि पुराने तरह के आन्दोलनों के लिए गुंजाइश नहीं है और नये तरह के आन्दोलनों के लिए बड़ी ज़मीन तैयार नहीं हुई है। किसान आन्दोलन को आप कह सकते हैं कि एक नये तरह का आन्दोलन था जो किसी सीमा तक सफल हुआ। लेकिन अब इस तरह के कई आन्दोलन हों और वे लगातार सफल होते रहें और सरकार उनका चाह कर भी दमन न कर पाये, ऐसा हो पाना मुश्किल है। जैसे किसान आन्दोलन की ख़ूबी यह थी कि सरकार चाह कर भी उनका दमन नहीं कर पायी इस आन्दोलन की एक ख़ूबी यह थी। नये आन्दोलनों के लिए ज़मीन बनेगी तब बात कुछ कही जा सकती है।

प्रश्न : *लोकतन्त्र के क्षरण को रोकने के लिए क्या तरीक़े हो सकते हैं? उसमें गाँधी के जो उपाय हैं उनकी क्या उपयोगिता हो सकती है। गाँधी की नैतिकता का मॉडल कितना काम कर सकता है। उन्होंने संविधान का एक मॉडल भी बनाया था। क्या उनकी कुछ बातें उपयोगी हो सकती हैं। या उनका विमर्श या उनका जो जीवन और कर्म है वह कुछ उपयोगी हो सकता है?*

उत्तर : देखिए गाँधी जी के विमर्श में बहुत ताक़त है। बहुत गुंजाइशें हैं। उससे हम बहुत कुछ सीख सकते हैं और नयी चीज़ों की रचना कर सकते हैं। लेकिन गाँधी जी ने जो तरीक़े बताये थे मुझे नहीं लगता कि वे तरीक़े उपयोगी हो सकते हैं। विमर्श तो उनका बहुत उपयोगी है। ख़ासकर भारतीय सन्दर्भ में किसी और के मुक़ाबले वे बहुत ज़्यादा उपयोगी हैं। उसमें बहुत सारी अन्तर्दृष्टियाँ हैं लेकिन आन्दोलन की मौजूदा समस्याओं से निपटने के लिए तरीक़े जो अपनाये जाने चाहिए उसे तो हमीं लोगों को खोजने होंगे।

प्रश्न : *डॉ. आम्बेडकर के बारे में कहा जाता है कि वे बहुत प्रासंगिक हैं आज के दौर में। चूँकि संविधान के निर्माण में उनकी बड़ी भूमिका थी। एनीहिलेशन ऑफ़ कास्ट में वे बहुत क्रान्तिकारी तरीक़े से सोचते थे। इस संकट में उनके तरीक़ों और विचारों की क्या भूमिका हो सकती है?*

उत्तर : जो बात मैंने गाँधी जी के बारे में कही थी वही कम स्तर पर आम्बेडकर के लिए भी लागू होती है। विमर्श में भी हमारे लिए उनमें बहुत सारी सम्भावनाएँ हैं। बहुत सारी अन्तर्दृष्टियाँ हैं। लेकिन पचास और साठ के दशक में जिस तरह

की राजनीति होती थी उस तरह की राजनीति आज नहीं होती। आम्बेडकर ने जिस तरह से हिन्दू धर्म की आलोचना की थी उस तरह की आलोचना करके आज भारत में आप राजनीति नहीं कर सकते। उसी तरह आम्बेडकर ने जिस तरह से इस्लाम मुसलमानों और लोकतन्त्र के सम्बन्धों की व्याख्या की थी आप वैसा आज करेंगे तो उसके नतीजे वे नहीं निकलेंगे जो आप निकालना चाहते हैं। आम्बेडकर को भी नये सन्दर्भों में पढ़ा जाना चाहिए और उसके नतीजे निकाले जाने चाहिए।

प्रश्न : *नेहरू के बारे में आप क्या सोचते हैं। वे लोकतन्त्र के बड़े आइकन हैं। उन पर हमले बहुत हो रहे हैं।*

उत्तर : नेहरू की जो विरासत है और वैधता है उसे मौजूदा निजाम ख़त्म करना चाहता है। लेकिन ख़त्म कर नहीं पा रहा है। जैसे कि आज प्रधानमन्त्रियों का संग्रहालय बनाया गया है उसमें से आप नेहरू को निकाल देंगे क्या? या नेहरू को उसमें निन्दात्मक तरीक़े से पेश करेंगे? आप ऐसा कर नहीं सकते। नेहरू की जो उपलब्धियाँ हैं उनको नकारा नहीं जा सकता। आज हम जो कुछ हैं उसमें जवाहर लाल नेहरू का बड़ा योगदान है। वह योगदान रहेगा। आप उसको नज़रअन्दाज़ नहीं कर सकते। आप उसे छुपा नहीं सकते। आप उसे कूड़ेदान में नहीं फेंक सकते।

प्रश्न : *भारतीय समाज के लोकतन्त्रीकरण और ज्ञान के विउपनिवेशीकरण जिस पर आजकल आप काम कर रहे हैं उसमें क्या सम्बन्ध है। दोनों का आज के सन्दर्भ में क्या योगदान हो सकता है उनके बीच कैसे रिश्ते हैं? भारतीय समाज जैसे-जैसे लोकतान्त्रिक होता जायेगा वैसे-वैसे उसे ज्ञान के विउपनिवेशीकरण की दिशा में बढ़ना होगा। लगता है कि समाज के वंचित समूह इस तरह से ज्ञान को पसन्द करेंगे। जो बौद्धिक वर्ग है इस देश का जो अकेडमिक है। सीरियस काम कर रहा है उसकी क्या भूमिका हो सकती है इस लोकतन्त्र को बचाने में?*

उत्तर : मैं मानता हूँ कि इस समस्या से निपटने की एक व्यावहारिक युक्ति मेरे पास है। वह युक्ति यह कि आप केवल विमर्श पर अपने आपको केन्द्रित रखें। अगर आप ऐसा करेंगे तो जो बहुत सारी राजनीतिक दावेदारियाँ हैं उससे आप अपने को बचा पायेंगे। आप विमर्श पर केन्द्रित रखें आप इतिहास की खोज करें तो आप अपने को बचा पायेंगे। अगर आप विमर्श को छोड़कर बौद्धिक राजनीति में फँस गये तो विचारों के विउपनिवेशीकरण की मुहिम आप नहीं चला पायेंगे। जहाँ तक भारतीय समाज के लोकतान्त्रीकरण की बात है तो लोकतान्त्रीकरण की प्रक्रिया तो बहुत तेज़ी से लम्बे समय से चल रही है। काफ़ी लोकतान्त्रीकरण हो चुका है।

भारत की जनता लोकतान्त्रिक रूप से काफ़ी सचेत है। वह लोकसभा में किसी और पार्टी को वोट देती है और विधानसभा में किसी और पार्टी को वोट देती है। इतना नीर क्षीर विवेक उसमें है। केन्द्र में शासन चलाने के लिए फलाना व्यक्ति उपयुक्त है और राज्य में शासन चलाने के लिए कोई और उपयुक्त है। भारतीय जनता पार्टी लगातार डबल इंजन की सरकार का दावा करती है लेकिन राज्यों के स्तर पर यह दावा तो कामयाब होता नहीं है। तो भारतीय जनता का राजनीतिकरण बहुत ज़बरदस्त है। जब राजनीतिकरण होता है तो स्वाभाविक रूप से लोकतान्त्रीकरण उसी दिशा में जाता है। जो ज्ञान का विउपनिवेशीकरण का मोर्चा है वह एक भिन्न क़िस्म का मोर्चा है। उसे राजनीतिक क़िस्म के मोर्चे से और बौद्धिक राजनीति से बचाना होगा क्योंकि वह मोर्चा अभी उतना ताक़तवर नहीं हुआ है। इसलिए हमें इधर-उधर से कान बन्द करके केवल विमर्श पर अपने को फोकस करना होगा।

लोकतन्त्र : स्वप्न से अन्तर्विरोधों तक

नरेश गोस्वामी

अगर चुनावों की निरन्तरता और मतदान के प्रति लोगों की रुचि को पैमाना मान लिया जाये तो भारत में लोकतन्त्र की दशा और दिशा के पक्ष में एक विराट प्रशस्ति लिखी जा सकती है। हमारे सार्वजनिक जीवन और बौद्धिक लोकवृत्त में ऐसे लोगों की एक अच्छी-ख़ासी संख्या है जो लोकतन्त्र का आकलन इसी आधार पर करती है। यह बात चुनावशास्त्र के अध्येताओं से लेकर राजनीति का दैनिक तापमान दर्ज करने वाले तमाम टिप्पणीकारों पर भी लागू होती है : किसी भी चुनाव-परिणाम के समय चुनावशास्त्री वोटों के स्विंग और शिफ़्ट की चर्चा में ज़्यादा मशगूल दिखाई देते हैं तो टिप्पणीकार गाहे-बगाहे अपने लोकतन्त्र को दुनिया का सबसे बड़ा लोकतन्त्र बताने का मौक़ा नहीं चूकते। लेकिन यह लोकतन्त्र की एक विज्ञापित और औपचारिक तस्वीर है जो उसके वास्तविक स्वरूप से मेल नहीं खाती। संक्षेप में कहा जाये तो भारतीय लोकतन्त्र अपने औपचारिक स्वरूप और अपने उपलब्ध रूप के अन्तर्विरोधों का अन्तहीन आख्यान बन गया है।

मसलन, अगर हम राष्ट्रीय आन्दोलन के दौरान अपने लोकतन्त्र की परिकल्पना और उसके वैचारिक परिप्रेक्ष्य की बात करें तो हमारा तत्कालीन नेतृत्व केवल लोकतन्त्र से सन्तुष्ट नहीं था। वह भविष्य के भारत को गणतन्त्र के रूप में ज़्यादा देखता था। उदाहरण के लिए 1946 में प्रस्तावित संविधान की उद्देशिका में लोकतन्त्र का कहीं उल्लेख नहीं था। उसमें स्पष्ट कहा गया था कि भारत एक सम्प्रभु गणतन्त्र होगा। जब जवाहरलाल नेहरू से पूछा गया कि उनके प्रस्ताव में लोकतन्त्र क्यों अनुपस्थित है तो उन्होंने बेलाग ढंग से कहा कि गणतन्त्र लोकतन्त्र से ज़्यादा उदात्त श्रेणी है। पर आज़ादी के बाद गणतन्त्र और लोकतन्त्र के इस तात्त्विक भेद को धीरे-धीरे इस क़दर बिसरा दिया गया कि लोग-बाग यह भूल ही गये कि

हमारे दो सबसे महत्त्वपूर्ण राजनीतिक पर्व—स्वतन्त्रता दिवस और गणतन्त्र दिवस इस विस्मृत संकल्पना की याद दिलाते हैं।

राजनीतिक सिद्धान्तकार भीखू पारिख कहते हैं कि स्वतन्त्रता तो हमें ब्रिटिश राज से मिली थी जिसमें हमारा सबसे महत योगदान यह हो सकता था कि हम उसे गणतन्त्र में बदलने का उद्यम करें। लेकिन हमने गणतन्त्र के इस विचार को सिरे से भुला दिया और हम केवल एक लोकतन्त्र बनकर रह गये। इस त्रासदी का दूसरा भाग बाद में इस रूप में सामने आया कि हमारा लोकतन्त्र चुनावी आयोजन में सिमटने लगा। भारत की राजनीति में गणतन्त्र से लोकतन्त्र और बाद में लोकतन्त्र से मुख्यत: चुनावी आयोजन के इस विपर्यय को भीखू पारिख दोहरे ह्रास की तरह देखते हैं।[1]

लोकतन्त्र के औपचारिक और उसके उपलब्ध रूप का दूसरा अन्तर्विरोध व्यक्ति-नागरिक की गरिमा और संस्थाओं की अनदेखी, बेकद्री या अन्तत: उनकी निपट अवमानना के स्तर पर देखी जा सकती है। यह एक असन्दिग्ध तथ्य है कि भारतीय समाज पदानुक्रम पर आधारित समाज है। ऐसे समाज में लोकतन्त्र का पश्चिमी मॉडल सफल नहीं हो सकता था। आम्बेडकर जैसे लोग शायद इसीलिए इस अन्देशे से भरे थे कि भारतीय समाज की धमनियों में पैठ किये बग़ैर लोकतन्त्र केवल चुनाव और सत्ता के जोड़-तोड़ तक सीमित होकर रह जायेगा। यह सही है कि केवल व्यक्तिनिष्ठ समाज भी कोई आदर्श समाज नहीं होता परन्तु लोकतन्त्र की कार्यप्रणाली की परिपक्वता के साथ हमारी राजनीति में व्यक्ति के नागरिक में अन्तरण का जो लक्ष्य पूरा हो जाना चाहिए था, वह आज तक अधूरा है। राजनीति समाजशास्त्र के विलक्षण सिद्धान्तकार स्वर्गीय धीरूभाई शेठ का कहना था कि अस्मिता की राजनीति करते हुए हमने हिन्दू, मुसलमान, सिख और ईसाई को अपनी लोकतान्त्रिक व्यवस्था की इकाई बना दिया है। यह एक ऐसी प्रवृत्ति है जिसके तहत सामान्य नागरिक के बजाय किसी धार्मिक समुदाय के सदस्य होने को ज़्यादा महत्त्व दिया जाता है। और इस तरह उसकी पहचान और अधिकार धार्मिकता के आधार पर तय किये जाते हैं। धीरूभाई इसे राज्य की अनुज्ञप्त साम्प्रदायिकता कहते थे। विचित्र यह है कि समय के साथ यह प्रवृत्ति राज्य की नीति के तौर पर प्रतिष्ठित होती गयी है। इसके परिणामस्वरूप हमारे लोकतन्त्र में नागरिक बेचेहरा हो गये हैं। उनकी जगह समूहों ने ली है। लोग-बाग अपने अनुभवों से जानते हैं कि भारतीय राज्य व्यक्ति के अधिकारों को भी सामुदायिक अधिकारों के रूप में देखता है।

इस तरह, यहाँ नागरिक को अपनी निजी स्वतन्त्रता और अधिकारों की पूर्ति के लिए राज्य के साथ अपने समुदाय से भी संघर्ष करना पड़ता है।[2]

दरअसल, लोकतान्त्रिक संस्थाओं के सशक्तीकरण को बाधित करने वाले कारक हमारी संवैधानिक व्यवस्था में एकदम शुरुआत से मौजूद रहे हैं। भारतीय राज्य ने कभी यह सोचने की जहमत नहीं उठाई कि समाज के विभिन्न समूह स्वयं को किस प्रकार देखते हैं। इसके उलट राज्य ने एकतरफ़ा तौर पर यह मान लिया कि भारत के नागरिक अपने व्यक्ति-बोध और हितों के अनुसार आचरण करेंगे लेकिन उसने ऐसी किसी सांस्कृतिक प्रक्रिया को क्रियान्वित करने की कोई कोशिश नहीं की जो लोगों की विशाल आबादी को ऐसी समझ विकसित करने की ओर ले जाती।[3] यह सम्भवत: इसी का नतीजा था कि हमारा लोकतन्त्र संस्थाओं द्वारा संसाधित होने के बजाय जाति, क्षेत्र, निर्वाचित प्रतिनिधि की निजी क्षमता, ताक़त, सम्बन्धों आदि से संचालित होता रहा। और यह भी इसी का अन्तर्निहित परिणाम था कि जब भी किसी ताक़तवर नेता ने लोकतान्त्रिक मर्यादा का उल्लंघन किया तो उसे किसी संवैधानिक संस्था ने दंडित नहीं किया। यह अकारण नहीं है कि भारत में एक भी उदाहरण ऐसा नहीं मिलता कि किसी राजनीतिक व्यक्तित्व द्वारा किये गये कदाचार से उसका राजनीतिक जीवन सदा के लिए ख़त्म हो गया हो।

इस प्रसंग में चौथा अन्तर्विरोध बहुसंख्यकवाद के रूप में प्रबल हुआ है। यह सच है कि प्रातिनिधिक लोकतन्त्र में बहुसंख्यकतावाद के प्रबल होने का अन्देशा हमेशा मौजूद रहता है।[4] लेकिन इस मामले में यह अन्तर्दृष्टि ओझल नहीं होनी चाहिए कि लोकतन्त्र भले ही बहुमत के शासन के आधार पर चलता हो लेकिन इसका अनिवार्य अर्थ अल्पमत की अधीनता से नहीं होता। लोकतन्त्र में बहुमत के अल्पमत हो जाने या अल्पमत के बहुमत बन जाने की सम्भावनाएँ हमेशा मौजूद रहती हैं। दूसरे शब्दों में कहें तो लोकतन्त्र में बहुमत अस्थायी होता है। लेकिन जब कोई विचारधारा या राजनीतिक दल अपनी सांस्कृतिक या सामाजिक इंजीनियरिंग के ज़रिये इस बहुमत को धार्मिक-जातीयतावादी गणित का रूप देकर उसे स्थायी या शाश्वत बनाने की ठान लेता है तो लोकतन्त्र अपनी अन्तर्निहित समावेशिकता से गिरकर जातीयतावादी लोकतन्त्र में अपघटित हो जाता है। तब वह अल्पमत को निरर्थक और अल्पसंख्यकों के अधिकारों को ग़ैर-ज़रूरी साबित करने में सफल होने लगता है। ऐसे में लोकतन्त्र चुनावों के आयोजन की प्रक्रिया जारी रखने के बावजूद किसी एक समूह के धर्मावलम्बियों का शासन बनकर रह जाता है। और अन्तत: अल्पसंख्यक समुदायों को अघोषित तौर पर दूसरे दर्जे का नागरिक सिद्ध करने

की हैसियत हासिल कर सकता है।[5] कहना न होगा कि फ़िलहाल हमारा लोकतन्त्र बहुसंख्यकवाद के ऐसे ही दुराग्रहों की गिरफ़्त में है।

इधर पिछले लगभग दो दशकों से अध्येताओं का ध्यान बारहा इस तथ्य पर गया है कि हमारी विधायी संस्थाओं में सत्र की अवधि, प्रश्नों पर चर्चा करने का समय, किसी विधेयक के विभिन्न पक्षों, उसकी जटिलताओं और उस पर धैर्यपूर्वक और विधि-सम्मत तरीक़े से विचार-विमर्श करने की संस्कृति बुरी तरह क्षतिग्रस्त हुई है। स्थिति यह बन चुकी है कि संसद या राज्यों की विधायिकाओं में मिनटों और घंटों में विधेयक पारित किये जाने लगे हैं। मसलन, पिछली संसद में जम्मू-कश्मीर को राज्य से केन्द्र-शासित राज्य में परिवर्तित करने की क्रिया को तीन से चार घंटों के बीच निपटा देना, सर्वोच्च न्यायालय में न्यायाधीशों की संख्या बढ़ाने वाले प्रस्ताव को धन-विधेयक के तौर पर पारित करना, ट्रांसजेंडर व्यक्तियों के अधिकारों से सम्बन्धित विधेयक को उसी दिन पारित कर देना— इन उदाहरणों से पता चलता है कि हमारे लोकतन्त्र में विधि के निर्माण की प्रक्रिया किस हद तक संकटग्रस्त हो चुकी है। इस सम्बन्ध में यह उल्लेख करना उचित होगा कि आमतौर पर संसद में कोई भी विधेयक कैबिनेट द्वारा पेश किया जाता है लेकिन संविधान के 245वें अनुच्छेद के अनुसार क़ानून बनाने की शक्ति कैबिनेट को नहीं बल्कि संसद को प्रदान की गयी है। इसके अलावा अनुच्छेद 107 में भी यह निर्दिष्ट किया गया है कि कोई भी विधेयक संसद के दोनों सदनों द्वारा सहमति प्रदान किये जाने के बाद क़ानून का दर्जा हासिल कर सकता है। ग़ौरतलब है कि इस सन्दर्भ में संविधान प्रस्तावित विधेयक पर मतदान या अनुमोदन जैसे शब्दों का प्रयोग नहीं करता।[6] यह इसलिए कि संविधान क़ानून के निर्माण में सहमति के तत्त्व को सर्वोच्च प्राथमिकता देता था। इसके पीछे सम्भवत: यह विचार काम कर रहा होगा कि किसी प्रस्ताव पर सहमति क़ायम करने के लिए उससे सम्बन्धित मतभेदों पर चर्चा करना ज़रूरी होता है। संसद की विभिन्न समितियों के गठन और उनके द्वारा विधेयक के औचित्य-अनौचित्य की पड़ताल के पीछे भी यही भावना थी कि संसद के प्रत्येक सदन में किसी भी साधारण विधेयक का तीन बार वाचन किया जाये ताकि विधेयक के विभिन्न पहलुओं पर पर्याप्त चर्चा की जा सके। संसदीय चर्चा से सम्बन्धित इन संवैधानिक उपबन्धों से साफ़ ज़ाहिर है कि हमारे लोकतन्त्र के निर्माता संसद को गहन विचार-विनिमय की जगह के रूप में देखते थे। उन्होंने यह कल्पना नहीं की होगी कि सोलहवीं लोकसभा (2014-2019) के दौरान चर्चा के लिए प्रस्तावित कुल विधेयकों में केवल एक-चौथाई विधेयक ही संसदीय समितियों को सौंपे जायेंगे तथा

32 प्रतिशत विधेयकों को तीन घंटों में निपटा दिया जायेगा। आश्चर्य की बात है कि पन्द्रहवीं लोकसभा के दौरान एक-चौथाई विधेयक आधे घंटे से भी कम समय में पारित कर दिये गये थे।[7]

विधायी प्रक्रिया का यह क्षरण केवल संसद तक सीमित नहीं है। राज्य की विधायिकाओं की स्थिति तो इससे कहीं ज़्यादा चिन्ताजनक है। मसलन, हरियाणा विधानसभा के बारहवें कार्यकाल (2009-2014) के दौरान कुल सत्रों की अवधि का वार्षिक औसत 11 दिनों का रहा और इसमें भी सत्र की कुल अवधि का सत्तर प्रतिशत समय बजट की चर्चा में चला गया जबकि बाक़ी बचे समय में 129 विधेयक पारित कर दिये गये। उल्लेखनीय है कि उक्त सभी विधेयक पटल पर रखने के दिन ही पारित कर दिये गये; 2012 के दौरान दिल्ली की विधानसभा में पारित किये गये 11 विधेयकों में केवल एक विधेयक पर ही दस मिनट से अधिक चर्चा की गयी; गुजरात की बारहवीं विधानसभा (2008-2012) के दौरान 90 प्रतिशत से ज़्यादा विधेयक उसी दिन पारित कर दिये गये जबकि गोवा विधानसभा में प्रत्येक विधेयक पर औसतन केवल चार मिनट की चर्चा की गयी।[8] ज़ाहिर है कि हमारे लोकतन्त्र में विधायी प्रक्रिया का यह क्षरण एक दिन की घटना नहीं है। इस संकट के लिए किसी एक दल को ज़िम्मेदार नहीं ठहराया जा सकता। दरअसल, यह संकट चुनाव की समूची प्रक्रिया से वास्ता रखता है जिसमें ग्राम प्रधान का चुनाव लड़ना भी इतना महँगा हो गया है कि समाज का साधारण नागरिक उसमें क़तई भाग नहीं ले सकता। एक तरह से कहें तो चुनाव की इस प्रक्रिया के हर स्तर पर दबंग और साधन सम्पन्न तत्त्वों का कब्ज़ा-सा हो गया है। वंशवाद की तमाम मुखालिफ़त के बावजूद सच्चाई यह है कि जनता द्वारा निर्वाचित अधिकांश प्रतिनिधि किसी न किसी राजनीतिक परिवार से ताल्लुक रखते हैं। उनका राजनीतिक करियर उनकी मेहनत या जनसंघर्षों में भागीदारी पर निर्भर नहीं करता बल्कि वह उन्हें विरासत में मिलता है।

इस सन्दर्भ में आठवें दशक में पारित 52वें संवैधानिक संशोधन की भूमिका ख़ास तौर पर नकारात्मक सिद्ध हुई है। निर्वाचित प्रतिनिधियों को दल-बदल से हतोत्साहित करने के लिए लाया गया यह क़ानून अन्ततः पार्टी के प्रति एकनिष्ठता और असन्दिग्ध आज्ञाकारिता का रूप धारण कर चुका है। ग़ौरतलब है कि उक्त संशोधन के अन्तर्गत दल-बदल का अर्थ केवल एक पार्टी की सदस्यता छोड़कर दूसरी पार्टी में शामिल होना नहीं था बल्कि इसके अन्तर्गत सम्बन्धित पार्टी के निर्वाचित सदस्य के लिए पार्टी के आदेश का पालन भी अनिवार्य कर दिया गया था। इसका कुल मतलब यह था कि अगर पार्टी का निर्वाचित सदस्य पार्टी के व्हिप

का पालन नहीं करता तो उसे सदन की सदस्यता से वंचित कर दिया जायेगा। जैसा कि होना ही था, इस संशोधन के बाद धीरे-धीरे लोकतन्त्र की प्रक्रियाएँ राजनीतिक पार्टियों के हाथों में केन्द्रित होती गयीं। पिछले कई दशकों से चली आ रही इस परिघटना ने पार्टी में असहमति और आन्तरिक विचार-विमर्श की संस्कृति को लगभग ख़त्म कर दिया है। चूँकि अब सारे फ़ैसले पार्टी के दफ़्तरों में लिए जाते हैं इसलिए सांसदों या विधायकों को संसद या विधानसभा के सत्रों में जाने या उनमें भाग लेने की ज़रूरत नहीं रहती। चूँकि अब सत्तारूढ़ पार्टी अपने एजेंडे के लिए विशेषज्ञों की राय पर ज़्यादा निर्भर करती है, ऐसे में पार्टी के निर्वाचित प्रतिनिधियों पर संसदीय समितियों में भागीदारी करने की कोई प्रेरणा नहीं रह जाती।[9] इसका अगला परिणाम यह होता है कि जब विधेयकों को थोक के भाव प्रस्तुत करके मिनटों और घंटों में निपटा दिया जाता है तो विपक्ष ख़ुद-ब-ख़ुद बहस से बाहर हो जाता है। इस प्रक्रिया के चलते हमारा लोकतन्त्र न केवल सत्तारूढ़ पार्टी के इरादों का वाहक बनकर रह गया है बल्कि पार्टी के विशेषज्ञों तथा सलाहकारों की निर्णायक दख़ल के कारण उस पर जनता की इच्छा का पालन करने का दबाव भी कम होता गया है।

साधारण मतदाता अभी इस बात से गाफ़िल है कि हमारे लोकतन्त्र की परिकल्पना और सम्भावनाएँ पार्टियों के यहाँ बन्धक हो गयी हैं। जैसा कि अपने एक लेख में मणीन्द्र नाथ ठाकुर कहते हैं, 'आधुनिक युग में राजनीति का स्वरूप दलों के रूप में निर्धारित हुआ। लेकिन अब दलीय राजनीति से सामाजिक परिवर्तन की कल्पना असम्भव है। भारत में भी वैश्वीकरण के दौर का जो यूटोपिया था, अब ख़त्म हो रहा है। पब्लिक-प्राइवेट पार्टनरशिप के जिस नव-उदारवादी आर्थिक मॉडल को विश्व बैंक की देख-रेख में प्रचलित किया गया है।... हर प्राकृतिक सम्पदा—चाहे ज़मीन हो या जल, उसकी गिद्ध दृष्टि लगी हुई है। किसी न किसी तर्क या छल-प्रपंच से उन पर कब्ज़ा किया जा रहा है।... किसी समय पूँजीवाद को जनतन्त्र की ज़रूरत थी ताकि सम्पत्ति पर व्यक्तिगत अधिकार और बाज़ार से कमाये गये लाभ के प्रति लोगों के ग़ुस्से को मतदान के अधिकार से सन्तुलित किया जा सके। अब पूँजीवाद को जनतन्त्र की ज़रूरत नहीं है क्योंकि वह इतना शक्तिशाली हो गया है कि लोगों की सहमति या असहमति से उसे कोई फ़र्क़ नहीं पड़ता। इसलिए अब दोनों में सम्बन्ध विच्छेद का समय आ गया है।'[10]

भारतीय लोकतन्त्र के अन्तर्विरोधों की इस पड़ताल का अगला चरण नवें दशक के चक्रवाती दौर से ताल्लुक रखता है। यह एक ऐसा समय था जब भारतीय समाज सामाजिक न्याय, हिन्दुत्व और नव-उदारतावादी आर्थिक शक्तियों की तितरफ़ा

चुनौतियों के बीच फँसा था। तीनों शक्तियाँ समाज को अपनी-अपनी दिशा में ले जाने का प्रयास कर रही थीं लेकिन विचित्र है कि इस परिदृश्य का बौद्धिक समाहार अन्ततः ऐसे सूत्रीकरण में हुआ जो बाद में लगभग एक मिथक बनता चला गया। हमारा आशय यहाँ चुनावी प्रक्रियाओं के प्रखर अध्येता योगेन्द्र यादव के उस सूत्रीकरण से है जिसमें उन्होंने आठवें दशक के आख़िर में पिछड़ी जातियों के सत्तारोहण को लोकतन्त्र की दूसरी लहर के मुहावरे में व्याख्यायित किया था। अपनी चमक और नवैय्यत के कारण यह सूत्रीकरण विश्लेषण की अन्य सम्भावित श्रेणियों को अपदस्थ करता गया।[11]

लोकतन्त्र के अन्य अध्येता जो उस समय यह ध्यान दिला रहे थे कि चुनावी राजनीति में पिछड़े वर्गों का उभार लोकतन्त्र के सशक्तीकरण का परिचायक नहीं बल्कि सामाजिक शक्तियों की एक ख़ास लामबन्दी भर है। उनका कहना था कि इन वर्गों का राजनीतिक उदय किसी न्यायपूर्ण अर्थव्यवस्था, नागरिकता के नये तक़ाज़ों या बोध की ओर संकेत नहीं करता। मसलन, इस दौर में राजनीति के बदलते स्वरूप की निशानदेही करने वाले राजनीतिक चिन्तक सुहास पल्शीकर कहते हैं कि चुनावी राजनीति में एक तरफ़ पिछड़े वर्गों, महिलाओं और आदिवासी समूहों आदि की बढ़ती मौजूदगी और भागीदारी तो दूसरी तरफ़ राजनीतिक अभिजन समूहों की बदलती सामाजिकता के बावजूद यह दौर एक गहरे अर्थ में लोकतन्त्र में संकुचन का भी दौर था। उनके अनुसार यह एक ऐसा समय था जब मीडिया राजनीति का एजेंडा तय करने लगा था। वह यह तक निर्धारित करने लगा था कि नेताओं को जनता के सामने क्या कहना चाहिए अथवा लोकतन्त्र में क्या होना चाहिए; उसे किस दिशा में चलना चाहिए या कि सार्वजनिक नीतियों का स्वरूप कैसा होना चाहिए। एक तरह से कहा जाये तो न्यूज़-रूम द्वारा तय किया गया एजेंडा हमारे सार्वजनिक विमर्श की दिशा निर्धारित करने लगा था।[12]

पल्शीकर की यह अन्तर्दृष्टि बताती है कि लोकतन्त्र के कतिपय अन्तर्विरोधों पर हमारी नज़र इसलिए नहीं जाती क्योंकि हम उस पर विचार करते हुए उसके किसी एक सूत्र पर अटक जाते हैं। अपनी व्याख्या में नये ब्योरे और आँकड़े जोड़कर हम एक महाविमर्श तो खड़ा कर लेते हैं, लेकिन यह भूल जाते हैं अन्ततः ऐसा कोई भी विमर्श एकांगी और अधूरा होता है। दरअसल, लोकतन्त्र से जनता के अलग-अलग समूहों की उम्मीदें एक जैसी नहीं होतीं। मसलन, ठीक उस समय जब किसी समिति द्वारा किसी एक समूह के पक्ष में कोई निर्णय लिया जा रहा होता है तभी कोई अन्य राजनीतिक स्वार्थ-समूह उस निर्णय को बेअसर करने की योजना पर काम कर रहा होता है।

कहने का मतलब यह है कि लोकतन्त्र एक द्वन्द्वात्मक संरचना है। उससे लोगों की अपेक्षाएँ और उन अपेक्षाओं के फलीभूत होने की सम्भावना अनेक कारकों के आपसी द्वन्द्व और संयोग पर निर्भर करती है। इस सन्दर्भ में रखकर देखें तो यह कहना अतार्किक नहीं होगा कि आठवें दशक के आख़िर में जब भारतीय समाज में अब तक सत्ता से बाहर रहे समूह लोकतान्त्रिक राजनीति में अपनी दावेदारी कर रहे थे तो उसी समय समाज की स्थापित शक्तियाँ राजनीति से एजेंडा निर्धारित करने की शक्ति छीनकर मीडिया को सौंपने की तैयारी कर रही थीं।

सन् 2000 के बाद जैसे-जैसे सोशल मीडिया का प्रभाव क्षेत्र बढ़ता गया है, वैसे-वैसे जनता की आकांक्षाओं से हमारा लोकतन्त्र कटता गया है। पिछले आठ-दस बरसों में तो जैसे लोकतन्त्र के प्रतिनिधियों को जनता की ज़रूरत ही नहीं रह गयी है। अब राजनीति को बाहर से प्रभावित करने वाली शक्तियाँ ख़ुद एजेंडा तय करती हैं और सोशल मीडिया के ज़रिये उसे जनता पर थोप देती हैं।

प्रस्तुत लेख में हमने अभी तक भारतीय लोकतन्त्र के केवल स्थानिक अन्तर्विरोधों की चर्चा की है। लेकिन इसका मतलब यह नहीं है कि भारतीय लोकतन्त्र विशिष्टताओं का कोई स्वतन्त्र द्वीप है। सच यह है कि अगर विश्व में लोकतान्त्रिक चेतना कहीं भी संकटग्रस्त होती है तो हमारा लोकतन्त्र भी उससे अछूता नहीं रह सकता।

इसका सटीक उदाहरण स्टीवन लेवित्स्की तथा डेनिएल ज़िबलैट की चर्चित किताब— 'हाउ डेमोक्रेसीज डाइ : व्हाट हिस्ट्री रिवील्स अबाउट अवर फ्यूचर्स' है जिसकी विचारोत्तेजक भूमिका में विद्वान लेखक वैश्विक दृष्टान्तों के ज़रिये आगाह करते हैं कि लोकतन्त्र का ख़ात्मा अब तानाशाह नहीं बल्कि जनता के निर्वाचित प्रतिनिधि करते हैं।

लेवित्स्की और ज़िबलैट बताते हैं कि शीत-युद्ध के दौर में लोकतन्त्र को ख़त्म करने का सबसे आम तरीक़ा तख़्तापलट हुआ करता था। तब आमतौर पर चुनी हुई चार सरकारों में तीन सरकारों का हश्र यह हुआ करता था कि सम्बन्धित देश का फ़ौजी जनरल अपना लाव-लश्कर लेकर राजधानी में घुस आता था और संसद या राष्ट्रपति के आवास पर क़ब्ज़ा कर लेता था। उस दौर में अर्जेंटीना, ब्राज़ील, घाना, यूनान, ग्वाटेमाला, नाइजीरिया, पाकिस्तान, पेरू, थाइलैंड, तुर्की तथा उरुग्वे आदि जैसे देशों में लोकतन्त्र का ढाँचा इसी तरह ध्वस्त किया गया। लेखकद्वय कहते हैं कि यह तो लोकतन्त्र को ख़त्म करने का एक नाटकीय अन्दाज़ था जबकि अब लोकतन्त्र को ध्वस्त करने के लिए ऐसा तरीक़ा आज़माया जाने लगा है कि

लोकतन्त्र के अवसान की यह प्रक्रिया अक्सर दिखाई तक नहीं देती। अब जनता द्वारा निर्वाचित राष्ट्राध्यक्ष ही उस प्रक्रिया को उलट डालते हैं जिसके ज़रिये वे सत्ता तक पहुँचे थे।

लेवित्स्की और ज़िबलैट के मुताबिक़ लोकतन्त्र के अवसान की यह प्रक्रिया अक्सर इतनी धीमी होती है कि लोगों को इसका अहसास तक नहीं होता। दूसरे शब्दों में कहें तो लोकतन्त्र अब खुली तानाशाही या फ़ासीवादी शक्तियों द्वारा अपदस्थ नहीं किया जाता। सच तो यह है कि अब तख़्तापलट जैसी घटना पुराने ज़माने की बात लगती है।

अब समय पर चुनाव होते हैं। लेकिन देखते-देखते लोकतान्त्रिक संस्थाएँ दम तोड़ने लगती हैं। पिछले दो-तीन दशकों के दौरान ज्योर्जिया, हंगरी, निकारागुआ, पेरू, फिलीपींस, पोलैंड, रूस, श्रीलंका, यूक्रेन और तुर्की इसी नियति का शिकार हुए हैं। लेवित्स्की एवं ज़िबलैट के अनुसार अब लोकतन्त्र का पराभव मतदान-पेटी से शुरू होता है। लेकिन चुनावी खेल इतना जटिल होता है कि आसानी से समझ नहीं आता क्योंकि इसमें संविधान और लोकतन्त्र की संस्थाएँ अपनी जगह क़ायम रहती हैं जबकि चुनी हुई सरकार लोकतन्त्र को नष्ट करती रहती है। इसे क़ानून सम्मत ढंग से पेश किया जाता है। इसके लिए विधेयक लाये जाते हैं जिन्हें विधायी निकायों द्वारा बाक़ायदा पारित किया जाता है। लोगों को जताया जाता है कि यह सब न्यायपालिका को ज़्यादा सक्षम बनाने, भ्रष्टाचार को मिटाने या चुनावी प्रक्रिया की गड़बड़ियाँ दूर करने के लिए यानि अन्ततः लोकतन्त्र की भलाई के लिए किया जा रहा है।... लोगों को तुरन्त पता नहीं चल पाता कि उनके इर्द-गिर्द क्या घट रहा है। बहुत-से लोग इस गुमान में जीते रहते हैं कि लोकतन्त्र यथावत् चल रहा है।[13]

यहाँ यह अलग से रेखांकित करने की ज़रूरत नहीं है कि भारत भी अब उसी वैश्विक व्यवस्था का अंग है जिसमें प्रभुत्वशाली शक्तियाँ लोकतन्त्र को उसकी तात्विक अन्तर्वस्तु से विच्छिन्न करके उसे महज़ एक औपचारिक व्यवस्था बना देना चाहती हैं।

सन्दर्भ

1. अहमदाबाद विश्वविद्यालय द्वारा आयोजित व्याख्यान शृंखला— 'ऐन ऐलिंग इंडियन पॉलिटी : पर्सपेक्टिव्ज एंड एक्शंस' के अन्तर्गत भीखू पारिख का व्याख्यान, 21 मार्च 2014।

2. धीरूभाई शेठ (2015), 'सेकुलरवादी हिन्दुत्व की निर्मिति और राजकीय राष्ट्रवाद के अन्देशे', प्रतिमान समय समाज संस्कृति, जनवरी-जून 2015, पृ. 17-39।
3. सुदीप्त कविराज (1995), 'रिलीजन, पॉलिटिक्स एंड मॉडर्निटी', उपेन्द्र बख्शी एवं भीखू पारिख (सं.), क्राइसिस एंड चेंज इन कंटेम्पररी इंडिया, सेज पब्लिकेशंस, नयी दिल्ली, पृ. 295-316।
4. धीरूभाई शेठ : पूर्वोक्त।
5. अभय कुमार दुबे, हिन्दू-एकता बनाम ज्ञान की राजनीति, पृ. 22।
6. ध्रुव गाँधी तथा उन्नति घिया (2019), 'दि इरोजन ऑफ़ डेलिबरेटिव डेमोक्रेसी इन इंडिया', स्टेटक्राफ़्ट : ग्लोबल अफ़ेयर्स डेली, 4 नवम्बर।
7. श्रुति राजगोपालन, 'ऐन अर्जेंट नीड टू रिफॉर्म दि कंट्रीज लेजिस्लेटिव प्रोसेस', लाइवमिंट.कॉम, 16 फ़रवरी 2021।
8. श्रुति राजगोपालन : वही।
9. श्रुति राजगोपालन : उपरोक्त।
10. मणीन्द्र नाथ ठाकुर (2022), 'संक्रमण काल में चिन्तन के लिए सृजन-संवाद', पृ. 189 तथा 'भारतीय जनतन्त्र पर पुन: चिन्तन', पृ. 244, ज्ञान की राजनीति : समाज अध्ययन और भारतीय चिन्तन, सेतु प्रकाशन, नोएडा।
11. देखें, योगेन्द्र यादव (2000), 'अंडरस्टैंडिंग सेकंड डेमोक्रेटिक अपसर्ज : ट्रेंड्स ऑफ़ बहुजन पार्टिसिपेशन इन इलेक्टोरल पॉलिटिक्स इन द नाइंटीज़' फ्रांसीन आर. फ्रैंकेल, ज़ोया हसन, राजीव भार्गव और बलवीर अरोड़ा (सं), ट्रांसफॉर्मिंग इंडिया : सोशल एंड पॉलिटिकल डायनैमिक ऑफ़ डेमोक्रेसी, ऑक्सफर्ड युनिवर्सिटी प्रेस, नयी दिल्ली, पृ. 146-175।
12. न्यू सोशलिस्ट इनिशिएटिव द्वारा आयोजित व्याख्यान-शृंखला 'डेमोक्रेसी डायलॉग्स' के अन्तर्गत सुहास पल्शीकर का व्याख्यान : ट्रेक्जेक्टरी ऑफ़ इंडियाज डेमोक्रेसी एंड कंटेम्पररी चैलेंजेज, 12 जून 2020।
13. स्टीवन लेवित्स्की तथा डेनिएल ज़िबलैट (2018), हाउ डेमोक्रेसीज डाइ : व्हाट हिस्ट्री रिवील्स अबाउट अवर फ्यूचर्स, पेंग्विन रैंडम हाउस यूके।

पूँजीवाद से परे जाने की ज़रूरत

विजय झा

लोकतन्त्र के वर्तमान और भविष्य पर विचार करने से पहले पूँजीवाद और लोकतन्त्र के सम्बन्धों पर विचार करना आवश्यक है। पूँजीवाद की कार्यप्रणाली को समझे बिना और उसके वैचारिक चौखटे से बाहर निकले बिना मौजूदा लोकतन्त्र पर विचार करना कठिन है। लोकतन्त्र यदि संकट में है तो उसकी जड़ें वहाँ न होकर आर्थिक दायरे यानी पूँजीवाद में हैं। लोकतन्त्र के मौजूदा संकट पर ध्यान केन्द्रित करने और उसी के दायरे में रहते हुए उसे संकट से बाहर निकालने के चक्कर में पूँजीवाद किनारे से बचकर निकल जाता है, उसे कुछ और वक़्त मिल जाता है। वहीं, लोकतन्त्र का अर्थ भी तो निजी सम्पत्ति आधारित अर्थव्यवस्था को वैध करने वाली राज्य-व्यवस्था के रूप में रूढ़ हो चला है।

एक आज़ाद मुल्क के तौर पर भारत ने पूँजीवादी लोकतन्त्र के रूप में अपनी यात्रा शुरू की थी। ध्येय था समाजवादी और धर्मनिरपेक्ष लोकतन्त्र बनना और सभी तरह की असमानताओं को दूर करना। इसलिए उसने अपनी उक्त यात्रा के लिए लोकोपकारी राज्य की राह पर चलना तय किया। लेकिन 75 वर्षों बाद यह न तो समाजवादी बन सका और न ही धर्मनिरपेक्ष। अमीरी और ग़रीबी के बीच की खाई गहरी होती चली गयी। पूँजी पर महज़ कुछ घरानों का कब्ज़ा होता चला गया। हाल में दावोस में वर्ल्ड इकॉनॉमिक फोरम में पेश आक्सफैम इंटरनेशनल की रिपोर्ट के अनुसार भारत के 1 प्रतिशत अमीरों के पास देश की 40 प्रतिशत सम्पत्ति है। जबकि नीचे के 50 प्रतिशत लोगों के पास सिर्फ़ 3 प्रतिशत सम्पत्ति है। इस तरह लोकोपकारी राज्य से यह धीरे-धीरे पूँजी-उपकारी राज्य का रूप लेता चला गया। लोकतन्त्र भी सिमटकर चुनाव-मात्र बनकर रह गया। जिसे सबसे बड़ा लोकतन्त्र माना जाता रहा और जो विकसित देशों के समक्ष भी पूँजीवाद और लोकतन्त्र के

बीच सामंजस्य बनाकर चलने की सम्भावना की नज़ीर पेश करता आ रहा था, उसका ऐसा हश्र क्यों हुआ?

इसका जवाब केवल भारत पर नज़र रखते हुए विचार करने से नहीं मिल सकता। कारण पूँजीवाद और लोकतन्त्र की उत्पत्ति पश्चिम में हुई और भारत जैसे राष्ट्रों में वे उपनिवेशवाद के ज़रिये आये। उपनिवेशवाद ने भारत में राष्ट्रवादी अभिजनों का एक ऐसा तबका तैयार किया जो पश्चिम की सार्विक मताधिकार आधारित लोकतन्त्र और निजी सम्पत्ति के असीमित संचय को जीवनादर्श मानने वाली पूँजीवादी अर्थव्यवस्था के प्रति आकर्षित था। इसलिए उपनिवेशवाद के ख़त्म होने के बाद भी इस तबके ने पूँजीवादी लोकतन्त्र को अपनाने का निर्णय लिया। लेकिन भारतीय समाज में विद्यमान घोर सामाजिक-आर्थिक असमानताओं को देखते हुए यह भी तय किया गया कि राज्य को लोकोपकारी रूप अख़्तियार करना होगा, तेज़ी से विकास और औद्योगीकरण करने होंगे, बेरोज़गारी और अशिक्षा दूर करनी होगी, पूँजीपतियों और बाज़ार को नियन्त्रण में रखना होगा आदि। इन सबको एक साथ सम्बोधित करने के लिए समाजवादी पद का इस्तेमाल किया गया, जिसके इस्तेमाल से पूँजीपति वर्ग को आपत्ति थी। कहने की ज़रूरत नहीं कि यह व्यवस्था और कुछ नहीं बल्कि अर्थशास्त्री कींस द्वारा सुझाये गये उपाय का नतीजा थी जिसे उन्होंने पश्चिमी लोकतान्त्रिक राष्ट्रों में आयी आर्थिक महामन्दी से उबरने के लिए सुझाया था। वहीं, ट्रेड यूनियन, श्रमिक आन्दोलन और वामपन्थी भी अपना दबाव बढ़ा रहे थे। मजबूरन वहाँ राज्य को लोकोपकारी क़दम उठाने पड़ गये। लेकिन लोकतन्त्र और पूँजीवाद का यह प्रेमविहीन सम्बन्ध अस्सी के दशक तक आते-आते टूट गया। भारत पर भी इसका प्रभाव पड़ना स्वाभाविक था।

अस्सी के दशक में ब्रिटेन में थैचर और अमेरिका में रीगन के नेतृत्व में नवउदारवादी विचारधारा को अपना लिया गया। उसके अनुसार राज्य के लोकोपकारी क़दम पीछे कर लिए गये और बाज़ार को राज्य से मुक्त कर दिया गया। यह पूँजीपतियों की बेचैनी और दबाव में किया गया। उसी दौरान भारत ने भी नवउदारवादी राह पकड़ी, जिसकी तार्किक परिणति आज हमें लगातार बढ़ती बेरोज़गारी और महँगाई, धन-सम्पत्ति के दो-चार पूँजीपतियों के हाथों में केन्द्रित होते जाने और फलस्वरूप ग़रीबी के बढ़ते ही जाने, निजीकरण, राज्य के बहुसंख्यकवादी और मज़हबी रूप लेने और लोकतन्त्र के संकटग्रस्त होते जाने के रूप में दीख रही है।

कहना न होगा कि राज्य के लिए लोकोपकारी से नवउदारवादी रूप लेना आसान नहीं था। आख़िर जनता की बहुत ही बड़ी तादाद उसकी लाभार्थी थी और

उस पर आश्रित थी। उनकी सहमति हासिल करने या यूँ कहें वे विरोध न करें, उसके लिए राजनीतिक पार्टियों ने दाहिना मोड़ लिया, अस्मिता (जाति, प्रान्त, मज़हब आदि) आधारित राजनीति की, देशभक्ति को मुद्दा बनाया, अभिजन-विरोधी भावना को भड़काया यानी राजनीति को भावनामूलक (इमोशनल) रूप दे दिया। इससे मतदान के वक़्त आर्थिक की बजाय ये भावनात्मक मुद्दे ही प्राथमिक स्थान लेते चले गये। कम-से-कम भारत के बारे में यह दावा किया जा सकता है कि कोई भी राजनीतिक पार्टी लोकोपकारी राज्य को बहाल करने की बात नहीं कर रही है। इसका मतलब यही निकलता है अमूमन सभी राजनीतिक पार्टियाँ राज्य के नवउदारवादी रूप या पूँजीवाद को बरकरार रखने पर एक मत हैं। पार्टियों की क्या बात करें, ज़्यादातर बुद्धिजीवी भी राजनीति के मज़हबी रूप लेने पर तो चिन्ता व्यक्त करते देखे जाते हैं लेकिन लोकोपकारी शब्द का इस्तेमाल करने से बचते हैं। नवउदारवाद या पूँजीवाद शब्द भी उनके मुँह से शायद ही कभी निकलता है। आलम यह है कि कई क्षेत्रीय पार्टियाँ दशकों तक अल्पसंख्यकों की रक्षा के नाम पर उदारतावादी, प्रगतिशील और यहाँ तक कि वामपन्थी पार्टियों और बुद्धिजीवियों का घोर समर्थन पाती रह सकती हैं। भले ही, इस नाम पर वे लोकोपकारी राज्य की धज्जियाँ उड़ाती रहें, आर्थिक भ्रष्टाचार और गुंडा राज को प्रश्रय देती रहें और मूलभूत सुविधाओं (शिक्षा, चिकित्सा, रोज़गार आदि) से लोगों को वंचित रखती रहें।

इसे पूँजीवाद की सफलता ही मानी जानी चाहिए। जिन संकटों या समस्याओं को यह पैदा करता है लोगों की नज़रें उन्हीं पर बनी रहती हैं और वे समाधान भी वहीं तलाशते रहते हैं। मिसाल के लिए, बेरोज़गारी है तो इसके लिए आरक्षण ज़िम्मेदार है या किसी ख़ास मज़हब के लोग या प्रवासी ज़िम्मेदार हैं। उन्हें बाहर निकाल दें या उनकी नागरिकता ख़त्म कर दें तो समस्या खत्म। निजीकरण के कारण नौकरियाँ कम हो रही हैं, सरकारी क्षेत्र में रोज़गार के अवसर ही ख़त्म किये जा रहे हैं समस्या वहाँ नज़र नहीं आती। नज़रें वास्तविकता की ओर न जा पाये इसके लिए अक्सर तानाशाही का भी सहारा लिया जाता है। इसके लिए एक ऐसे जादुई व्यक्तित्व को तैयार किया जाता है जो लहर उत्पन्न कर अपने दम पर यह सब करवा ले जाये। समर्थक उसके हर क़दम/वचन पर मुग्ध रहते हैं और विपक्ष/विरोधी उसी की निन्दा या आलोचना करने और किसी भी युक्ति से उसे पदच्युत करने में जी-जान से लगे रहते हैं। वे सामाजिक, राजनीतिक और आर्थिक परिस्थितियाँ नज़रों से ओझल और विमर्श से ग़ायब हो जाती हैं, जिनमें ऐसे किसी ख़ास तरह के व्यक्तित्व या तानाशाही की ज़रूरत उत्पन्न होती है।

पूँजीवाद की सफलता का राज उसके लोगों के सहज-बोध का हिस्सा बन जाने में भी छिपा हुआ है। मानव-स्वभाव की इसकी कुछ बुनियादी मान्यताएँ हैं (जैसे कि मनुष्य स्वार्थी और प्रतिस्पर्धी होता है), जिनके आधार पर उसने अपने अनुकूल मूल्यों और मान्यताओं की रचना भी की, जैसे निजी सम्पत्ति आधारित व्यवस्था प्राकृतिक होती है; धन-संचय और जम कर उपभोग करना ही जीवन का परम अर्थ और लक्ष्य है; लगन, मेहनत और प्रतिभा के बल पर सफलता पायी जा सकती है; सफल होने का एक मात्र अर्थ है अमीर होना आदि। इन्हें सहजबोध का हिस्सा बनाने के लिए पूँजीवाद ने पारम्परिक से लेकर आधुनिकतम संचार-माध्यमों का जमकर इस्तेमाल किया। इससे उसे ख़ुद को मानव-सभ्यता के विकास-क्रम की अन्तिम और स्वाभाविक अवस्था घोषित करने में भी कामयाबी मिली। सहजबोध के रूपान्तरण का ही यह नतीजा है कि मनुष्य केवल और केवल आर्थिक प्राणी के रूप में विघटित होता जा रहा है। उसके जीवन के अन्यान्य पहलू भी आर्थिक पदों में व्यक्त किये जाने लगे हैं। गुण पर मात्रा हावी हो चली है।

पूँजीवाद के पुनरुत्पादन या निरन्तरता में उपभोक्तावाद का भी बहुत बड़ा योगदान है। समाज पण्यलोलुप हो जाये इसी में पूँजीवाद का हित है। भला बुनियादी ज़रूरतों की पूर्ति भर से सन्तुष्ट हो जाने वाले समाज में यह टिक कैसे सकता है! उसके लिए आदर्श स्थिति तो वह है जिसमें वह जो कुछ भी पैदा करे वह समाज की ज़रूरतों की सूची में शामिल हो जाये। उत्पाद के प्रति कामना/लालसा पैदा होती रहे, लालसा ज़रूरत में तब्दील होती रहे, वही उसकी प्राणवायु है। इसलिए पूँजीवाद का इतिहास नयी ज़रूरतों, इच्छाओं, कामनाओं को निरन्तर उत्पन्न करने का इतिहास है।

दिलचस्प है कि पूँजीवाद की जगह समाजवाद और उसके बाद साम्यवाद के आने का जो सैद्धान्तिक आख्यान रचा गया उसमें पूँजीवाद को गन्तव्य भले नहीं माना गया लेकिन उसे एक अनिवार्य और प्रगतिशील चरण घोषित कर वांछनीय ज़रूर बना दिया गया। इस नज़रिये से ग़ैर-पूँजीवादी समाज सामाजिक विकास क्रम में पूर्व-पूँजीवादी और पिछड़े हो गये। ग़ैर-पूँजीवादी समाजों की विविध जीवन शैलियाँ असभ्यता का प्रतीक हो गयीं और इकहरी पूँजीवादी जीवन शैली सभ्यता का। पूँजीपति बुरे माने गये लेकिन पूँजीवाद नहीं। नतीजा यह हुआ कहीं सभ्य बनाने के नाम पर तो कहीं लोकतन्त्र बहाल करने के नाम पर पूँजीवाद का जो आरोपण और फैलाव हुआ, वह साम्यवाद को गन्तव्य मानने वालों की नज़र में एक उपकारी और ज़रूरी कार्रवाई मान ली गयी। जिन समाजों में पूँजीवाद पूरी तरह क़ायम नहीं

हो पाया उन्हें अर्धसामन्ती कह उनके पूर्ण पूँजीवादी होने का इन्तज़ार किया जाने लगा। यह पूँजीवाद को अनिवार्य और सकारात्मक मानने का ही नतीजा था कि विद्वतसमुदाय के बीच पूर्व-उपनिवेशों के भी स्वत: (बिना उपनिवेशन से गुज़रे) पूँजीवादी व्यवस्था की तरफ़ बढ़ने की सम्भावना के होने या न होने को लेकर अच्छी-ख़ासी बहस चली। साम्यवाद को मानवीय इतिहास का गन्तव्य मानने वालों के साथ एक समस्या यह भी रही कि वे पूँजीवाद को अन्तर्विरोधयुक्त मानते हुए उसे ख़ुद अपने ही अन्तर्विरोधों से ख़त्म होने वाली व्यवस्था मानते रहे। हालाँकि कई वामपन्थी चिन्तकों ने इसकी आलोचना की लेकिन राजनीति में यह धारणा लम्बे समय तक हावी रही। ख़ैर, पूँजीवाद समाजवाद/साम्यवाद की पूर्व-शर्त साबित नहीं हुआ। हाँ, उसे इतना वक़्त और अवसर ज़रूर मिल गया कि अब लोकतन्त्र की बात क्या करें, ख़ुद धरती और मानव-सभ्यता ही विनाश के कगार पर पहुँच गयी है।

सवाल उठता है कि क्या किया जाये? क्या स्थिति वास्तव में इतनी निराशाजनक है? क्या हम वास्तव में निरुपाय हैं? जवाब है नहीं। सबसे पहले तो हमें इतिहास के एकरेखीय विकास की धारणा का परित्याग करना पड़ेगा। इससे पूँजीवाद ही मानव-समाज के विकास-क्रम का गन्तव्य है या टीना (देयर इज़ नो आल्टर्नेटिव) जैसी मान्यताएँ बेबुनियाद हो जायेंगी। हमें इस भ्रम से भी बाहर निकलना होगा कि पूँजीवाद अपने ही अन्तर्विरोधों से ख़त्म हो जायेगा या इसने अपने लिए सार्विक मताधिकार वाली लोकतन्त्र के रूप में लक्ष्मण रेखा खींच रखी है, क्योंकि उसे पता है कि एक हद के बाद लोग असन्तुष्ट होकर उससे विमुख हो जा सकते हैं। अपने विविध प्रयोगों से गुज़रते हुए अब उसे यह बात समझ में आ गयी है कि नाम मात्र के लोकतन्त्र वाली तानाशाही राज्य-व्यवस्था के साथ मिलकर भी वह ख़ुद को टिकाये रख सकता है। ऐसी व्यवस्था (ज़ाहिर है एक चेहरे के साथ) लोगों के आर्थिक असन्तोष को अन्य भावनात्मक और प्रतिक्रियावादी मुद्दों में खपा देती है।

इसके साथ ही हमें पूँजीवाद की मानव-स्वभाव सम्बन्धी मान्यता को भी चुनौती देनी होगी। मनुष्य केवल स्वार्थी और प्रतिस्पर्धी नहीं रहा है। धन और पण्य के प्रति अतिशय लोलुपता को भी हमेशा से समाज में अच्छी निगाहों से नहीं देखा जाता रहा है। मानव-समाज के विकास की यात्रा पर नज़र डालें तो हम पायेंगे कि परोपकार, परस्पर सहयोग, त्याग, सन्तोष, प्रेम, करुणा, सहानुभूति आदि भी मानवीय स्वभाव में प्रबलता से मौजूद रहे हैं। इनके बिना मनुष्य एक क़दम भी आगे नहीं बढ़ सकता था। ज़रूरत है इन मूल्यों को पुन:प्रतिष्ठित करने की। इन्हें अमल में लाने की। हालाँकि कई प्रगतिशील और वामपन्थी इन बातों को भाववादी कहकर हल्के में ले सकते हैं।

लेकिन पूँजीपतियों और उनके समर्थकों ने इन्हें गम्भीरता से लिया और इन्हें स्वार्थ और प्रतिस्पर्धा की तुलना में कमतर मानने-मनवाने या विमर्श से ही ग़ायब करने का पूरा प्रयत्न किया। डेविड हार्वे जैसे चिन्तक का भी यही मानना है कि अब पूँजीवादी व्यवस्था से पार पाने के लिए विचारों के स्तर पर बदलाव लाना ज़रूरी हो गया है।

लोकतन्त्र को भी पुन:परिभाषित किये जाने की ज़रूरत है। यदि यह कुछ अर्थों के साथ ऐसा रूढ़ रूप ले चुका है कि चाहकर भी इसे वैकल्पिक व्यवस्था को बनाने में इस्तेमाल में नहीं लाया जा सकता है तो किंकर्तव्यविमूढ़ावस्था में रहने की बजाय ज़रूरत इस बात की है कि इसकी जगह किसी और पद का इस्तेमाल किया जाये, मसलन रिपब्लिक का। आख़िर संविधान में भी तो रिपब्लिक को बतौर आदर्श रखा गया है।

लोकतन्त्र का यह कहकर भी गुणगान किया जाता रहा कि इसमें राजनीतिक रूप से सभी बराबर हैं। इसमें लोगों को अपने हिसाब से ज़िन्दगी जीने की आज़ादी प्राप्त है। आर्थिक असमानता दूर करने के दावे के साथ वजूद में आयीं समाजवादी व्यवस्थाओं की सर्वाधिक आलोचना नागरिक अधिकारों को दबाने और मनमुताबिक़ ज़िन्दगी जीने की आज़ादी न दिये जाने के आधार पर ही की गयी। इस तरफ़ कम ही ध्यान दिया गया कि आख़िर मनमुताबिक़ ज़िन्दगी जीने की आज़ादी दरअसल है क्या? असीमित धन-संचय और जी भरकर उपभोग, इन्हें ही आज़ादी का पर्याय बना दिया गया। यह पूँजीवाद की ज़रूरत थी। आज़ादी प्रदान करने के नाम पर धन-संचय या उपभोग की कोई सीमा नहीं तय की गयी। ऐसा माना गया कि किसी तरह की सीमा तय करने या पाबन्दी लगाने से आज़ादी को आँच आयेगी। नतीजतन धन-संचय और उपभोग ही जीवन का अर्थ, उसके चरितार्थक, सुख-सफलता के द्योतक बनते चले गये। यह पूँजीवाद की बड़ी जीत साबित हुई और मानव-सभ्यता की पराजय। सीमित संसाधनों के असीमित दोहन और प्रकृति-प्रतिकूल आविष्कारों और गतिविधियों द्वारा पूँजीवाद ने धरती और उस पर मौजूद मानव और मानवेतर जीवन को ही विनाश के कगार पर लाकर खड़ा कर दिया है। यानी देर हो चुकी है। इसलिए अब लोकतन्त्र को बचाने की चिन्ता न करके धरती और उस पर मौजूद जीवन को कैसे बचाया जाये चिन्ता उसकी की जानी चाहिए। इसमें मौजूदा लोकतन्त्र हमारे काम आ सकता है, या रिपब्लिक नाम से नयी प्रतिनिधिक राज-व्यवस्था क़ायम की जानी चाहिए, या किसी और तरह की शासन-व्यवस्था की दरकार है–इस पर सोच-विचार करना चाहिए। इतना तो तय है कि पूँजीवाद से परे जाना होगा और समस्त मानव प्रजाति के कल्याण (आवश्यक भौतिक/शारीरिक

ज़रूरतों की पूर्ति और ख़ुशहाली) के संग-संग धरती और उस पर मौजूद जीवन को बचाने को प्राथमिक मुद्दा और चिन्ता बनाना होगा।

और अन्त में

हमारे समक्ष डिकोलोनियलिटी के रूप में एक सैद्धान्तिक फ्रेमवर्क भी मौजूद है जिससे हमें पूँजीवाद और उससे परे जाने के सूत्र हाथ लगते हैं। यहाँ उपसंहार के रूप में डिकोलोनियलिटी के अग्रणी सिद्धान्तकार वाल्टर डी. मिगनोलो के विचार प्रस्तुत किये जा रहे हैं। इस उम्मीद के साथ कि पाठक डिकोलोनियलिटी के अध्ययन की ओर उन्मुख होंगे।

प्रगतिशील और उदारवादी तबका विऔपनिवेशीकरण की बात करने वालों को प्राय: शक की निगाहों से देखा करता है। उसे लगता है कि विऔपनिवेशीकरण के पक्षधर पश्चिम का अन्धविरोध करते हैं और कहीं अतीत में लौट जाने की पैरवी करते हैं। जबकि हक़ीक़त यह है कि विऔपनिवेशीकरण और उसके बाद के चरण 'डिकोलोनियलिटी' के विमर्शकार जब पश्चिमी सभ्यता की आलोचना और उससे मुक्ति की बात करते हैं, तब उनका आशय आधुनिकता और सभ्यता के नाम पर पश्चिम द्वारा ग़ैर-पूँजीवादी समाजों को ज़बरन पूँजीवाद के दायरे में लाने की ओर ध्यान दिलाने और उससे बाहर निकालने से होता है।

2008 के वित्तीय संकट के दौरान जब अमेरिकी नेता 'सिस्टम को कैसे बचाया जाये' जैसा सवाल उठा रहे थे तब डिकोलोनियलिटी के अग्रणी सिद्धान्तकार वाल्टर मिगनोलो ने इसे ग़लत सवाल बताते हुए यह पूछा कि 'इसे भला बचाया ही क्यों जाये?' मिगनोलो से जब इसका कारण बताने के लिए कहा गया तो उन्होंने बड़े ही मार्के की और आँखें खोल देने वाली बात कही। उन्होंने कहा कि जिसे हम बचाना चाहते हैं वह दरअसल पश्चिमी सभ्यता का आर्थिक खम्भा (पूँजीवाद) है, जो यह मानता है कि विकास और वृद्धि से ख़ुशहाली आती है। मिगनोलो ने इसमें आगे यह जोड़ा कि मेरा और मुझ जैसे कई और चिन्तकों या विमर्शकारों का यह मानना है कि यह सिस्टम धरती और उस पर मौजूद मानव एवं अन्य जीव-जन्तुओं को ही मौत की खाई में धकेल रहा है। इसलिए अब सवाल यह होना चाहिए कि धरती और उस पर मौजूद जीवन को कैसे बचाया जाये? पूँजीवादी सभ्यता को वे ऐसा घोड़ागाड़ी मानते हैं जिसमें गाड़ी आगे लगी हुई है और घोड़ा पीछे। इसमें सीमित संसाधनों के सन्तुलित, विवेकसम्मत और न्यायपूर्ण इस्तेमाल की योजना नहीं बनायी जाती है

और न ही सबके कल्याण और पर्यावरण को बचाने की चिन्ता की जाती है। बस एक ही ध्येय रहता है संसाधनों का अन्धाधुन्ध दोहन और अधिक-से-अधिक धन-संचय, जिसका नतीजा महज़ कुछ ही के पास अकूत धन-सम्पत्ति के इकट्ठा होने और बहुत बड़ी आबादी के तंगहाली में जीवन-बसर करने के रूप में निकलता है। मिगनोलो 'विकास और वृद्धि' वाले इस पैराडाईम की गिरफ़्त से बाहर निकलकर ऐसे पैराडाईम को अपनाने की बात करते हैं जिसमें वैविध्यपूर्ण जीवन, मनुष्यों के बीच परस्पर सहयोग, प्रकृति के साथ तालमेल आदि प्राथमिकता रखते हों। इसी से पीछे लगा हुआ घोड़ा गाड़ी के आगे आ सकेगा और गाड़ी चल पायेगी।

लोकतन्त्र की धड़कन है आन्दोलन

डॉ. सुनीलम

आन्दोलन तब होता है जब लोगों की बात नहीं सुनी जाती है। जब लोकतन्त्र के भीतर लोगों के अधिकार नहीं दिये जाते। जब लोगों को लगता है कि उन्होंने किसी भी स्तर पर व्यक्तिगत आवेदन या व्यक्तिगत शिकायत की पर उसका कोई निराकरण नहीं हुआ। उसके बाद सामूहिक प्रयास किया जाता है। उसी सामूहिक प्रयास को आन्दोलन कहते हैं। सामूहिक प्रोटेस्ट यानी जो समूह की समस्या है उसे एक साथ मिलकर शासन प्रशासन सरकार के समक्ष रखना। यह प्रयास जब एक बृहद रूप ले लेता है तब वह जनान्दोलन कहलाता है। लोकतन्त्र ज़िन्दा है इसका प्रमाण यही है कि आन्दोलन जारी है। अगर कोई भी समाज में आन्दोलन रहित हो जाता है तो इसका मतलब वहाँ लोकतन्त्र नहीं है क्योंकि कोई भी समाज परिपूर्ण नहीं होता है और हर समाज में शिकायत और प्रतिरोध की गुंजाइश रहती है।

आन्दोलन पूरे देश में आज़ादी के पहले और आज़ादी के बाद भी लगातार चलते रहे। यह एक क़िस्म की वैश्विक परिघटना भी है। गाँधी जी ने इसे एक सत्याग्रह कहा और अहिंसा का स्वरूप दिया। उससे आन्दोलनों की लोकप्रियता हुई। लोगों को लगने लगा कि जब आन्दोलन करके हम आज़ादी हासिल करने का काम कर सकते हैं वह भी उस ताक़त से जिसका दुनिया के दो तिहाई हिस्से पर शासन था तो हम अपनी छोटी-मोटी बात क्यों नहीं मनवा सकते। यह गाँधी जी का एक बहुत बड़ा योगदान है आन्दोलन में आस्था पैदा करने का। परिणाम भी उसके निकले हैं। गाँधी जी जब चम्पारण में आन्दोलन करते थे तो अंग्रेज़ों से अपनी बात मनवा लेते थे। वारडोली में आन्दोलन करते थे तो अपनी बात मनवा लेते थे। तमाम बार ऐसा हुआ कि स्वतन्त्रता सेनानियों को जेलों में किताबें नहीं दी जाती थीं तो उन्होंने जेलों के भीतर आन्दोलन किया और उन्हें किताबें दी गयीं। तमाम ऐसे लोग हुए हैं जिन्होंने

आन्दोलन से बहुत कुछ हासिल किया। इसके प्रमाण मौजूद हैं। इससे पता चलता है कि अंग्रेज़ों ने अपने ग़ुलामों के आन्दोलन के बाद अपनी नीतियों में परिवर्तन करने का काम किया। आज़ादी के पचहत्तर वर्षों में हमने लगातार देखा कि अगर आप आन्दोलन करते हैं तो कुछ न कुछ हासिल ज़रूर होता है। हमारे प्रधानमन्त्री जिन्हें आजकल आन्दोलनजीवी कहते हैं तो उनमें बहुत सारे ऐसे जाने माने लोग हैं जिनसे या आन्दोलनकारी समूह से आप पूछेंगे तो वह अपनी उपलब्धियों की एक लम्बी लिस्ट बता देगा।

लगभग सभी आन्दोलनकारी समूह यह दावा कर सकते हैं कि उन्होंने अपने समाज की सामूहिक शक्ति से शासन प्रशासन और सरकार से अपनी समस्याओं को हल करने में सफलता पायी है। यह आंशिक रूप से ही होता है। कई बार दस माँगों को लेकर चलते हैं तो उसमें एक दो माँगें मान ली जाती हैं तो कुछ रह जाती हैं। कभी-कभी दसों माँगें स्वीकृत होती हैं। यह एक ऐसी प्रक्रिया है जिससे नतीजे निकलते हैं। लोकतन्त्र में अपनी समस्याओं को हल कराने का एक तरीक़ा आन्दोलन है। इसलिए सरकार जब आन्दोलन को कुचलने की बात करती है या आन्दोलनकारियों को आन्दोलनजीवी कहकर उन्हें जेल में डालने की बात करती है तो इसका मतलब यह है कि जो रास्ता चला आ रहा है उसे वह बन्द कराने की बात करती है। वह रास्ता बन्द कर रही है इसका मतलब कि वो यह नहीं मानती कि आन्दोलन की ज़रूरत है कि आन्दोलन किया जाना चाहिए। इसमें एक पक्ष यह है कि यह संवैधानिक अधिकार का उल्लंघन है। क्योंकि भारत का संविधान स्वतन्त्र अभिव्यक्ति का अधिकार देता है, विरोध का अधिकार देता है, एक साथ जमा होने का अधिकार देता है। तो जब आप आन्दोलन को नकारते हैं तो आप संविधान को नकारने का काम करते हैं। आन्दोलन को नकारना संविधान को संवैधानिक मूल्यों को औऱ संवैधानिक अधिकारों को नकारना है। हम यह देख रहे हैं कि दो हज़ार चौदह के बाद से सरकार लगातार आन्दोलनों को कुचलने का काम कर रही है। उसका एक उदाहरण है मंदसौर में आन्दोलन को कुचलने का काम किया। मंदसौर में गोली चालन हुआ जिसमें छह किसान शहीद हुए। बाद में किसानों का साल भर का जो आन्दोलन हुआ उसमें भी सरकारी दमन से लोग शहीद हुए। दमन के लिए लाठी चार्ज करने, पानी की बौछारें छोड़ने और रास्तों को बन्द करने के तरीक़े अपनाये गये, कँटीले तार लगाये गये। पुलिस ने आन्दोलन को बदनाम करने की कोशिश की। चाहे वह किसानों का आन्दोलन हो या चाहे वह श्रमिकों का आन्दोलन

हो या आदिवासियों का आन्दोलन हो सरकार लगातार आन्दोलनों को कुचलने का काम कर रही है।

आन्दोलनों को कुचलने का जो तरीक़ा है वह बहुत स्पष्ट है। सबसे पहले कोई व्यक्ति ज्ञापन देता है। प्रशासन ज्ञापन ही लेने से इनकार कर देता है। एक आम चलन है कि सरकार का कोई प्रतिनिधि कहीं जाता है तो लोग स्थानीय समस्याओं को लेकर ज्ञापन देते हैं। हमारे प्रधानमन्त्री तो उस प्रक्रिया को मानते ही नहीं हैं। वे लोकल लोगों से मिलकर उनकी समस्याओं को सुनने में यक़ीन ही नहीं करते हैं। अभी तक के प्रधानमन्त्रियों का तरीक़ा लोगों की शिकायतों को सुनने का रहा है। वह तो बन्द हो गया। जिसे आप जनता दर्शन कहते हैं। जनता दर्शन यह है कि आप या कोई भी नागरिक अपनी शिकायत लेकर कहीं जायेगा तो उसकी बात कम से कम सुनी तो जायेगी ही। बाकायदा एक सिस्टम है। चाहे वह मुख्यमन्त्री हो या मन्त्री हों लोग अपनी समस्याओं को लेकर उसके घर और उसके कार्यालय में जाते हैं वह ऑफ़िस जाते समय या ऑफ़िस से लौटते समय उसे सुनते हैं। इसको सीमित किया जा रहा है। यानी अधिकारी अब ज्ञापन भी लेने को तैयार नहीं हैं। पहले जो कलेक्टर थे उनके पास आप कभी भी जा सकते थे। कलेक्टर ने जन सुनवाई के लिए हफ़्ते का एक दिन तय किया है। उसके भीतर अगर वे ही नहीं रहते हैं उसमें दूसरे अधिकारी रहते हैं, विभाग के लोग रहते हैं।

अगर मध्य प्रदेश की बात करूँ तो पहले स्थिति यही थी कि अगर कहीं पर मुख्यमन्त्री या मन्त्री आ रहे हैं तो उन्हें ज्ञापन दिया जाता था लेकिन अब तो वे ज्ञापन भी लेने को तैयार नहीं हैं। आन्दोलन के तमाम चरण रहते थे। ज्ञापन देने के बाद धरना देने का कार्यक्रम होता था। प्रदर्शन करने का कार्यक्रम होता था। प्रेस कॉन्फ्रेंस करने का कार्यक्रम होता था। सभा करने का कार्यक्रम होता था। इन सभी चीज़ों पर रोक अलग-अलग तरह से लगी है। देश के सभी ज़िलों में धारा 144 लगायी जाती है। आप कहीं जा ही नहीं सकते। धारा 144 स्थायी रूप से लगी रहती है। जब भी कोई आन्दोलन घोषित होता है। हमने देश में एक पैटर्न देखा है कि जहाँ भी आन्दोलन का ऐलान होता है वहाँ धारा 144 लगा दी जाती है। दूसरा पैटर्न है गुजरात का। आप आन्दोलन की घोषणा करते हैं और जिस दिन आपका आन्दोलन होगा उस दिन पुलिस सुबह से आपके घर पर आ जायेगी। आपको अपने घर में नज़रबन्द कर दिया जायेगा, आपको निकलने नहीं दिया जायेगा। आपके आन्दोलन का जब समय समाप्त हो जायेगा तो शाम को पुलिस वहाँ से चली जायेगी।

आजकल पुलिस का रवैया हो गया है प्रिवेंटिव अरेस्ट कर लेते हैं। यह स्थायी हो गया है। इसको लेकर कई याचिकाएँ दायर की गयी हैं। आप कलेक्टर के ऑफ़िस के आसपास जा ही नहीं सकते। अगर आन्दोलन कहीं पर खड़ा हो भी जाता है तो सरकारें प्रिवेंटिव अरेस्ट कर लेती हैं शान्ति भंग का ख़तरा बताकर। आईपीसी की धारा 107, 109 और 151 यह तीन ऐसी धाराएँ हैं जिनका इस देश में सबसे ज़्यादा दुरुपयोग हुआ है। इन धाराओं के तहत शान्ति भंग के अन्देशे के अन्तर्गत यह कार्रवाइयाँ की जाती हैं। डॉ. लोहिया से लेकर मधु लिमए तक सभी लोगों ने इन धाराओं का सामना किया और उसका विरोध किया। यह राज्य के तरीक़े हैं आन्दोलन को कुचलने के।

हमारा अनुभव बताता है कि इस समय भारतीय राज्य पुलिस राज्य में तब्दील हो गयी है। आम नागरिकों के मानवाधिकारों को पूरी तरह से कुंठित किया जा रहा है। उनको नकारने का काम किया जा रहा है। इसीलिए हम लोग यह देखते हैं पुलिस का इस्तेमाल एक टूल की तरह से हो रहा है। दिल्ली में हम देख सकते हैं दिल्ली पुलिस केन्द्र सरकार की एजेंसी जैसे काम करती है। अन्य जगहों पर पुलिस राज्य के मातहत आती है और राज्य सरकारों के निर्देश पर काम करती है। पुलिस का काम लॉ एंड ऑर्डर मेनटेन करना है। पुलिस का काम शान्ति व्यवस्था क़ायम रखना है लेकिन वे इसी के नाम पर विपक्ष के विरुद्ध कार्रवाई का काम करते हैं। यह परिघटना आज की नहीं है। जो भी सत्ता में रहा है उसने विपक्ष को कुचलने के लिए पुलिस को अपनी एजेंसी की तरह इस्तेमाल करने का काम किया है। लेकिन तब और अब की स्थिति में अन्तर है। दिल्ली के साथ पहले भी ऐसा रहा है कि केन्द्र में किसी और पार्टी की सरकार रही है और राज्य के अन्दर किसी और की। लेकिन दिल्ली पुलिस ने किसी पार्टी की एजेंसी के तौर पर काम नहीं किया। लेकिन आज पुलिस इस तरह से बनी है कि पूरी राज्य सरकार के विरुद्ध खड़ी है। यह अपने आप में एक बड़ा मसला है। चुनी हुई राज्य सरकार एक तरफ़ है और दूसरी तरफ़ अधीनस्थ कर्मचारी जो केन्द्र सरकार के अधीन आते हैं वे हैं। यह एक तरह से संवैधानिक ब्रेक डाउन की स्थिति है।

यह एक बड़ा अवरोध पैदा हो गया है। यह भारत के संघीय ढाँचे पर प्रहार है। उसका नकार है। जो लोग इस तरह का कार्य कर रहे हैं उनसे सबसे पहला प्रश्न यह है कि क्या वे लोकतन्त्र में भरोसा रखते हैं। अगर वे लोकतन्त्र में भरोसा रखते हैं तो वे ऐसा काम नहीं कर सकते हैं। लेकिन ऐसा साबित होता है कि वे लोकतन्त्र विरोधी हैं, संविधान विरोधी हैं और संविधान के प्रावधानों के विरुद्ध काम कर रहे हैं।

इसका गहरा पक्ष यह है कि जब आप लोकतान्त्रिक अहिंसात्मक आन्दोलनों के रास्ते बन्द कर देते हैं तब हिंसा पैदा होती है। तब नक्सलवाद और माओवाद पैदा होता है। मेरा आरोप यह है कि यह सरकार अहिंसात्मक लोकतान्त्रिक आन्दोलनों का सम्मान नहीं करती है उनसे संवाद नहीं करती है। लोग कहते हैं कि यही कॉंग्रेस के ज़माने में हुआ और यही मोदी के समय में भी हो रहा है। कॉंग्रेस के शासन के बारे में लोगों की समझ यह है कि उन्होंने कई स्तर पर संवाद किया। जैसे नर्मदा बचाओ आन्दोलन का मामला है।

उस आन्दोलन को 37 वर्ष हो रहे हैं। जब कॉंग्रेस की सरकार दिल्ली में रही है या मध्य प्रदेश में रही है तब तब नर्मदा बचाओ आन्दोलन के साथ संवाद हुआ है। संवाद के बाद क्या होता है कि उसके बाद कुछ चीज़ें हल होती हैं कुछ कमेटी बन जाती है उसकी जाँच रिपोर्ट आती है फिर सरकार उस रिपोर्ट के आधार पर कार्रवाई करती है। यह बात सदन के अन्दर पहुँच जाती है। सदन के अन्दर कमेटियाँ बनती हैं। वह अपनी रिपोर्ट देती है और उसके आधार पर कार्रवाइयाँ होती हैं। इसका मतलब है कि आप लोकतन्त्र में संवाद को कितना महत्त्व देते हैं। संवाद के बाद जो तय हो उसको कितना लागू किया जाता है। तथ्यों की जाँच करना और जो भी सम्भव हो सकता है राज्य के उपकरण के द्वारा उसके माध्यम से कार्रवाई करना। लेकिन भाजपा और उसकी सरकारें संवाद ही नहीं करती हैं। जब संवाद नहीं करती हैं तो कोई कमेटी बनने का सवाल नहीं है उसकी रिपोर्ट आने का सवाल नहीं है और फिर उसके ऊपर कार्रवाई करने का सवाल ही नहीं है इसीलिए आज लोकतन्त्र को ख़तरा है।

अब बढ़ते बुलडोजर के प्रयोग को ही लीजिए। वह आन्दोलनकारियों के घर गिरा रहा है। उन्हें डरा रहा है कुचल रहा है। क्योंकि उनका अहिंसात्मक आन्दोलनों में विश्वास नहीं है। वे स्वयं इस देश के अन्दर हिंसा को बुलावा दे रहे हैं। वे हिंसात्मक ताक़तों को बढ़ावा देने का काम कर रहे हैं। वे बताते हैं कि अगर आप अहिंसक तरीक़े से आन्दोलन करते हैं तो आपकी सुनवाई नहीं होगी लेकिन अगर कोई दूसरा तरीक़ा अपनाया जायेगा तो सुनवाई हो सकती है। हम इस बात को बराबर कहते हैं कि नॉर्थ-ईस्ट के अन्दर विशेष तौर पर चाहे मिजोरम हो या चाहे नगालैंड वहाँ तमाम सारे ऐसे समूह हैं जो भारत को राष्ट्र राज्य के तौर पर मान्यता नहीं देते। वे अपने को भारतीय मानने को तैयार नहीं हैं। भारतीय समूह लगातार हथियारबन्द समूहों से बात करने की बात करता है लेकिन यह वही सरकार है जो अफस्पा के विरुद्ध जब 17 वर्षों तक इरोम शर्मिला भूख हड़ताल करती है तो उनसे

कोई संवाद नहीं होता। मनमोहन सिंह के समय में जीवन रेड्डी कमेटी बनी थी उसने सिफ़ारिश की थी उस पर कार्रवाई नहीं की गयी। मौजूदा निजाम समस्याओं को सुनने की बजाय उसे कुचल देना चाहता है। लोग आन्दोलन न करें इसके लिए वे लोगों को डराना चाहते हैं। डराने के लिए ही बुलडोजर सामने आया है।

जब आज़ादी के 75 वर्ष के मौक़े पर बाबा के बुलडोजर पर जश्न मनाया गया तो उसको लेकर हलचल मच गयी, वहाँ पर विरोध हुआ कि बुलडोजर का मतलब है कि आप कुचलने की बात कर रहे हैं, क्रश करने की बात कर रहे हैं और वही सिम्बल बन गया है। मैंने स्वयं उत्तर प्रदेश विधानसभा के चुनाव में बनारस में ख़ुद अपनी आँखों से देखा है कि वहाँ बुलडोजर जेसीबी मशीनों के ऊपर भारतीय जनता पार्टी के झंडे लगाकर प्रचार-प्रसार करने का काम किया जा रहा है। यह बुलडोजर किसके ख़िलाफ़ इस्तेमाल किया जा रहा है। जो लोग भाजपा से जुड़े हैं संघ से जुड़े हैं अलग-अलग अपराधों में पकड़े जाते हैं, यह बुलडोजर उन हिन्दुओं के यहाँ नहीं चलता। यह चुन-चुनकर मुसलमानों के घरों पर चलाया जाता है। मध्य प्रदेश में कम-से-कम पाँच ज़िलों में ऐसी कार्रवाइयाँ हुई हैं। लगातार पूरे देश के भीतर यह जारी है। बुलडोजर संस्कृति पूरी तरह से लोकतन्त्र को ख़त्म करने वाली है। इस पुलिस राज्य के माध्यम से यह बताया जा रहा है कि अगर आप आन्दोलन करते हो तो आपकी आवाज़ को बन्द किया जा सकता है और आपके घर को और आपके परिवार को नेस्तनाबूद किया जा सकता है। आन्दोलन को ख़त्म करने का मतलब है राइट टू प्रोटेस्ट को ख़त्म करना और उसके लिए भय पैदा करना। लोगों को भीमा-कोरेगांव के नाम पर जेल में डाला जाना। लोगों को सीएए एनआरसी आन्दोलन के तहत पकड़कर जेल में डालना यह सब चल रहा है।

हम सुप्रीम कोर्ट में भी एक नया ट्रेंड देख रहे हैं। सुप्रीम कोर्ट के अन्दर तो सुप्रीम जस्टिस होना चाहिए लेकिन कम से कम दो मामलों में ऐसा देख रहे हैं। एक है तीस्ता सीतलवाड़ का मामला। अगर वे कोर्ट गयीं तो उस महिला के लिए जिनके पति सांसद थे और उन्हें ज़िन्दा जला दिया गया था लेकिन सुप्रीम कोर्ट गयीं तो उन्हें ही जेल में डाल दिया गया। उधर छत्तीसगढ़ में सोलह आदिवासियों की फर्ज़ी मुठभेड़ में हत्या कर दी गयी थी। उस मामले को लेकर जब हिमांशु कुमार सुप्रीम कोर्ट गये तो उन पर पाँच लाख का जुर्माना लगाया। विडम्बना है कि वह सुप्रीम कोर्ट भगोड़ा माल्या जो 2 हज़ार करोड़ लेकर भागा है उस पर दो हज़ार का जुर्माना लगाता है और एक गाँधीवादी के ऊपर पाँच लाख का जुर्मान लगाता है। इसी तरह सब सुख-सुविधाएँ छोड़कर वकालत करने वाली सुधा भारद्वाज का मामला है।

वे एक वकील के तौर पर आदिवासियों का दुख दूर करने के लिए अपना जीवन लगा देती हैं। तब उन्हें एक फर्ज़ी मामले में फँसा दिया जाता है कि वे प्रधानमन्त्री की हत्या करने के लिए षड्यन्त्र रच रही थीं। तीन साल तक उन्हें जेल में रखा जाता है। तीन साल के बाद भी जब उन्हें जमानत दी जाती है इस शर्त पर कि उन्हें बम्बई से बाहर नहीं जाना है। उन्हें किसी एक्टिविटी में शामिल नहीं होना है। इस पुलिस स्टेट के भीतर सुप्रीम कोर्ट के माध्यम से भी एक सन्देश दिया जाता है।

अगर आप कॉरपोरेट हितों का पोषक बनकर कोई एनजीओ चला रहे हों तो आपको दिल्ली का लेफ्टिनेंट गवर्नर तक बनाया जा सकता है। अगर आप वंचित वर्गों के साथ खड़े होंगे तो आपकी जगह जेल में होगी। अगर आप हमारे साथ हो तो लेफ्टिनेंट गवर्नर और हमारे ख़िलाफ़ हो तो जेल में। राज्य जो सिगनल देने का काम कर रहा है वह लोकतन्त्र पर गहरा आघात है लेकिन देश में आन्दोलनों को रोकना लगभग असम्भव है। चुनौती के तौर पर यह कहना चाहता हूँ कि बड़े से बड़ा तानाशाह अगर कोशिश करेगा तो भारत के अन्दर अहिंसक आन्दोलन की जो जड़ें आज़ादी के आन्दोलन के समय बनी हैं उनको उखाड़ नहीं सकते।

आन्दोलन आज़ादी के संघर्ष की विरासत है। इसको कोई भी तानाशाह कुचल नहीं सकता। लोगों को ऐसा लगता है कि आन्दोलनकारी होने के लिए किसी बड़े प्रशिक्षण की ज़रूरत होती है। एक समय में हमारे देश के भीतर हज़ारों आन्दोलन होते हैं। अगर आप एक दिन के सभी अख़बारों के परिशिष्ट उठाकर देख लीजिए तो आपको मालूम पड़ेगा कि कहीं पानी को लेकर, कहीं बिजली को लेकर, कहीं ज़मीन को लेकर, कहीं जंगल को लेकर तो कहीं किसी और समस्या को लेकर समाज के अन्दर कुछ न कुछ आन्दोलन चलता रहता है। अन्याय के विरोध में प्रोटेस्ट करते ही रहते हैं लोग। प्रोटेस्ट हमारे जीवन का अभिन्न अंग बन गया है। यह जीवन जीने का तरीक़ा है। अपने सवालों को रखने का तरीक़ा है। कोई भी सरकार चाहे वह कितनी बड़ी फ़ासिस्ट बन जाये लेकिन उसके लिए आन्दोलनों को ख़त्म करना सम्भव नहीं होगा। वे कोशिश करेंगे लेकिन कोशिश करते-करते वे सत्ता से हटा दिये जायेंगे। हम बहुत दावे के साथ कह सकते हैं। इसका एक बड़ा उदाहरण दुनिया के स्तर पर तानाशाह हिटलर और मुसोलिनी का है। दोनों के ख़िलाफ़ भूमिगत आन्दोलन चले, खुले में भी आन्दोलन चले।

भारत में तानाशाह के स्तर पर इन्दिरा गाँधी को देखा जाता है। लेकिन उनको भी जाना पड़ा। जनता ने बाकायदा वोट देकर उन्हें हटाने का काम किया।

हम यह मानते हैं कि भारत के समाज में आन्दोलन की जड़ें यानी लोकतन्त्र की जड़ें इतनी गहरी और मज़बूत हैं कि कोई भी तानाशाही इसके सामने लम्बे समय तक टिक नहीं सकती। हम यह कह सकते हैं कि यह लोकतन्त्र का संक्रमण काल चल रहा है और यह एक दिन ख़त्म ज़रूर होगा। 'राइट टू प्रोटेस्ट' को हम देखते हैं तो जंतर मंतर उसका ज़बरदस्त उदाहरण है। जंतर मंतर को बन्द करने की कोशिश की गयी। अभी क्या कर दिया गया कि आप शाम के पाँच बजे के बाद आन्दोलन जारी नहीं रख सकते। अभी की स्थिति यह है कि आप दस से पाँच एक सीमित संख्या में आन्दोलन कर सकते हैं। लेकिन पाँच बजे आपको हटना पड़ेगा। रोज़ शाम को जंतर मंतर क्लीयर कर दिया जाता है। यानी दिल्ली के अन्दर एक भी स्थान ऐसा नहीं है जहाँ पर आप लगातार आन्दोलन कर सकें। जहाँ पर देश भर के आन्दोलनकारी जमा हो सकें। किसानों ने रामलीला ग्राउंड पर आकर विरोध करने का जो अवसर माँगा था, जंतर मंतर पर प्रोटेस्ट करने का जो अवसर माँगा था वह उन्हें सरकार ने नहीं दिया। वे बॉर्डर पर जम गये। बॉर्डर पर प्रोटेस्ट करते हुए उन्होंने भी अपनी माँगें मनवा लीं।

मतलब तू डाल डाल मैं पात पात। सरकार आन्दोलनों को क्रश करने के रास्ते निकालती जा रही है और जो आन्दोलनकारी हैं वे अपने नये-नये तरीक़े ईजाद कर रहे हैं। अब आन्दोलनों के अन्दर उसके नये-नये स्वरूप देखने को मिल रहे हैं। इसमें सिविल सोसायटी का बड़ा रूप है। वास्तव में सिविल सोसायटी ही आन्दोलनों को ज़िन्दा रखती है। एक सत्तारूढ़ दल होता है एक विपक्ष होता है। जो भी विपक्ष रहेगा वह लगातार सरकार का ध्यान लोगों की समस्याओं की ओर ध्यान खींचने के लिए प्रोटेस्ट करेगा। अगर चुनाव की प्रक्रिया में आपको सत्ता हासिल नहीं होती है तो आपको यह भूमिका दी जाती है कि आप जनता की समस्याओं की ओर ध्यान दिलाएँ और सतत आन्दोलन करें। लेकिन सिविल सोसायटी और विपक्ष में अन्तर है। सिविल सोसायटी एक परमानेंट विपक्ष है। यह विपक्षियों का परमानेंट मंच है। इसमें रहने के लिए ज़रूरी नहीं कि आप किसी पार्टी से जुड़े हों। इसमें रहने के लिए नागरिकों के सवालों को लेकर वे सामने आते हैं। मुम्बई का आन्दोलन चला। वह वहाँ के पर्यावरण प्रेमी युवाओं द्वारा चलाया गया था। सत्ता परिवर्तन हुआ और उनकी माँगें मानी गयीं। लेकिन अभी आपने देखा कि किस तरह से ठाकरे की सरकार गिरा दी गयी और शिन्दे मुख्यमन्त्री बने। नयी सरकार में आकर फिर से उस काम को शुरू कर रहे हैं। लेकिन प्रतिरोध जारी है।

मेरा मानना है कि लोकतन्त्र को बचाने में जितनी विपक्ष की भूमिका है उससे कहीं ज़्यादा भूमिका नागरिक समाज की है। जब तक विपक्ष और नागरिक समाज ज़िन्दा है तब तक इस देश में लोकतन्त्र ख़त्म नहीं हो सकता। कई बार यह लोगों को ग़लतफ़हमी हो जाती है कि विपक्ष ख़त्म हो गया है कि सिविल सोसायटी की आवाज़ को ख़त्म कर दिया गया है। मोदी जी गुजरात में 12 साल शासन करके भी इसे ख़त्म नहीं कर पाये। वहाँ के बारे में मैं कह सकता हूँ कि वहाँ बहुत ही सशक्त आदिवासी आन्दोलन है। वहाँ पर एक सशक्त किसान आन्दोलन है। वहाँ पर मानवाधिकार संगठन सशक्त है। ऐसे 20-25 उदाहरण हैं जहाँ पर सरकार ने कम्पनी के साथ एमओयू शाइन किया लेकिन लोगों ने आन्दोलन चलाकर उस परियोजना को लागू नहीं होने दिया। केवल पर्यावरणवादियों ने आन्दोलन चलाकर ऐसा किया। अगर आप गुजरात में पुलिस का प्रयोग करके यह नहीं कर पाये तो यह देश तो 140 करोड़ का देश है। (हालाँकि हमारे प्रधानमन्त्री अभी भी 130 करोड़ लाल क़िले से बोलते हैं। शायद दस करोड़ की गिनती वे नहीं गिनते होंगे या फिर योगी जी की तरह से 80-20 का फार्मूला लगाते हों।)

इस देश में विपक्ष है, इस देश में सिविल सोसायटी है, इस देश में ऐसा होते देख कर दुख होता है। यह जो धर्माचार्य हैं धर्म का सम्बन्ध न्याय से होता है। लेकिन चाहे जनता के सवाल हों या सत्ताधारी लोगों के कुकर्मों या भ्रष्टाचार का मामला हो संगठित धर्माचारी इन सबके ख़िलाफ़ खड़े हुए दिखलाई नहीं देते हालाँकि बात तो वे धर्म की ज़रूर करते हैं कि एक धर्ममयी समाज होना चाहिए कि जिसमें अधर्म न हो। अधर्म को जब आप परिभाषित करेंगे तो कहा जायेगा कि समाज के प्रतिकूल काम न हो। उसके अन्दर झूठ बोलने, हिंसा करने, चोरी करने, अपराध करने वाले सभी काम आयेंगे। लेकिन धर्माचार्य तमाम अधार्मिक कामों पर नहीं बोलते। अधार्मिक यानी लोगों का दमन, गोली चालन वग़ैरह। जो लोग वास्तव में इस समाज के दुख दर्द को कम करने, उसे ख़त्म करने का काम कर रहे हैं वे वास्तव में धार्मिक काम कर रहे हैं और जो धर्म का ठेका लेकर चलते हैं जो उसके झंडाबरदार बने हैं वे केवल इसके कर्मकांड वाले हिस्से को अपनाने का काम कर रहे हैं। यानी धर्म की जो मूल भावना है उसे नहीं पकड़ रहे हैं। कौरवों और पांडवों का जो युद्ध हुआ उसमें पांडवों ने जो अधर्म हुआ उसका प्रतिकार किया। इसीलिए कृष्ण उनके साथ खड़े हुए थे यानी वे धर्म के साथ खड़े थे।

राम ने भी रावण के अन्याय के ख़िलाफ़ काम किया था। अभी हम देख रहे हैं कि भाजपा के जो लोग अपराधों में फँसे हैं। बलात्कार में फँसे हैं उसके पक्ष में

खड़ी हो जाती है धर्माचार्यों की व्यवस्था। पूरी पार्टी। कठुआ के अन्दर जब एक छोटी-सी बच्ची के साथ बलात्कार हुआ उसके साथ कथित धार्मिक लोग खड़े हो गये। अभी हाल में बिलकिस बानो का मामला सामने आया है। उसके परिवार के सात लोगों की हत्या हुई है उसके साथ सामूहिक बलात्कार हुआ है। उसके बाद जब वे जेल से निकलते हैं तो उनका स्वागत किया जाता है। स्वागत करने वाले कौन लोग हैं। वे वह लोग हैं जो मानते हैं कि मुसलमानों के साथ सब कुछ करना जायज़ है। वे इसे धर्म का काम मानते हैं। यह हिन्दू धार्मिक दृष्टि से जघन्य अपराध है। इसलिए आन्दोलन ज़रूरी है। आन्दोलन अति सम्भावी है इसको रोका नहीं जा सकता। आप कितना बड़ा पुल लगा देंगे इसका वेग उसे तोड़कर निकल जायेगा। इसको बाँधना सम्भव नहीं है।

औपनिवेशिक अतीत को उतारने की ज़रूरत

गिरीश्वर मिश्र

आधुनिक अर्थों में भारत एक स्वतन्त्र, सार्वभौम गणतन्त्र की सत्ता वाले देश के रूप में आज अन्तर्राष्ट्रीय समुदाय में स्वीकृत है। यद्यपि गणराज्य की संस्था से भारत परिचित था। भारत देश का वर्तमान स्वरूप मुस्लिम आक्रान्ताओं की अधीनता और उसके बाद अंग्रेज़ों की अधीनता के लम्बे अन्तराल के बाद प्राप्त हुआ है। भारत के स्वतन्त्रता संग्राम में पूरे देश से कुर्बानियाँ दी गयीं और विभिन्न तरह के प्रयासों के द्वारा महात्मा गाँधी की अगुआई में अंग्रेज़ों को भारत छोड़ने के लिए मजबूर किया गया। काल की गति समझना मुश्किल है पर काल खंड में तमाम तरह के व्यापार होते रहते हैं जिनसे हमारे यथार्थ की रचना होती है। आज भारत तकनीकी दृष्टि से एक आधुनिक गणतन्त्र है जहाँ एक संघ के स्वरूप में बहुदलीय राजनीतिक व्यवस्था है, संसद है और देश के सभी क्षेत्रों के चुने हुए जनप्रतिनिधि मिलकर बहुमत के आधार पर सरकार चलाते हैं और इन सबकी व्यवस्था भारत के संविधान के अन्तर्गत होती है जो संविधान सभा (कांस्टीचुएंट असेम्बली) द्वारा निर्मित और स्वीकृत है। यह सभा प्रान्तीय सभा द्वारा चुनी गयी थी और 1946 में संविधान बनाने का कार्य शुरू कर दिया था। जब 1947 में अंग्रेज़ी शासन से मुक्ति मिली तो इसने पहली संसद का रूप ले लिया था। बाबा साहब भीमराव आम्बेडकर संविधान निर्मात्री समिति के अध्यक्ष बने थे। समिति की बैठक 114 दिन हुई और 25 नवम्बर 1949 को संविधान का अन्तिम मसौदा सभा के अध्यक्ष डॉ. राजेन्द्र प्रसाद को सौंपा गया। इसकी पृष्ठभूमि में यह उल्लेखनीय है कि भारत में ईस्ट इंडिया कम्पनी 1600 में स्थापित हुई थी और लीग आव नेशंस 1919 में। भारत के लिए अंग्रेज़ों द्वारा बनाया गया संविधान अर्थात गवर्नेंस ऑफ़ इंडिया एक्ट 1919 में पास होकर अस्तित्व में आया था। सन् 1930 में 26 जनवरी को राष्ट्रीय काँग्रेस ने

पूर्ण स्वराज्य की माँग की थी। 26 जनवरी 1950 को भारतीय संविधान लागू हुआ था। तब से अक्टूबर 2021 तक 105 संशोधन हो चुके हैं। पहला संशोधन 1951 में आया था। इस प्रसंग में यह उल्लेखनीय है कि संविधान सभा में देश के नामकरण पर विचार करते हुए भारत, इंडिया और हिन्दुस्तान आदि विकल्पों पर विचार हुआ और देश के सभ्यतामूलक स्वरूप को स्मरण करते हुए बाबा साहब द्वारा प्रस्तावित 'India, that is Bharat' सर्वसम्मति से स्वीकार किया गया।

भारत में अंग्रेज़ी राज विश्व में पिछली पाँच सदियों में यूरोपीय औपनिवेशिकता द्वारा अपना वैश्विक वर्चस्व स्थापित करने की परियोजना का ही हिस्सा था। यह याद रखना चाहिए कि ईसाई यूरोपीय लोगों का भारत में पहुँचना व्यापार के छद्म या दिखावटी बहाने के साथ शुरू हुआ था। मूल निवासियों की विश्व-दृष्टि को ईसाई यूरोपीय दृष्टि से विस्थापित किया जाना अमेरिका, केरेबियन देशों, अफ्रीका, ऑस्ट्रेलिया और दुनिया के अन्य क्षेत्रों में किस तरह अंजाम दिया गया यह सर्वविदित तथ्य है। अनेक जगहों पर बर्बरतापूर्वक उनका समूलोच्छेद का प्रयास हुआ। उनके बढ़ते वर्चस्व से उसका वैश्वीकरण भी हो गया। धर्म, राजनीति, शिक्षा, अर्थव्यवस्था और क़ानून आदि सभी क्षेत्रों में वे छाते चले गये। यह भारत की चेतना थी जिसने औपनिवेशिकता की ज़बरदस्त सुनामी का प्रतिरोध किया। अन्य संस्कृतियों और सभ्यताओं की तुलना में भारत अपने को सुरक्षित रखने में सफल रहा। उसका प्रवेश तो हुआ और उससे चेतना प्रसुप्त हुई जो स्वतन्त्र भारत में भी बनी रही। उसे 'सेकुलर' तथा 'आधुनिक' के रूप में आत्मसात किया गया वह चाहे अज्ञान के कारण हो या फिर जान-बूझकर इतिहास से मुँह मोड़कर किया गया हो। यह विचार भी फैला हुआ है कि अंग्रेज़ों ने भारत को एक राष्ट्र के रूप में बाँधने का काम किया जो रेल, डाक, टेलीग्राफ आदि अंग्रेज़ों के उपक्रम से सम्पन्न हुआ। इसका आशय है कि एक 'भारत' का विचार, सभ्यता का एक रूप और अभिप्राय उपनिवेश स्थापित करने वाले की खोज थी अन्यथा भारत की कोई अपनी चेतना न थी। औपनिवेशिकता की अभिव्यक्ति कई रूपों में हुई थी। वह धर्म, शिक्षा, ज्ञानार्जन, पर्यावरण, स्वास्थ्य और विकास के बारे में सोच में गम्भीर बदलाव के रूप में व्यक्त हुई। औपनिवेशिकता के प्रभाव को विस्मृत करते हुए हम औपनिवेशिकता की ही परिपुष्टि करते हैं। औपनिवेशिक विरासत को ढोते रहने का परिणाम अपनी संस्कृति को लेकर लज्जा, पिछड़ेपन की भावना और औपनिवेशिक स्रोत से सीखने की ललक के रूप में व्यक्त होती रही है। वैज्ञानिकता के पुट से इसे और भी पुष्ट किया जाता है।

ऊपर से यह भी हुआ कि उपनिवेशवादी की दैहिक और धार्मिक श्रेष्ठता को वैज्ञानिक तथ्य ठहराया गया। इस क्रम में देशज विचारों से वंचित करना और यूरोपीय नज़रिये को लाद दिया जाता है। यह सब मूल निवासियों का अपने सांस्कृतिक अनुभव से विलगाव को जन्म देता है जो कदाचित अनैतिक भी है।

औपनिवेशिकता एक तरह की व्यापक शैक्षिक परियोजना बन गयी जो एक साँचे को लागू कर मानव अनुभव को छाँटती चलती है। इसे समझने के लिए उपनिवेशपूर्व काल में विद्यमान भारत की देशज संस्कृति और समाज पर दृष्टि डालना समीचीन होगा। भारत की स्वाभाविक भौतिक सीमाएँ अपने में विविधता लिए हैं और उस विविधता की मात्रा इतनी अधिक है कि उसके लिए 'राष्ट्रराज्य' का विचार कुछ सीमित हो जाता है। विविधता और विशालता की दृष्टि से भारत निश्चय ही सभ्यता (सिविलाइजेशन) को व्यक्त करता है। इसमें रहने वाले मनुष्य के विराट पारावार को कुछ एक तत्त्व आपस में बाँधता है। ध्यान रहे कि इसके विपरीत ईसाई और इस्लामी सभ्यताएँ एक और केवल एक क़िस्म की आस्था और अनुष्ठान की संकुचित व्यवस्था में ही बाँधती हैं। आन्तरिक सामाजिक और सांस्कृतिक विविधता के बावजूद भारत की एकता 'जम्बू द्वीप' और 'भारतवर्ष' जैसे नामों में प्रकट होती है। प्राचीन सन्दर्भों में इसकी पहचान इसी रूप में मिलती है। ऋग्वेद के ऐतरेय ब्राह्मण में भारत का उल्लेख है। भारतवर्ष जातियों और संस्कृतियों का एक संघ है जो हर एक को अपनी विशिष्ट पहचान बनाये रखने का अवसर देता है और एक सांस्कृतिक-राजनैतिक इकाई के रूप में पहचान की भारतवर्ष की एक अविछिन्न परम्परा पहले से ही चलती चली आ रही है। भारत एक जीवन्त प्राणवान सभ्यतामूलक सत्ता का नाम है।

दुर्भाग्य से औपनिवेशिक नज़रिया भारत में इतने गहरे पैठ गया कि उसे अपनी हानि का अन्दाज़ा ही नहीं लगा। सभ्यता की व्यापक अर्थवत्ता खोने का सबसे घातक प्रभाव मनुष्य और प्रकृति के रिश्ते की समझ पर पड़ा। मनुष्य-केन्द्रिकता, भौतिकता और उपभोक्तावाद की विचारधारा प्रमुखतया यूरोप के उपनिवेशवाद की ही देन है। इसके तहत मनुष्य को प्रकृति के ऊपर स्थापित कर दिया गया। इसने भारत के देशज चिन्तन को बुरी तरह से तहस-नहस किया जिसमें आस्थाएँ, सामुदायिकता, ज्ञान-विस्तार और अर्थ-नीति सभी प्रकृति के इर्द-गिर्द स्थापित थे। प्रकृति के प्रति पवित्रता, आदर और सन्तुलन के भाव को महत्त्व दिया गया था। प्रकृति में जीवन देखना और विविधता का उत्सव पग-पग पर परिलक्षित होता था। प्रकृति के साथ जीना न कि उस पर अधिकार जमाना भारतीय स्वभाव बन गया था

और एक आध्यात्मिक रूप ले चुका था जिसमें प्रकृति के साथ सहज स्वाभाविक रिश्ता विभिन्न दर्शनों में प्रतिपादित हुआ था। इसमें पशु, वृक्ष और पृथ्वी सारा चराचर जगत आदरणीय थे क्योंकि सभी में एक ही अव्यय तत्त्व पहचाना गया। वस्तुत: सारे जगत में परस्पर सम्बद्धता, परस्पर निर्भरता और पूरकता का अनुभव किया गया था। पश्चिमी नवजागरण की वेला में देकार्त के तार्किक बुद्धि सम्पन्न मन से अतार्किक प्रकृति से हीन ठहराया था और इस दृष्टि ने प्रकृति पर मनुष्य के अधिकार का मार्ग प्रशस्त किया। प्रकृति वस्तु बन गयी और उसके साथ रहने की जगह प्राकृतिक संसाधनों का दोहन मनुष्य का लक्ष्य बन गया। साम्राज्यवाद और औपनिवेशीकरण के पीछे प्रकृति का वस्तुकरण निश्चित रूप से एक मुख्य कारण था। इसके अन्तर्गत जंगली दुनिया (आरण्यक!) और ग्राम्य (लोक!) को सुसंस्कृत और सभ्य बनाने का बीड़ा उठाकर 'उद्धार' करने के लिए उपनिवेश बनाने का काम शुरू हुआ। भिन्न-भिन्न जलवायु और पारिस्थितिकी को नज़रअन्दाज़ करते हुए औपनिवेशिक हस्तक्षेप एक ही नीति और युक्ति से चल रहा था जिसमें एक ही तरह के आर्थिक विकास का मॉडल और औद्योगीकरण को पूरे विश्व में लागू किया गया। इसी औपनिवेशिक परियोजना के तहत विज्ञान और प्रौद्योगिकी का भी विकास हुआ। स्थानीय लोक व्यवस्थाओं को धता बताते हुए पूँजीवादी अर्थव्यवस्था, औपचारिक संगठन और न्याय व्यवस्था को प्रतिष्ठित किया गया। स्थानीय मत और विश्वास की जगह ईसाइयत के विचारों की श्रेष्ठता की स्थापना और देशज शिक्षा की जगह ईसाई यूरोपीय शिक्षा का मॉडल लागू करने का काम बड़े पैमाने पर किया गया। औपनिवेशीकरण के साथ एक तरह से देशज समाज, विचार और व्यवस्था का भयानक मनो-सांस्कृतिक हाशियाकरण शुरू हुआ और उसे इस तरह व्यर्थ साबित किया जाने लगा कि उपनिवेश में रहने वाले अपने संस्कृति और देशज अस्मिता से घृणा करने लगे। अंग्रेज़ी उपनिवेश के दौर में न केवल आर्थिक दोहन हुआ बल्कि भारत की शिक्षा व्यवस्था, सामाजिक सौहार्द और सांस्कृतिक चेतना पर कई तरह से प्रहार किया गया और उसे अस्त-व्यस्त कर भ्रम पैदा किया गया। विकल्प के रूप में भाषा, वेश-भूषा, ज्ञान-परम्परा और क़ानून व्यवस्था आदि का अंग्रेज़ी संस्करण वैधानिक रूप से लागू किया गया। भारत की सभ्यतामूलक अस्मिता को व्यर्थ कहकर उसकी जगह राष्ट्र राज्य की अस्मिता को आधुनिक और उपयोगी घोषित किया गया। परन्तु इस नयी तजबीज के अन्तर्गत बहुतों की स्थति त्रिशंकु जैसी हो गयी। ऐसे में सर्जनात्मकता और मौलिकता की जगह आत्म-अस्वीकार

और फिर अज्ञात नये का अंगीकार करने का काम चल पड़ा। दबाव इतना भारी था कि गुरुदेव रवीन्द्रनाथ टैगोर, स्वामी विवेकानन्द, महात्मा गाँधी, श्री अरविन्द और सन्त विनोबा भावे जैसे भारतीय विचारकों की स्पष्ट और प्रखर उपस्थिति को प्राय: अनदेखा किया गया और उनकी भारत-भावित दृष्टि को भारत के पुनरुत्थान के काम में लगभग नकार दिया गया। स्वतन्त्र भारत के आरम्भिक नेतृत्व की दृष्टि पश्चिमी दुनिया के अनुकूल नये भारत को गढ़ना था जिसमें वैज्ञानिकता और आधुनिकता मौजूद हो। इसके लिए बहुत कुछ जो अंग्रेज़ों द्वारा अपने उपनिवेशवासियों (ग़ुलामों) के लिए चलाया गया था उसे ज्यों का त्यों लागू रखा गया और सतही (कास्मेटिक) बदलाव किया गया। पराये मानक, तौर-तरीक़े और विभिन्न पद्धतियों को अपनाते हुए अनुकरण ही प्रमुख रहा और पश्चिम की तरह होना ही आधुनिकता का पर्याय हो गया। वस्तुत: एक गणतन्त्र के रूप में आकार लेने के बावजूद भारत औपनिवेशिकता की जकड़ से पूरी तरह से मुक्त नहीं हो सका। लगभग दो सदियों के अंग्रेज़ी शासन के दौरान शिक्षा, क़ानून-व्यवस्था, भाषा-प्रयोग, नागरिक जीवन से जुड़ी व्यवस्थाओं और विश्व-दृष्टि के मामलों में हम पश्चिम के ही मुखापेक्षी होते गये और सारी व्यवस्थाएँ उसी उधारी की दृष्टि से लागू की जाती रहीं। इसका परिणाम कई तरह कि विसंगति और अस्त-व्यस्तता में परिलक्षित होने लगी। प्रत्यक्ष और अप्रत्यक्ष रूप से बेरोज़गारी, ग़रीबी, रुग्णता, अज्ञान और कुशलता में ह्रास हुआ।

पिछले सात दशकों में भारतीय गणतन्त्र अनेक परीक्षाओं से गुज़रा है और कई पड़ाव सफलतापूर्वक पार किये हैं। आम चुनाव समय पर हुए हैं और एक बार आपातकाल के अतिरिक्त लोकतन्त्र की व्यवस्थाएँ सुदृढ़ हुई हैं। देश में राजनैतिक चेतना का विस्तार हुआ है जिसके फलस्वरूप समाज के कई वर्गों का प्रतिनिधित्व होने लगा है परन्तु कई दलों में बिखराव वैचारिक दुर्बलता साफ़ दिख रही है। लोक-लुभावन नीतियों के साथ अल्पकालिक लाभ, स्वार्थ और क्षेत्रीयता के बदौलत सत्ता में बने रहने की प्रवृत्ति बढ़ रही है। वैचारिक प्रतिबद्धता छोड़कर धन-बल, जाति-बल और बाहु-बल के बढ़ते वर्चस्व ने सत्ता समीकरणों में एक तरह की असहज अस्थिरता दिख रही है और अनावश्यक कोलाहल भी बढ़ा है। वर्तमान सरकार ने ग़रीबों की मदद और उद्योग को बढ़ावा देने, आधार संरचना को मज़बूत करने, देश को सामरिक रूप से सबल बनाने, कृषि व्यवस्था को सुधारने की दिशा में अनेक महत्त्वपूर्ण क़दम उठाये हैं और भ्रष्टाचार को नियन्त्रित किया है पर शिक्षा, रोज़गार और स्वास्थ्य के क्षेत्रों में बहुत कुछ शेष है।

समाज की शक्ति का विनियोग बहुत कुछ नेतृत्व पर निर्भर करता है। देश ने कई युद्ध जीते, खाद्यान्न में निर्भर हुआ, शिक्षा का विस्तार हुआ और कई क्षेत्रों में तकनीकी महारत भी हासिल की परन्तु व्यापक समाज की अपेक्षा समानता, समता और सौहार्द के साथ आगे बढ़ने के अवसर की है। देश में सामाजिक–राजनैतिक तनाव को सँभालना भी महत्त्वपूर्ण चुनौती है। इन सबसे महत्त्वपूर्ण यह भी है कि औपनिवेशिक मनोवृत्ति और उससे उपजी व्यवस्थाओं, संस्थाओं से कैसे मुक्त हुआ जाये। इस हेतु विउपनिवेशीकरण (डीकॉलोनाइजेशन) में ज्ञान के उत्पादन को पश्चिम से मुक्त करना है। यूरोप ने राष्ट्र-राज्य (नेशन स्टेट) की भावना जगाई जब कि भारत सभ्यतामूलक आत्मबोध रखता है। भारत भूमि माता है जिसमें एकता और देश भक्ति का भाव स्वाभाविक है। भौगोलिक चेतना कितनी प्रबल है यह इससे पता चलता है कि मातृभूमि कितनी प्रिय और पूज्य है। भूमि की भौगोलिक एकता देश के विभिन्न क्षेत्रों में नदियों, पर्वतों, धामों, ज्योतिर्लिंगों, अरण्यों, वनों और पवित्र स्थानों को पावन अनुभव करने में प्रकट होती है। भारतवासी एक जीवित सभ्यता के उत्तराधिकारी हैं। भारत के संविधान ने भी इस सभ्यता की स्मृति को सँजोए रखा है। भारतीय गणतन्त्र के इतिहास में अब तक जनता ने अपने मतदान से सरकारों की स्वीकार और अस्वीकार करने का विवेक दिखाया है, चेतावनी दी है और परिवर्तन हुए हैं। गणतन्त्र की परिपक्वता कोई स्थिर बिन्दु न होकर एक साधना है जो दायित्वपूर्ण जन भागीदारी और विवेकवान राजनैतिक संस्कृति पर निर्भर करती है। इस पथ पर हम चल रहे हैं पर और सावधानी के साथ चलने की ज़रूरत है क्योंकि इस विशाल देश की अपनी अपेक्षाएँ भी बढ़ रही हैं और वैश्विक परिवेश भी स्पर्धा वाला होता जा रहा है।

भारत की एकता, उसके गौरव और उसकी सामर्थ्य को लेकर वर्तमान प्रधानमन्त्री के कटिबद्ध प्रयास से जनता का मन भी बदला है और सोच में भी बदलाव आया है। इस बदलाव के पीछे मोदी जी की अनथक संलग्नता की बड़ी भूमिका है जो इतिहास और वर्तमान में प्रधानमन्त्री के स्तर पर दूर-दूर तक नहीं दिखती है। प्रेरणा देना और राष्ट्रीय और अन्तर्राष्ट्रीय स्तरों पर पहल और सक्रियता का अद्भुत उदाहरण पेश कर मोदी जी ने आम लोगों के मन में साख अर्जित की है। कोरोना काल की विभीषिका को भारत ने जिस क्षमता के साथ सँभाला और राजनैतिक कोलाहल को नज़रअन्दाज़ किया उसने सबको निरुत्तर कर दिया। जनस्वास्थ्य की दो साल लम्बी चली यह भीषण चुनौती देश में कई मोर्चों पर सफलतापूर्वक लड़ी गयी यद्यपि उस दौरान कई खामियाँ भी उजागर हुई थीं जो प्रशासनिक कमज़ोरी

और लोभ-लिप्सा के विमानवीकृत रूप को व्यक्त करती हैं। वे सावधान करती हैं कि सतत पर्यवेक्षण और सतर्कता का कोई विकल्प नहीं है। उत्तरकोरोना काल में भी शिक्षा, स्वास्थ्य और आर्थिक जगत की मुश्किलों को सँभालते हुए सामान्य जीवन को पटरी पर ले आना कठिन काम है। बहुत-सी परियोजनाओं में अन्तराल और ठहराव आ गया था। इन सब पर केन्द्रीय नेतृत्व की नज़र है और कई सुधार किये जा रहे हैं और जनोपयोगी परियोजनाओं को अंजाम दिया जा रहा है। यह सन्तोष की बात है कि कोरोना और उसके बाद के बनते-बिगड़ते अन्तर्राष्ट्रीय घटना चक्र से आज जहाँ सारी दुनिया में हाहाकार मचा हुआ है भारत अपनी स्थिति को काफ़ी कुछ सँभाल सकने में कामयाब है।

ग़ौरतलब है कि वर्तमान प्रधानमन्त्री कई वर्षों से 'मन की बात' के साथ लगातार साप्ताहिक जन-संवाद का एक अद्‌भुत प्रयोग कर रहे हैं। इसके प्रत्येक आयोजन में सकारात्मक विचार और उदाहरण के साथ आम जन को प्रेरित करने का उपक्रम अनवरत जारी है। मोदी जी आम जनों से जुड़ने का कोई अवसर नहीं छोड़ते हैं और सब कुछ के आगे देश-धर्म के लिए जुटने का उनका सतत आग्रह सामाजिक मूल्यबोध को अंगीकार करने की दिशा में आम लोगों को उन्मुख करने वाला होता है। जनाभिमुख नेतृत्व की यह ऐतिहासिक पहल और मिसाल है और इस तरह का संवादकुशल नेतृत्व जनता के मर्म को समझता भी है और दृढ़तापूर्वक अपना सन्देश उन तक पहुँचाने में कोई कसर नहीं छोड़ता है। विपक्ष की तीखी आलोचनाओं के बीच जोखिम उठाते हुए मोदी जी ने आर्थिक, सामाजिक और राजनैतिक महत्त्व के अनेक नीतिगत फ़ैसले लिए और उनको दृढ़ता से लागू किया। कोरोना काल में कई प्रदेशों में चुनाव सम्पन्न हुए और प्रजातान्त्रिक प्रक्रियाओं को बहाल रखने में देश कामयाब रहा।

स्वाधीनता के अमृत महोत्सव मनाये जाने के अवसर पर 'स्वतन्त्र' महसूस करने के लिए अब तक चली आ रही औपनिवेशिक कार्य प्रणाली की जकड़नों को पहचान कर दूर करना होगा। पाश्चात्य चिन्तन और कार्य शैली हमारे देश काल और समाज की प्रकृति के अनुकूल न होने पर भी बाध्य बनी हुई है। वैश्वीकरण, निजीकरण और उदारीकरण के मोहक और आकर्षक मुहावरों के आवरण में आज एक नये ढंग का उपनिवेशीकरण जायज़ ठहराया जाने लगा है और उसी की राह पर चलने पर बल देते हुए अनिवार्य प्रतिबन्ध खड़े हो रहे हैं। शिक्षा, संस्कृति, साहित्य और कला हर क्षेत्र में आज पश्चिम से आगत मानक ही निर्णायक बन रहे हैं। हम अपनी समस्याओं को पहचानने और समाधान ढूँढ़ने के लिए भी परनिर्भर होते जा रहे हैं।

इसके दुष्परिणाम भी दिख रहे हैं और अनेक संस्थाएँ अव्यवस्था का शिकार भी होती जा रही हैं और उनकी सृजनात्मकता और गुणवत्ता का ह्रास हो रहा है। उनके स्वभाव के साथ छेड़छाड़ को राजनैतिक हित की रक्षा दृष्टि से किसी भी तरह से जायज़ नहीं ठहराया जा सकता। इसी तरह भौतिक और सामाजिक परिवेश में व्याप्त हो रहे प्रदूषण, महँगाई, बेरोज़गारी, असुरक्षा, भ्रष्टाचार और हिंसा जैसी जीवनरोधी प्रक्रियाओं के विरुद्ध प्रभावी और ठोस क़दम उठाने ज़रूरी हो गये हैं।

राष्ट्र राज्य बन जाने पर राजनेताओं में शासन करने और सत्तानशीं हो कर प्रभुता पाने का भाव आने लगा। नेता और मन्त्री अब अपने को सेवक कम (अंग्रेज़!) राजा की भाँति अधिक महसूस करने लगे और उनके सहकर्मी, सहायक और निकट के लोग भी नेता की ऊष्मा से प्रज्वलित-परिचालित रहने लगे। अब (चुनाव के बाद) शासक अपनी प्रजा से दूर-दूर रहना ही श्रेयस्कर मानता है। नेता देश-सेवक की जगह शीघ्र ही राष्ट्र-निर्माता की भूमिका में आ जाता है। इस तरह की धन-वैभव से सम्पन्नता का काया-कल्प वाला विस्मयी कथानक शून्य से शिखर तक 'सुप्रीम' और 'हाई कमान' की ऊँचाई पर पहुँचने वालों में आसानी से लक्षित किया जा सकता है। कभी नेता देश के लिए हुआ करता था अब देश नेता के लिए है। अनेक प्रदेशों में सत्ता समीकरणों का खेल जिस तरह चल रहा है उससे साफ़ ज़ाहिर है कि देश जो कभी लक्ष्य था अब निजी साधन होता जा रहा है और देश-सेवा के नाम पर हर तरह से आत्म-गौरव का विस्तार ही एक मात्र उद्देश्य होता जा रहा है। लोक-व्याप्ति की जगह राजनीति का व्यापारीकरण तेज़ी से हो रहा है और सरकार बनाने के लिए लोक-लुभावन नारे और वायदे किये जाने की परम्परा चल पड़ी है। राजनैतिक दलों द्वारा मतदाताओं के आगे चारा फेंकने के विविध उपाय चुनावी तैयारी की रणनीति का मुख्य भाग हुआ करता है जो प्राय: जीतने के साथ ही विस्मृत हो जाते हैं। इन सब राजनीतिक व्यायामों के बीच स्वदेश का वह मूल सरोकार खोता जा रहा है जिसके साथ स्वदेशी शासन की कामना अंग्रेज़ों के अधीन भारत में देश सेवकों द्वारा की गयी थी।

व्यष्टि और समष्टि चिन्ता रखने की जगह घोर स्वार्थकेन्द्रित भौतिकवाद और उपयोगितावाद को अन्तिम सत्य स्वीकारने वाली पश्चिमी दृष्टि हम पर हावी होती गयी। यद्यपि इस मार्ग की सीमाओं को महात्मा गाँधी जैसे समाज-चिन्तकों ने बताया था विशेषत: 'हिन्द स्वराज' तो बीसवीं सदी के शुरू में ही। इस तरह के जोखिम भरे भविष्य की झलक दिखला चुका था। जीवन भर बापू अपने रचनात्मक कार्यक्रमों

और आश्रमों द्वारा आर्थिक, शैक्षिक, सामाजिक और नैतिक जीवन के विकल्प का मार्ग प्रयोग रूप में भी दिखा रहे थे। इस दृष्टि से वे 'स्वदेशी' को स्वाभाविक और समाज तथा भौतिक परिवेश के अनुकूल पाते थे। वे यह भी मान रहे थे कि स्वदेशी को अपनाने से देश के संसाधनों का देश को समृद्ध बनाने के लिए उपयोग हो सकेगा। पर स्वतन्त्र देश के नेतृत्व ने इन सब विचारों और कार्यों को दिवा-स्वप्न, अव्यावहारिक और अनुपयोगी मान कर सिरे से ख़ारिज कर दिया। नये भारत के लिए नीति-निर्माण और योजना की चर्चा के दौरान महात्मा गाँधी वास्तविक अर्थ में अप्रासंगिक हो गये और उनके सामाजिक, राजनैतिक, शैक्षिक और आर्थिक विचार सिर्फ़ ऐतिहासिक रुचि के रह गये।

वर्तमान की उपलब्धियों और सीमाओं को ध्यान में रखकर देश के भविष्य पर विचार करते समय हमारा ध्यान देश को सशक्त और आत्मनिर्भर बनाने पर जाता है। इस लक्ष्य को पाने के लिए स्वदेशी का विचार स्वधर्म के रूप में उभरकर आता है जो सकारात्मक कार्य संस्कृति को सम्भव कर सकता है। स्वदेशी कहते हुए हमारा ध्यान अपने स्वभाव और प्रकृति के अनुकूल देशज व्यवस्था की ओर जाता है। स्वदेशी को अपनाते हुए हम अपने निकट के संसाधनों के उपयोग पर ध्यान देते हैं और पारिस्थितिकी की सीमाओं का सम्मान करते हैं। इससे स्थानीय व्यवस्था को सुदृढ़ करने में मदद मिलती है, सत्ता का विकेन्द्रीकरण होता है और सामान्य जन को समृद्ध होने का अवसर भी उपलब्ध होता है। उससे रोज़गार के अवसर भी बढ़ते हैं और विस्थापन तथा पलायन की विकराल होती समस्या का समाधान भी मिलता है। इन सबसे ऊपर प्रकृति–पर्यावरण के अन्धाधुन्ध शोषण और दोहन की वैश्विक चुनौती का निदान भी स्वदेशी की राह चल कर ही मिल सकेगा। पर धर्म को 'भयावह' कहा गया है और स्वधर्म अर्थात अपने विहित कर्तव्य का पालन हर तरह से श्रेयस्कर माना गया है : स्वधर्मे निधनं श्रेय: परधर्मो भयावह:। एक मातृभूमि की ही हम सन्तानें हैं इसलिए 'पराये को अपनाने की जगह अपनी स्वदेशी' की दृष्टि को अंगीकार करने से ही भारत अपनी समस्याओं का सफलतापूर्वक समाधान कर सकेगा।

देश को स्वतन्त्रता मिली और उसी के साथ अपने ऊपर अपना राज स्थापित करने का अवसर मिला। स्वराज अपने आप में आकर्षक तो है पर यह नहीं भूलना चाहिए कि उसके साथ ज़िम्मेदारी भी मिलती है। स्वतन्त्रता मिलने के बाद स्वतन्त्रता का स्वाद तो हमने चखा पर उसके साथ की ज़िम्मेदारी और कर्तव्य की भूमिका

निभाने में ढीले पड़कर कुछ पिछड़ते गये। देश को देने की जगह शीघ्रता और आसानी से क्या पा लें इस चक्कर में भ्रष्टाचार, भेदभाव तथा अवसरवादिता आदि का असर बढ़ने लगा। इसीलिए देश के आम चुनावों में कई बार भ्रष्टाचार एक मुख्य मुद्दा बनता रहा है और देश की जनता उससे मुक्ति पाने के लिए वोट देती रही है। परन्तु परिस्थितियों में जिस तरह का बदलाव आता गया है उसमें देश की राजनैतिक संस्कृति नैतिक मानकों के साथ समझौते की संस्कृति होती गयी। आज की स्थिति में धन–बल, बाहु-बल, परिवारवाद के साथ राजनीति के किरदारों की अपराध में संलिप्तता किस ज़ोर-शोर से बढ़ती जा रही है वह चिन्ता का विषय हो रहा है। पड़ोसी देश श्रीलंका में राष्ट्रीय अस्थिरता, आर्थिक दीवालिएपन और बर्बादी के हुए ताज़े डरावने घटनाक्रम हमारे सामने हैं। उससे यह स्पष्ट होता है कि नैतिक मानकों की उपेक्षा और राजनीतिज्ञों के आर्थिक लोभ के चलते किसी देश को कितनी बड़ी क़ीमत चुकानी पड़ सकती है। पिछले कुछ दिनों में भारत में जाने कितने हज़ार करोड़ों के घोटालों का पता चला है। इन सबके पीछे यही बात दिखाती है कि आचार में खोट आने पर हर क़िस्म की गिरावट की राह खुल जाती है।

भारतवर्ष की संसद सार्वजनिक जीवन में विचार-विमर्श के लिए उच्चतम वैधानिक संस्था है जहाँ माननीय जन-प्रतिनिधि गण सारे देश के लिए नियम क़ानून बनाते हैं और ज़रूरत पड़ने पर उसे बदलते भी हैं। यह उनकी स्वाभाविक ज़िम्मेदारी बनती है कि वे व्यवहार में विवेक का उपयोग करें और लोक-कल्याण की रक्षा करें। भारतीय संसद के दोनों सदन 'सभा' कहे जाते हैं। सभा शब्द का अर्थ होता है सभ्य जनों का समुदाय। सभ्य वही होता है जो सत्य बोले और सदाचार करे। इस तरह संसद सभ्य लोगों का समुदाय है। संसद में किस तरह वाद, विवाद और संवाद किया जाये इसकी सर्वमान्य पद्धति स्वीकृत है जिसके अन्तर्गत विपक्ष की भूमिका में सत्ता-पक्ष की आलोचना और विरोध की विधान-सम्मत सर्व-स्वीकृत जगह है। ऐसा करना हर तरह से जायज़ भी ठहरता है। वस्तुत: यह एक स्वस्थ परम्परा है जो किसी भी लोकतन्त्र की व्यवस्था के संचालन के लिए एक अनिवार्य ज़रूरत होती है इसलिए उसे होना ही चाहिए ताकि सत्ता-पक्ष पर अंकुश रहे और उसके दायित्व की याद बनी रहे। यह गौरवशाली परम्परा भारत में रही है परन्तु अब स्थितियाँ बदल रही हैं। यह दुर्भाग्य ही कहा जायगा कि लोकसभा (लोअर हाउस) और राज्यसभा (अपर हाउस) में तार्किक चर्चा और सार्थक विचार-विनिमय की जगह सभाकक्ष के भीतर स्वच्छ धवल वस्त्र में अलंकृत माननीयों द्वारा जिस तरह की अनर्गल टिप्पणी,

शोर-शराबा, छीना-झपटी, तोड़-फोड़ और सभाध्यक्ष तथा सभासदों के साथ अभद्र व्यवहार करने की घटनाएँ बढ़ रही हैं वह लज्जाजनक है। संसद के भीतर हंगामा होने के दृश्य बार-बार लगातार टीवी, अख़बार तथा दूसरे मीडिया माध्यमों पर आये दिन दिखाई पड़ने लगे हैं। ऐसा होना अशोभनीय होने से सभ्यता के दायरे में नहीं आता। ऐसा लगता है कि संसद के कार्य में बाधा पैदा करते हुए उसकी कार्रवाई को सुचारु रूप से न चलने देना ही विपक्ष का धर्म होता जा रहा है। यह बड़े खेद की बात है कि कई बार संसद के भीतर सत्ता पक्ष और विपक्ष के सांसद युद्धनद्ध योद्धाओं का सा दृश्य उपस्थित करते हैं। इस तरह की अव्यवस्था के कई प्रत्यक्ष और परोक्ष परिणाम होते हैं। संसद के सत्र के चलने में प्रति मिनट लगभग ढाई लाख रुपये ख़र्च बैठता है। ताज़ा आँकड़ों के अनुसार लोकसभा में कुल बानबे घंटों की अवधि के माननीयों द्वारा उपस्थित किये गये व्यवधान के फलस्वरूप लगभग एक सौ चौवालिस करोड़ रुपये की आर्थिक हानि हुई। व्यवधान पड़ने के कारण बहुत सारे वैधानिक कार्य हंगामे की बलि चढ़ जाते हैं। इनसे कई काम रुक जाते हैं और ज़रूरी निर्णय नहीं लिए जाते। ऐसा भी होता है कि बिना चर्चा के ही कई बिल बिना सोचे समझे यन्त्रवत पास कर दिये जाते हैं। संचार माध्यमों से संसद की कार्यवाही का जनता के बीच सीधे प्रसारण का दर्शकों के मनोभावों पर भी बुरा असर पड़ता है। देख-देख कर बहुत से लोग इस तरह के आचरण को (वैध मान कर!) अपनाने भी लगते हैं। ऐसा करना नेतृत्व और सार्वजनिक कार्य में शामिल होने की इच्छा रखने वालों के लिए मॉडल भी बनने लगता है। बड़े लोग जिस राह पर चलते हैं उसे अक्सर लोग आँख मूँदकर अपनाने लगते हैं।

इसमें कोई सन्देह नहीं कि अभिव्यक्ति की स्वतन्त्रता लोकतन्त्र की जान और शान होती है। परन्तु कोई भी स्वतन्त्रता पूरी तरह निरपेक्ष नहीं हो सकती। ऐसा हुआ तो वह निरंकुशता और स्वच्छन्दता तक पहुँच जायेगी जिसका परिणाम समाज के लिए घातक होगा। इस दृष्टि से यह ज़रूरी है संसद की मर्यादाओं को स्वीकार किया जाये। इसी से जनता के प्रति माननीय सांसदों की जवाबदेही भी पूरी हो सकेगी। भारत की आम जनता पाँच साल के लिए माननीयों को देश और समाज का भला करने के लिए भेजती है। इसलिए राजनीति को देश-हित की दिशा में ले जाने के लिए सांसदों को ज़्यादा से ज़्यादा समय संसद की कार्यवाही को सक्रिय और सकारात्मक रूप से चलाने में लगाना चाहिए। यह तभी हो सकेगा जब आचरण और भाषा की मर्यादाएँ बनी रहें।

विश्व के विशालतम प्रजातान्त्रिक देश की महत्त्वाकांक्षाओं को आकार देने के लिए संविधान बना और उसकी सहायता से सामाजिक विषमताओं और असमानताओं को दूर करने और नागरिक जीवन के विधिसम्मत संचालन की व्यवस्था स्थापित करने की भरसक कोशिश की गयी। उल्लेखनीय है कि देश की सामाजिक-सांस्कृतिक विविधता और बहुलता उस समय भी मौजूद थी जब संविधान बन रहा था। परन्तु उस दौरान सब के बीच देश की एकता के असन्दिग्ध सूत्र भी तीव्रता के साथ मुखर रूप में उपस्थित थे, उनके प्रति अकाट्य प्रतिबद्धता थी और उनका सबके द्वारा आदर भी किया जाता था। महात्मा गाँधी के प्रभाव में राजनैतिक दलों की महत्त्वाकांक्षाएँ देश की व्यापक संकल्पना से सकारात्मक रूप से जुड़ी हुई थीं और उनके न केवल वैचारिक आधार थे बल्कि वे आधार भी अपेक्षाकृत कदाचित अधिक स्पष्ट थे। आज की तुलना में नैतिक आग्रह भी निश्चित रूप से अधिक प्रबल थे। संविधान सभा में उदार और खुले मन से वाद-विवाद के कई दौरों के बीच सदस्यों ने संविधान को अन्तिम रूप दिया और स्वीकार करते हुए लागू किया। सामाजिक मूल्यों के पक्षधर जन प्रतिनिधियों ने संसदीय शासन के संचालन के लिए प्रकट संकल्पों के रूप में संविधान के अन्तर्गत जनता और सरकार दोनों के लिए विधि-निषेधों की एक सुदृढ़ और लचीली श्रृंखला निर्मित की, जिसमें समाज के व्यापक हित के लिए उपाय सुनिश्चित किये गये।

यह खेदजनक है कि सामान्य शिष्टाचार की हदें पार करते लोग आम सभा के मंच, टीवी और सोशल मीडिया में आज हिंसा भी नाना रूपों में तेज़ी से अपने पाँव पसारती जा रही है। इस सबका सम्मिलित परिणाम यह है कि राजनैतिक लोगों की प्रामाणिकता और विश्वसनीयता क्रमश: सन्दिग्ध और क्षीण होती जा रही है और हिंसा की प्रवृत्ति को बल मिल रहा है। सभी सरकारें आज अपने कामों से अधिक कामों का जनता में प्रचार-प्रसार वाले विज्ञापनों पर अधिकाधिक ज़ोर दे रही हैं। कुल मिलाकर आम जनता का अवसर और सुविधा पर टिकी राजनीति से मोह भंग होता जा रहा है।

आज राजनैतिक दलों की उपस्थिति के क्षेत्र बिखर रहे हैं और राष्ट्रीय स्तर के दलों की जगह क्षेत्रीय दल तेज़ी से उभर रहे हैं। ये सभी दल सत्ता की भागीदारी में एक-दूसरे पर बढ़त बनाने के लिए क़िस्म-क़िस्म के अजीबोग़रीब समीकरण भी आज़माते हैं। इस तरह स्थानीय, क्षेत्रीय और राष्ट्रीय स्तर के दबावों के बीच राजनीति को अपना रास्ता ढूँढ़ना और बनाना पड़ रहा है। इसका परिणाम कभी-कभी अराजक

सी स्थिति को जन्म देता है। सहमति और असहमति के स्वरों के बीच कई बार सुविधाजनक पर विचारहीन समझौते की परिस्थितियाँ पैदा होती है। इससे उपजने वाली राजनैतिक अस्थिरता के फलस्वरूप देश के विकास की कोशिश कमज़ोर पड़ जाती है। ऐसे में राजनैतिक दलों को अपने सीमित सोच से ऊपर उठकर राष्ट्रीय हित के लिए काम करने की ज़रूरत है। इक्कीसवीं सदी में जो परिस्थितियाँ बन रही हैं उनको ध्यान में रख प्रजातान्त्रिक संस्कृति को विकसित करना आवश्यक है जिसमें नैतिकता और आपसी संवाद को अधिकाधिक जगह देनी होगी।

आपातकाल का अतीत और उसका भविष्य

जयशंकर पाण्डेय

आपातकाल का अतीत बहुत कड़वा है लेकिन उसका भविष्य बहुत उज्ज्वल है। आपातकाल के बन्दी होने के नाते पीड़ाजनक अहसास के साथ हिम्मत और जीत का अहसास भी होता है। लेकिन आज के दौर की पाबन्दियों को देखकर लगता है कि भारत में आपातकाल का भविष्य बहुत उज्ज्वल है। सैंतालिस साल पहले देश ने और विपक्ष ने आपातकाल का जो अनुभव हासिल किया था वह 1977 में सत्ता परिवर्तन के बाद मिट गया था। हालाँकि 1980 में जब फिर इन्दिरा गाँधी सत्ता में वापस आयीं तो लगा कि जनता की स्मृतियाँ बहुत क्षणिक होती हैं। लेकिन इन्दिरा गाँधी की नयी सरकार को अपनी ग़लतियों का अहसास था और उसके बाद काँग्रेस पार्टी ने जो भी सरकारें चलायीं पूरी सतर्कता से चलायीं। काँग्रेस पर इमरजेंसी का कलंक लगा हुआ था इसलिए वह हर चुनौती को लोकतान्त्रिक ढंग से ही निपटने को तैयार रहती थी। फिर जनता को भी उसके चरित्र पर सन्देह था इसलिए 1984 के अलावा कभी उसे पूर्ण या प्रचंड बहुमत दिया ही नहीं।

बल्कि पिछले 39 सालों में चुनौतियों के बावजूद भारतीय लोकतन्त्र एक जीवन्त लोकतन्त्र बनता हुआ दिखा। उस दौरान सामाजिक न्याय और क्षेत्रीय अस्मिता की शक्तियों का उदय हुआ और उन्होंने कभी दिल्ली की हैसियत घटाकर हैदराबाद, चेन्नई, कोलकाता और बेंगलुरु की हैसियत बढ़ा दी तो कभी राष्ट्रीय दलों के आगे क्षेत्रीय दलों को महत्त्वपूर्ण बना दिया। यही वजह थी इस दौरान चन्द्रशेखर, विश्वनाथ प्रताप सिंह, इन्द्र कुमार गुजराल और देवगौड़ा जैसे नेता प्रधानमन्त्री बने तो, मुलायम सिंह यादव, लालू प्रसाद, बीजू पटनायक, एनटी रामाराव, प्रकाश सिंह बादल, ज्योति बसु, शरद पवार, जयललिता, कांशीराम, मायावती, फारूक अब्दुल्ला, करुणानिधि, चन्द्रबाबू नायडू, हरकिशन सिंह सुरजीत जैसे तमाम नेता

ऐसे थे जो प्रधानमन्त्री तो नहीं बने लेकिन जिनकी हैसियत बड़ी थी और जो दिल्ली की राष्ट्रीय राजनीति में वज़न रखते थे। यह भारतीय लोकतन्त्र का बहुरंगी स्वरूप था। डॉ. मनमोहन सिंह प्रधानमन्त्री थे लेकिन सोनिया गाँधी की राजनीतिक ताक़त उनसे बड़ी थी। इस नये स्वरूप में लोकतन्त्र भारत में अपने को नये ढंग से परिभाषित कर रहा था। गठबन्धन की राजनीति का यह मॉडल जो पश्चिम बंगाल और केरल से चलकर दिल्ली तक पहुँचा था और जिसे वीपी सिंह ने अपनाया था और बाद में अटल बिहारी वाजपेयी ने भी उसे अपनाकर उसके जनक होने का श्रेय लेना चाहा। हालाँकि लगभग यही प्रयोग जयप्रकाश नारायण की प्रेरणा से चरण सिंह और मोरारजी देसाई ने भी किया था। लोकतन्त्र के इस नये चरण को देखकर ही कांशीराम ने कहा था कि हमें केन्द्र में मज़बूत नहीं मजबूर सरकार चाहिए।

केन्द्र की मजबूर सरकार के कारण देश कहीं से कमज़ोर नहीं हो रहा था। बल्कि देश की आर्थिक तरक़्क़ी हुई और नयी प्रौद्योगिकी के साथ ढाँचागत विकास भी हुआ। इसी दौरान सामाजिक न्याय की शक्तियाँ भी मज़बूत हुईं और सैकड़ों सालों से रुका और जातिगत दलदल में धँसा सामाजिक न्याय का रथ भी चल निकला। सामाजिक न्याय के इसी रथ ने साम्प्रदायिकता के अश्वमेध यज्ञ के घोड़े को बाँधा और केन्द्र की सत्ता को यह कहने को मजबूर किया कि वह अयोध्या, समान नागरिक संहिता और अनुच्छेद 370 के मुद्दे को नहीं उठाएगी। लेकिन काँग्रेस के कुप्रबन्धन के कारण 2014 में लोकतन्त्र का यह नया रूप विसर्जित हो गया।

2014 के बाद भारतीय लोकतन्त्र का जो स्वरूप उभरा वह भले ही राष्ट्रीय जनतान्त्रिक गठबन्धन बनाकर सहकारी संघवाद लाने का दावा करे लेकिन उसने इन्दिरा गाँधी और उनके आपातकाल से ज़्यादा सुनियोजित तरीक़े से आपातकालीन क़दम उठाने शुरू कर दिये। इस गठबन्धन ने एक व्यक्ति को सारे अधिकार दे दिये और उसे देश का त्राता बताकर जनता से उस पर मुहर लगवा ली। नारा लगा सबका साथ सबका विकास करने का, अच्छे दिन लाने का, सबके खाते में 15 लाख रुपये जमा करने का और साल में एक करोड़ नौकरियाँ देने का। लेकिन हक़ीक़त में एक व्यक्ति को देश का अधिनायक बनाकर और एक पार्टी और उसके आनुषंगिक संगठनों को देशभक्त का खिताब देकर बाक़ी सभी को या तो भ्रष्ट बता दिया गया या फिर देशद्रोही। यानी इस सिरे से उस सिरे तक सब शरीके जुर्म हैं आदमी या तो जमानत पर रिहा है या फ़रार।

इन्दिरा गाँधी ने तो घोषित करके आपातकाल लगाया था और चुनाव टालने के अलावा संसद का कार्यकाल भी बढ़ाया था। इस निज़ाम ने ऐसा कुछ नहीं किया। लेकिन वह सब कुछ किया जो इन्दिरा गाँधी ने किया था। बल्कि वे उससे भी आगे निकल गये। साम्प्रदायिकता और नफ़रत के अश्वमेध का घोड़ा खोल दिया गया। वह माथे पर राष्ट्रवाद लिखकर पूरे देश में घूम रहा है। बहुसंख्यक समाज का रक्षक बताकर हर चुनाव में उसे चौराहे पर लाकर खड़ा कर दिया जाता है और हर लोकतान्त्रिक शक्ति को चुनौती देता है कि मेरा जो बिगाड़ना हो बिगाड़ लो। आँखों पर नफ़रत की पट्टी बाँध कर सड़क पर खड़ी जनता यह समझ ही नहीं पा रही है कि यह घोड़ा राजा राम का है या दशानन रावण का। उसे पकड़कर बाँधना है या उसके पीछे-पीछे दौड़ना है। मौजूदा निज़ाम की सबसे ख़ास बात यह है कि उससे जुड़े कई लोग आपातकाल विरोधी संघर्ष में थे। इसीलिए जब भी कोई आपातकाल का स्मरण कराता था तो वे कहते थे कि उन्होंने तो आपातकाल से लड़कर देश में लोकतन्त्र क़ायम किया था। इसलिए उनसे कम-से-कम तानाशाही लाने की अपेक्षा न करें। इन्दिरा गाँधी की सरकार ने 1976 में संविधान में 42वाँ संशोधन करके लोकतान्त्रिक संस्थाओं की शक्तियों को क्षीण किया था। इस निज़ाम ने ऐसा कुछ नहीं किया। लेकिन वे संविधान और लोकतन्त्र को अपनी उँगलियों पर नचा रहे हैं। क्योंकि उन्होंने बिना संशोधन किये ही लोकतान्त्रिक संस्थाओं को कमज़ोर कर दिया है। न्यायपालिका, मीडिया और कार्यपालिका की आम्बुड्समैन जैसी संस्थाएँ या तो भयभीत हैं या फिर सत्ता के नशे में सोती रहती हैं। लोकपाल, केन्द्रीय सतर्कता आयोग, मानवाधिकार आयोग यह सब हैं लेकिन क्या कर रहे हैं किसी को कानोंकान ख़बर नहीं। घरों पर बुलडोजर चल रहे हैं, लोगों को बोलने और लिखने पर गिरफ़्तार किया जा रहा है लेकिन उनके मुँह से शब्द भी नहीं निकलते। वे कभी-कभी जागते हैं और गाँव के आलसी पहरेदार की तरह सीटी बजाकर और डंडा फटकार कर सो जाते हैं।

लोकतन्त्र की गठरी में चोर और ठग लग गये हैं। आज काँग्रेस जैसी पार्टी भी सर्वसत्तावाद की लाठी झेल रही है और अब उसके नेताओं को घंटों पूछताछ से गुज़रना पड़ रहा है। उसके दफ़्तर में घुसकर पुलिस पिटाई करती है। उसके नेताओं को सड़क पर घसीटा जा रहा है। यह स्थितियाँ बता रही हैं किसी भी दल के साथ ऐसा हो सकता है। मौजूदा निज़ाम का विरोध करने वाला कोई भी नागरिक या संगठन ऐसा नहीं है जिसे व्यवस्था के दमन की आँच न महसूस हो रही है।

कोई यूएपीए, कोई एनएसए, कोई राजद्रोह के अभियोग के तहत जेल में है और जमानत की सम्भावना दूर-दूर तक नहीं है। जो नहीं है उस पर भ्रष्टाचार की तलवार लटक रही है। उससे भी चिन्ता की बात यह है कि यह सब लोकतन्त्र के नाम पर हो रहा है। दुर्योग देखिए कि इन आठ सालों में धड़ाधड़ चुनाव हो रहे हैं। चाहे कोरोना हो, बाढ़ हो, गर्मी हो या हिमपात चुनाव आयोजन में कोई कमी नहीं है। लेकिन लोकतन्त्र लगातार कमज़ोर हो रहा है। नोटबन्दी, जीएसटी और तालाबन्दी, कृषि क़ानून के बाद अब अग्निपथ के नाम पर देश के नौजवानों और जनता को लथपथ कर दिया गया है। वह सेना को कमज़ोर किये जाने को देशभक्ति समझ रही है वैसे जैसे नोटबंदी को आतंकवाद के विरुद्ध लड़ाई मान रही थी। नज़रबन्दी के इस खेल से आगाह करने वाले हैं लेकिन जनता उनकी बात सुन नहीं रही है या सुनने नहीं दिया जा रहा है। जब तक समाज नहीं चेतेगा तब तक इस देश में इस अघोषित आपातकाल का भविष्य उज्ज्वल ही है।

न्यायपालिका : क्या कुछ सम्भावना शेष है?

अनिल जैन

दुनिया के किसी भी लोकतन्त्र में जब कभी विधायिका और कार्यपालिका जैसे आधार स्तम्भ कमज़ोर होने लगते हैं या उनका नैतिक पतन होने लगता है और लोकतन्त्र का चौथा स्तम्भ माना जाने वाला मीडिया सत्ताधीशों के दास की भूमिका निभाने लगता है तो लोगों के लिए न्यायपालिका ही एकमात्र उम्मीद का केन्द्र बचती है। लेकिन जब लोकतन्त्र के इस सबसे अहम स्तम्भ की हालत भी बाक़ी के तीनों स्तम्भों की तरह हो जाये तो लोकतन्त्र की इमारत का ढहना तय हो जाता है। प्रौढ़ावस्था में पहुँच चुका भारत का लोकतन्त्र इस समय इसी स्थिति से गुज़र रहा है। कहीं कोई उम्मीद की किरण नज़र नहीं आ रही है।

आज़ाद भारत के अब तक सफ़र में पिछले पाँच-छह साल और आपातकाल के 21 महीनों के कालखंड को छोड़ दिया जाये तो न्यायपालिका ने अपनी भूमिका का कमोबेश ठीक-ठाक ही निर्वहन किया है। इस दौरान कई मौक़े आये जब ज़रूरी होने पर न्यायपालिका ने विधायिका को भी उचित और सख़्त निर्देश दिये और कार्यपालिका के भी कान उमेठे। चार दशक पहले आपातकाल के दौरान ज़रूर न्यायपालिका सत्ता की बाँदी बन गयी थी। उस दौरान तत्कालीन प्रधानमन्त्री इन्दिरा गाँधी ने अपनी यह मंशा भी खुलेआम जताई थी कि न्यायपालिका को सरकार के प्रति प्रतिबद्ध यानी वफ़ादार होना चाहिए। उनकी इस मंशा का सुप्रीम कोर्ट के कई तत्कालीन जजों ने समर्थन भी किया था और उनका आचरण भी उसी अनुरूप रहा था। आपातकाल के दौरान नागरिकों के बुनियादी अधिकार तक निलम्बित कर दिये गये थे, जिसके ख़िलाफ़ कहीं कोई अपील, दलील और सुनवाई नहीं हो सकती थी। हर मामले में अदालत से वैसे ही फ़ैसले आने लगे थे जैसा सरकार चाहती थी।

यानी न्यायपालिका सरकार का रसोईघर बन गयी थी, जिसमें सब कुछ सरकार की मर्ज़ी का ही पकता था।

हालाँकि उस दौरान कई उच्च न्यायालयों ने गिरफ़्तार किये गये विपक्षी नेताओं की बन्दी प्रत्यक्षीकरण याचिकाओं की सुनवाई करते हुए कहा था कि नागरिकों को संविधान के अनुच्छेद 21 के उल्लंघन के ख़िलाफ़ अदालतों में जाने का अधिकार है, चाहे वह किसी भी स्थिति में हो। लेकिन सरकार ने उच्च न्यायालयों के आदेशों को नहीं माना था और उन्हें सुप्रीम कोर्ट में चुनौती दी थी। इस मामले में सुप्रीम कोर्ट की पाँच सदस्यीय संविधान पीठ ने 4:1 के बहुमत से सरकार के समक्ष समर्पण करते हुए निर्लज्जता और निर्ममतापूर्वक यह मान लिया था कि राष्ट्रपति के आदेश के तहत आपातकालीन स्थिति में नागरिकों को अपने मौलिक अधिकारों के हनन की स्थिति में न्यायालयों से सम्पर्क करने का कोई अधिकार नहीं है। वस्तुत: सर्वोच्च अदालत ने अपने फ़ैसले में गिरफ़्तार लोगों को तब तक के लिए असहाय छोड़ दिया था, जब तक कि आपातकाल हटा नहीं लिया जाता।

संविधान पीठ द्वारा 4:1 के बहुमत से दिये गये इस फ़ैसले में जिस एक न्यायाधीश ने असहमति दर्ज कराई थी, वह थे जस्टिस हंसराज खन्ना। उन्होंने इससे पहले भी मशर और ऐतिहासिक केशवानन्द भारती मामले में 13 जजों की पीठ द्वारा 7:6 के बहुमत से दिये गये फ़ैसले में संविधान के मूल ढाँचे में बदलाव करने के संसद के असीमित अधिकार को नहीं माना था। उन्होंने कहा था कि संसद किसी भी सूरत में संविधान में संशोधन के ज़रिये लोकतान्त्रिक व्यवस्था, संसद और देश के धर्मनिरपेक्ष स्वरूप को ख़त्म नहीं कर सकती। सरकार को अप्रिय लगने वाले अपने इन फ़ैसलों की क़ीमत आख़िरकार जस्टिस खन्ना को चुकानी पड़ी। 1977 के जनवरी महीने में उनकी वरिष्ठता की अनदेखी कर सरकार ने उनसे कनिष्ठ जस्टिस एचएम बेग को सुप्रीम कोर्ट का प्रधान न्यायाधीश बना दिया। सरकार का यह फ़ैसला जस्टिस खन्ना का सरासर अपमान था, लिहाज़ा उन्होंने अपने आत्म-सम्मान की ख़ातिर सुप्रीम कोर्ट के न्यायाधीश पद से इस्तीफ़ा दे दिया।

बहरहाल यह सब बताने का आशय महज़ इतना ही है कि आपातकाल के दौरान हमारी न्यायपालिका कुछ अपवादों को छोड़ कर पूरी तरह सत्ता के आगे नतमस्तक थी, लेकिन आपातकाल ख़त्म होने और केन्द्र में सत्ता परिवर्तन के बाद वह फिर से पटरी पर आ गयी थी। तीन साल बाद जब इन्दिरा गाँधी दोबारा सत्ता में आयीं तो उन्हें भी काफ़ी सबक मिल चुके थे, लिहाज़ा उन्होंने फिर कभी प्रतिबद्ध न्यायपालिका का राग नहीं छेड़ा। अदालतें निर्द्वन्द्व होकर सरकारों और सत्ताधारी

पार्टी के ख़िलाफ़ भी फ़ैसले देने लगीं। हालाँकि अदालतों में मुक़दमों का अम्बार, न्यायाधीशों की कमी, तारीख़ पर तारीख़, फ़ैसलों में देरी, भ्रष्टाचार जैसी पहले से व्याप्त विसंगतियाँ अपनी जगह न सिर्फ़ क़ायम रहीं बल्कि समय के साथ-साथ उनका विस्तार होता गया और आज तो वह चरम पर हैं। इसी के साथ पिछले 6-7 वर्षों से न्यायपालिका एक बार फिर उसी ढर्रे पर लौट गयी है, जहाँ वह आपातकाल के दौरान थी।

जिस तरह आपातकाल के दौरान सत्ता की ओर से प्रतिबद्ध न्यायपालिका की जो मंशा ज़ाहिर की गयी थी, उसी तरह मौजूदा सरकार की ओर से न्यायपालिका को नसीहत देते हुए साफ़ शब्दों में कह दिया गया है कि अदालतें किसी भी मामले में फ़ैसला देते वक़्त व्यावहारिक रुख अपनाएँ और वैसे ही फ़ैसले दें, जिन पर अमल किया जा सके (27 अक्टूबर 2018 को केन्द्रीय गृहमन्त्री अमित शाह का बयान)। अदालतों के फ़ैसले भी सरकार की नसीहत के मुताबिक़ आ रहे हैं। ऐसा सिर्फ़ संवैधानिक और नीतिगत मामलों में ही नहीं बल्कि आपराधिक मामलों में भी हो रहा है।

ताज़ा मामला तो पिछले दिनों का ही है। कर्नाटक के स्कूलों में हिजाब पर प्रतिबन्ध लगाने के कर्नाटक सरकार के फ़ैसले को सुप्रीम कोर्ट में चुनौती देने वाली याचिका पर याचिकाकर्ता के वकील ने जब संविधान में वर्णित धर्मनिरपेक्षता का हवाला देते हुए हिजाब पहनने के अधिकार के पक्ष में दलील दी तो सुनवाई कर रही पीठ के एक जज ने धर्मनिरपेक्षता को लेकर एक बड़ी गम्भीर टिप्पणी की। उन्होंने कहा कि संविधान निर्माताओं ने धर्मनिरपेक्षता शब्द को संविधान की प्रस्तावना में जोड़ने पर विचार नहीं किया था, इसे तो 1976 में संविधान के 42वें संशोधन के ज़रिये संविधान की प्रस्तावना में जोड़ा गया था। हालाँकि हिजाब को लेकर सुप्रीम कोर्ट की पीठ का फ़ैसला विभाजित रहा। धर्मनिरपेक्षता पर टिप्पणी करने वाले जज ने हिजाब पर प्रतिबन्ध को सही ठहराया है, जबकि दूसरे जज ने हिजाब पहनने को मौलिक अधिकार और व्यक्ति की आज़ादी का मामला मानते हुए प्रतिबन्ध को और उसे जायज़ ठहराने वाले कर्नाटक हाई कोर्ट के फ़ैसले को ग़लत ठहराया है। अब इस मामले में सुप्रीम कोर्ट की बड़ी पीठ सुनवाई करेगी। वह जो भी फ़ैसला दे, यह एक अलग मुद्दा है लेकिन धर्मनिरपेक्षता को लेकर सुप्रीम कोर्ट के जज की टिप्पणी असाधारण है और मौजूदा सरकार के शीर्ष पर बैठे लोग अक्सर अपने भाषणों में धर्मनिरपेक्षता जैसे संवैधानिक मूल्य और विश्वास करने वालों पर जिस

तरह कटाक्ष करते रहते हैं, उससे यह सन्देह पैदा होता है कि भविष्य में धर्मनिरपेक्षता शब्द को संविधान से हटाया जा सकता है। यहाँ यह भी ग़ौरतलब है कि भाजपा नेता सुब्रह्मण्यम स्वामी ने 'धर्मनिरपेक्षता' और 'समाजवाद' शब्द को संविधान से हटाने के लिए सुप्रीम कोर्ट में एक याचिका दायर कर रखी है। इसके अलावा भाजपा के एक सांसद केजे अल्फोंस भी संविधान से 'समाजवाद' शब्द को हटाने के लिए राज्यसभा में निजी विधेयक पेश कर चुके हैं।

यह तो हुआ संविधान और धर्मनिरपेक्षता से सम्बन्धित एक मामला। इसके अलावा भी हाल के समय में पिछले कुछ दिनों का ही रिकॉर्ड उठाकर देखें तो पता चलता है कि कुछ उच्च अदालतें तो भाजपा नेताओं और भाजपा से क़रीबी सम्बन्ध रखने वाले पूर्व नौकरशाहों व अन्य लोगों को राहत देने और विपक्षी पार्टियों के नेताओं की नकेल कसने के लिए ही बैठी हैं। अपवाद के तौर पर भी किसी भाजपा नेता या भाजपा से जुड़े व्यक्ति को अदालत ने निराश नहीं किया है। गम्भीर से गम्भीरतम आपराधिक मामले में फँसे जिस भी व्यक्ति ने राहत माँगी है, उसे राहत मिली है। उसी तरह अपवाद स्वरूप भी किसी विपक्षी नेता को राहत मिलना तो दूर, उलटे उसे अदालत की सख़्ती का सामना करना पड़ा है।

यह भी देखने में आ रहा है कि भाजपा विरोधी राज्य सरकारें अगर किसी भाजपा नेता, अधिकारी, पूर्व अधिकारी या कारोबारी के ख़िलाफ़ कोई भी कार्रवाई शुरू करती हैं तो उसे आनन-फानन में अदालतों से राहत मिल जाती है। लेकिन उसी राज्य सरकार के किसी नेता या अधिकारी के ख़िलाफ़ सीबीआई, प्रवर्तन निदेशालय यानी ईडी और आयकर जैसी केन्द्रीय एजेंसियाँ कार्रवाई करती हैं तो उनको कोई राहत नहीं मिलती है। हो सकता है कि यह संयोग हो लेकिन एक-दो नहीं, अनेक मामलों में यह संयोग हुआ है।

एक बड़ा मामला महाराष्ट्र के भाजपा नेता किरीट सौमेया और उनके बेटे का है। पूर्व सांसद किरीट सौमेया और उनके बेटे पर राष्ट्रीय धरोहर रहे विमान वाहक जहाज़ 'आईएनएस विक्रांत' का कबाड़ बेचे जाने के मामले में क़रीब 75 करोड़ रुपये के घोटाले का आरोप है। निचली अदालत ने उन्हें अग्रिम जमानत देने से इनकार कर दिया था, लेकिन बॉम्बे हाई कोर्ट ने पिता-पुत्र दोनों को तत्काल राहत दे दी। इसी तरह केन्द्रीय मन्त्री और भाजपा नेता नारायण राणे तथा उनके बेटे नीलेश राणे के ख़िलाफ़ महाराष्ट्र सरकार ने मानहानि का मुक़दमा किया और कुछ अन्य मुक़दमे भी उनके ख़िलाफ़ दर्ज हुए तो उनको निचली अदालत ने ही गिरफ़्तारी से राहत दे दी।

मुम्बई के पुलिस कमिश्नर परमबीर सिंह हालाँकि भाजपा के नेता नहीं हैं, लेकिन सब जानते हैं कि महाराष्ट्र सरकार और उसके मन्त्रियों के ख़िलाफ़ उनकी बयानबाज़ी किसके इशारे पर हो रही थी। उन पर घूस लेने से लेकर रंगदारी वसूलने और मनी लॉन्ड्रिंग सहित कई आरोप हैं। वे ख़ुद भी अपने पर लगे आरोपों की गम्भीरता को समझ रहे थे और इसीलिए कई महीनों तक लापता रहे थे। केन्द्रीय जाँच एजेंसियों ने उनके देश से भाग जाने का अन्देशा जताया था और जिसे लेकर सुप्रीम कोर्ट ने भी तीखी टिप्पणी की थी। बाद में वे किसी तरह अदालत में पेश हुए, लेकिन उनकी गिरफ़्तारी नहीं हो सकी। हाई कोर्ट से लेकर सुप्रीम कोर्ट तक ने हर मामले में उनकी गिरफ़्तारी पर रोक लगा दी, जिसकी वजह से महाराष्ट्र पुलिस चाह कर भी कुछ नहीं कर पा रही है। सम्भव है कि उनका मुक़दमा ही राज्य सरकार से लेकर सीबीआई को दे दिया जाये।

ऐसा ही मामला महाराष्ट्र कॉडर की आईएएस अधिकारी रश्मि शुक्ला का है। उन पर आरोप है कि उन्होंने भाजपा की देवेन्द्र फड़नवीस सरकार के समय विपक्षी नेताओं और अन्य लोगों के फ़ोन टेप कराये थे। इस मामले में राज्य सरकार मामला दर्ज कर कार्रवाई शुरू करने जा ही रही थी कि बॉम्बे हाई कोर्ट ने उनके ख़िलाफ़ कार्रवाई पर रोक लगा दी और उन्हें गिरफ़्तारी से भी राहत दे दी। रश्मि शुक्ला इस समय केन्द्रीय प्रतिनियुक्ति पर होते हुए हैदराबाद में केन्द्रीय रिज़र्व पुलिस बल की अतिरिक्त पुलिस महानिदेशक के रूप में तैनात हैं।

रिपब्लिक टीवी के मालिक और सम्पादक अर्नब गोस्वामी और अभिनेत्री कंगना रनौत को भी बॉम्बे हाई कोर्ट से राहत मिली हुई है। अर्नब गोस्वामी के ख़िलाफ़ व्हाट्सएप चैट के ज़रिये देश की सुरक्षा से सम्बन्धित कुछ गोपनीय जानकारियाँ लीक करने और टीआरपी घोटाले का मामला दर्ज है, जबकि कंगना रनौत के ख़िलाफ़ किसान आन्दोलन के दौरान सिक्ख समुदाय के ख़िलाफ़ आपत्तिजनक ट्वीट करने का मामला है।

उपर्युक्त सारे मामलों के ठीक उलट महाराष्ट्र सरकार के मन्त्रियों अनिल देशमुख और नवाब मलिक को हाई कोर्ट से लेकर सुप्रीम कोर्ट तक कहीं राहत नहीं मिली। दोनों नेता जेल में बन्द हैं। राज्य पुलिस के अधिकारी सचिन वझे और शिव सेना की ओर से विधानसभा का चुनाव लड़ चुके पूर्व पुलिस अधिकारी प्रदीप शर्मा भी किसी अदालत से राहत नहीं हासिल कर पाये हैं। ये दोनों भी जेल में हैं।

उच्च अदालतों का यह रुख महाराष्ट्र से लेकर पश्चिम बंगाल, पंजाब, दिल्ली और दूसरे राज्यों में भी एक जैसा है। पश्चिम बंगाल के भाजपा नेता सुभेंदु अधिकारी

पर जब राज्य सरकार ने आर्थिक भ्रष्टाचार के मामले दर्ज कर कार्रवाई शुरू की तो अदालत से उन्हें तत्काल राहत मिल गयी। पिछले दिनों हाई कोर्ट ने पाँच मामले राज्य पुलिस से लेकर सीबीआई को सौंप दिये। इनमें से ज़्यादातर मामलों में तृणमूल काँग्रेस के नेता आरोपी हैं।

इन तमाम मामलों के बरअक्स देश भर से गिरफ़्तार सामाजिक और मानवाधिकार कार्यकर्ताओं का मामला देखें तो हैरानी होती है। बेहद बूढ़े हो चुके सामाजिक कार्यकर्ता सालों से जेल में बन्द हैं। पुलिस उनके ख़िलाफ़ कोई ठोस सबूत आज तक पेश नहीं कर पायी है, फिर भी उन्हें जमानत नहीं मिल रही है। 80 साल के बुजुर्ग कवि वरवर राव को जेल में नज़र का चश्मा हासिल करने के लिए संघर्ष करना पड़ता है और पार्किंसन के शिकार 84 वर्षीय फादर स्टेन स्वामी पानी पीने के लिए सीपर की माँग करते हुए जेल में ही दम तोड़ देते हैं। ऐसे मामलों में हमारी अदालतों को न तो लोकतन्त्र याद आता है और न ही मानवता।

हाई कोर्टों और सुप्रीम कोर्ट के कई सेवानिवृत्त और सेवारत जज कई मौक़ों पर यह बात कुबूल कर चुके हैं कि भारत में ग़रीब और कमज़ोर वर्ग को अदालतों से न्याय आसानी से नहीं मिलता। उनका यह भी कहना रहा है कि ग़रीब और वंचित तबके के लोग जब न्याय के लिए अदालत के दरवाज़े खटखटाएँ तो अदालतों को संवेदनशील होना चाहिए। लेकिन निचली अदालतों और हाई कोर्टों की बात तो छोड़िए, सुप्रीम कोर्ट ऐसे मामलों में कितनी निष्ठुरता से पेश आता है, इसकी मिसाल इसी साल जुलाई महीने में छत्तीसगढ़ में पुलिस के हाथों 16 आदिवासियों की हत्या से सम्बन्धित मामले में देखने को मिली। छत्तीसगढ़ के सुकमा ज़िले में 14 साल पहले यानी 2009 में पुलिस ने 16 आदिवासियों को नक्सली करार देते हुए मौत के घाट उतार दिया था और डेढ़ साल के एक बच्चे के हाथ काट दिये थे। इस लोमहर्षक वारदात के ख़िलाफ़ छत्तीसगढ़ के आदिवासियों के बीच काम करने वाले गाँधीवादी कार्यकर्ता हिमांशु कुमार ने सुप्रीम कोर्ट का दरवाज़ा खटखटाया था। उन्हें उम्मीद थी कि सुप्रीम कोर्ट से आदिवासियों को इंसाफ़ मिलेगा और हत्यारे पुलिस कर्मियों को सज़ा मिलेगी। लेकिन इस उम्मीद के विपरीत सुप्रीम कोर्ट ने मामले की जाँच कराये बग़ैर ही जुलाई महीने में फ़ैसला सुनाते हुए छत्तीसगढ़ पुलिस को क्लीन चिट दे दी और हिमांशु कुमार पर 'इंसाफ़ माँगने के संगीन जुर्म' में पाँच लाख रुपये का जुरमाना लगा दिया। शीर्ष अदालत ने इसके साथ ही छत्तीसगढ़ सरकार से कहा कि वह हिमांशु कुमार के ख़िलाफ़ धारा 211 के तहत यानी अपराध का झूठा आरोप लगाने के लिए मुक़दमा दायर करे। शीर्ष अदालत और उसकी मातहत अदालतों के

ऐसे रवैये से ही पुलिस को खुलकर खेलने की छूट मिलती है और वह सत्ता में बैठे अपने राजनीतिक आकाओं के इशारों पर कभी भी किसी को मार कर मुठभेड़ करार दे देती है या हिरासत में हत्या कर उसे आत्महत्या बता देती है।

अगर न्यायपालिका का ही कोई हिस्सा न्यायपालिका की अलोकतान्त्रिक और जनद्रोही छवि को तोड़ने की कोशिश करता भी है तो सत्ता के प्रति वफ़ादारी रखने वाला न्यायपालिका का एक प्रभावशाली हिस्सा उस कोशिश को नाकाम कर देता है। इस सन्दर्भ में दिल्ली विश्वविद्यालय के प्रोफ़ेसर जीएन साईबाबा और पाँच अन्य सामाजिक कार्यकर्ताओं का मामला ताज़ा उदाहरण है। केन्द्रीय जाँच एजेंसियों ने इन लोगों को 2014 में नक्सलियों से सम्बन्ध रखने और देश के ख़िलाफ़ युद्ध छेड़ने की गतिविधि में शामिल होने के आरोप में गिरफ़्तार किया था। मार्च 2017 गढ़चिरौली (महाराष्ट्र) के सत्र न्यायालय ने शारीरिक रूप से लगभग 80 प्रतिशत विकलांग प्रोफ़ेसर साईबाबा समेत सभी छह लोगों को यूएपीए यानी ग़ैर-क़ानूनी गतिविधियाँ रोकथाम अधिनियम के तहत नक्सलियों से जुड़े होने का दोषी करार देकर आजीवन कारावास की सज़ा सुनाई थी। सभी आरोपियों को नागपुर सेंट्रल जेल में रखा गया था, जहाँ एक आरोपी पांडु पोरा नरोटे की अगस्त 2022 में मौत हो गयी थी। आरोपियों की ओर से सत्र न्यायालय के फ़ैसले को बॉम्बे हाई कोर्ट की नागपुर पीठ में चुनौती दी गयी थी। हाई कोर्ट ने 14 अक्टूबर 2022 को अपने फ़ैसले में साईबाबा समेत सभी छह आरोपियों को बरी कर दिया। बॉम्बे हाई कोर्ट के इस फ़ैसले को महाराष्ट्र सरकार ने तत्काल सुप्रीम कोर्ट में चुनौती दी। सुप्रीम कोर्ट की दो सदस्यीय पीठ ने भी बग़ैर कोई देरी किये अवकाश के दिन ही मामले की सुनवाई की और हाई कोर्ट के आदेश को निलम्बित करते हुए सभी आरोपियों की रिहाई पर रोक लगा दी। सरकार की अपील पर सुप्रीम कोर्ट के इस हस्तक्षेप से यही ज़ाहिर होता है कि सरकार और न्यायपालिका के शीर्ष पर बैठे लोग ही नहीं चाहते कि न्यायपालिका के जनद्रोही हो चुके चरित्र के बारे में किसी को कोई भ्रम न रहे। यहाँ यह उल्लेख करना लाजिमी होगा कि सुप्रीम कोर्ट की जिस पीठ ने बॉम्बे हाई कोर्ट के आदेश को निलम्बित कर आरोपियों की रिहाई पर रोक लगायी है, उस पीठ के एक जज वही जस्टिस एमआर शाह हैं, जिन्होंने पिछले साल यानी 2021 में गुजरात हाई कोर्ट के हीरक जयन्ती समारोह में प्रधानमन्त्री नरेन्द्र मोदी को देश का सबसे लोकप्रिय, जीवन्त और दूरदर्शी नेता बताया था।

बहरहाल कुछ समय पहले सुप्रीम कोर्ट ने अदालत की अवमानना के एक मामले की सुनवाई करते हुए कहा था कि जजों पर आरोप लगाना या उन पर

जानलेवा हमले करना अब एक फैशन बन गया है, जो कि बहुत चिन्ताजनक है। जस्टिस डीवाई चन्द्रचूड़ ने 23 मई 2022 को यह टिप्पणी अवमानना के मामले में एक वकील को 15 दिन की क़ैद की सज़ा देने के मद्रास हाई कोर्ट के फ़ैसले को बरकरार रखते हुए की थी। इससे कुछ ही दिन पहले 8 अप्रैल 2022 को सुप्रीम कोर्ट के तत्कालीन प्रधान न्यायाधीश एनवी रमना ने भी इसी से मिलती-जुलती टिप्पणी करते हुए कहा था कि देश में जजों को बदनाम करने का चलन सा शुरू हो गया है। उन्होंने इस बात पर भी चिन्ता जताई थी कि अदालतों के फ़ैसलों को गम्भीरता से नहीं लिया जा रहा है।

यह सही है कि हाल के वर्षों में हाई कोर्ट और निचली अदालतों के जजों पर हमले की कई घटनाएँ हुई हैं। हमले चाहे जिन वजहों से हुए हों; लेकिन सभ्य समाज में इन्हें जायज़ नहीं माना जा सकता। इसलिए इस सिलसिले में जस्टिस चन्द्रचूड़ की चिन्ता से कोई भी असहमत नहीं हो सकता। यह सभी राज्य सरकारों की ज़िम्मेदारी है कि वे जस्टिस चन्द्रचूड़ की चिन्ता को गम्भीरता से लेते हुए अपने-अपने सूबों में जजों की सुरक्षा सुनिश्चित करें। लेकिन जहाँ तक जजों पर आरोप लगाने या उन्हें बदनाम करने और अदालतों के फ़ैसलों को गम्भीरता से न लेने की बात है, इस पर तो ख़ुद जज समुदाय को ही सोचना होगा कि आख़िर ऐसा क्यों हो रहा है?

ज़्यादा पहले न भी जायें और हाल के दिनों की ही बात करें तो सिर्फ़ निचली अदालतों और हाई कोर्टों ने ही नहीं बल्कि सुप्रीम कोर्ट ने भी कई ऐसे अजीबोग़रीब फ़ैसले दिये हैं या मामलों की सुनवाई के दौरान अतार्किक टिप्पणियाँ की हैं, जिनसे अदालतों की मंशा और विश्वसनीयता पर सवाल खड़े होते हैं।

मिसाल के तौर पर महज़ इसी साल जनवरी महीने की बात है। पंजाब के अकाली नेता बिक्रम सिंह मजीठिया पर नशे की तस्करी कराने और तस्करों को शरण देने जैसे गम्भीर आरोप हैं। इस मामले में उनकी गिरफ़्तारी होना तय थी, जिससे बचने के लिए उन्होंने पंजाब एवं हरियाणा हाई कोर्ट की शरण ली। उन पर आरोप चूँकि गम्भीर हैं। इसीलिए हाई कोर्ट ने उनकी अग्रिम जमानत ख़ारिज कर दी। लेकिन सुप्रीम कोर्ट ने 31 जनवरी को उनकी गिरफ़्तारी पर 23 फ़रवरी तक के लिए रोक लगा दी ताकि वे विधानसभा चुनाव की प्रक्रिया में हिस्सा ले सकें। सुप्रीम कोर्ट ने अपने आदेश में लोकतन्त्र की दुहाई देते हए कहा, "हम एक लोकतन्त्र हैं, जहाँ राजनेताओं को चुनाव में नामांकन दाख़िल करने की अनुमति दी जानी चाहिए और ऐसी धारणा नहीं बननी चाहिए कि दुर्भावना से प्रेरित होकर मुक़दमे दायर किये गये हैं।"

यह सही है कि किसी व्यक्ति पर जब तक आपराधिक आरोप साबित न हो जाये तब तक उसे चुनाव प्रक्रिया में भाग लेने से नहीं रोका जा सकता। आपातकाल के दौरान समाजवादी नेता जॉर्ज फर्नांडीज पर राजद्रोह का आरोप था और वे जेल में बन्द थे। उन्होंने जेल में रहते हुए ही चुनाव लड़ा था और जीते थे। बाद में सरकार ने उनके ख़िलाफ़ मुक़दमा वापस ले लिया था। ऐसे भी कई मामले हैं जिनमें आपराधिक पृष्ठभूमि वाले लोगों ने भी जेल में रहते हुए चुनाव लड़ा है। इसलिए विक्रम मजीठिया की अगर गिरफ़्तारी हो भी जाती तो उन्हें चुनाव लड़ने से नहीं रोका जा सकता था। लेकिन सुप्रीम कोर्ट ने उनकी गिरफ़्तारी पर रोक लगाकर उन्हें राहत प्रदान की। कहा जा सकता है कि यह अदालत के विवेक का मामला है।

लेकिन ऐसे ही मामले में इसके ठीक उलट अदालत ने एक फ़ैसला इसी साल अप्रैल महीने में राज्यसभा चुनाव के सिलसिले में दिया। मनी लॉन्ड्रिंग के मामले में जेल में बन्द महाराष्ट्र सरकार के मन्त्री नवाब मलिक और पूर्व मन्त्री अनिल देशमुख को बॉम्बे हाई कोर्ट ने राज्यसभा चुनाव में मतदान करने की अनुमति नहीं दी। मलिक और देशमुख ने अपनी याचिका में कहा था कि उन्हें या तो निजी मुचलके पर एक दिन के लिए हिरासत से रिहा कर दिया जाये या पुलिस एस्कॉर्ट के साथ मतदान के लिए विधानसभा भवन तक जाने की अनुमति दी जाये, लेकिन उनकी याचिका पहले निचली अदालत ने और बाद में बॉम्बे हाई कोर्ट ने ख़ारिज कर दी। सवाल है कि चुनाव लड़ना किसी भी व्यक्ति का लोकतान्त्रिक अधिकार है तो क्या मतदान करना व्यक्ति के लोकतान्त्रिक अधिकारों के तहत नहीं आता है? सिर्फ़ सज़ायाफ़्ता व्यक्ति को ही इस अधिकार से वंचित किया जा सकता है। चूँकि मलिक और देशमुख के ख़िलाफ़ मामला अभी विचाराधीन है, इसलिए ज़ाहिर है कि उन्हें राज्यसभा चुनाव में मतदान की अनुमति न देने से उनके लोकतान्त्रिक अधिकार का हनन हुआ। यही नहीं, उन्हें मताधिकार से वंचित करने का सीधा असर चुनाव के नतीजे पर भी पड़ा और केन्द्र में सत्तारूढ़ दल को फ़ायदा हुआ। इस मामले में विक्रम मजीठिया के मामले की तरह अदालत को लोकतन्त्र की याद नहीं आयी।

यह तो हुईं विरोधाभासों और पक्षपात से भरे न्यायालयीन फ़ैसलों की कुछ मिसालें। हाल के दिनों में कुछ ऐसे भी मामले देखने में आये हैं जिनमें उच्च अदालतों ने अप्रत्याशित रूप ये साम्प्रदायिक नफ़रत फैलाने वाले आरोपियों का बचाव किया है। इस सिलसिले में दिल्ली में साल 2020 में हुए साम्प्रदायिक दंगे से सम्बन्धित एक मामले की इसी साल यानी 2022 के मार्च महीने में हुई सुनवाई को देखा जा सकता है। दिल्ली में साल 2020 में हुए साम्प्रदायिक दंगे से पहले एक केन्द्रीय मन्त्री

अनुराग ठाकुर ने आम सभा में भाषण देते हुए लोगों से नारा लगवाया था—"देश के गद्दारों को गोली मारो सालों को।" यह नारा नागरिकता संशोधन क़ानून का विरोध करने वाले को निशाना बनाकर लगवाया गया था। उसी दौरान दिल्ली के भाजपा सांसद परवेश वर्मा ने एक सभा में लोगों से कहा था—"शाहीन बाग में नागरिकता क़ानून के ख़िलाफ़ आन्दोलन कर रहे लोग आपकी बहन-बेटियों के साथ बलात्कार करने और उन्हें मारने के लिए आपके घरों में घुस जायेंगे।"

भड़काऊ और नफ़रत फैलाने वाले भाषण देने के आरोपी इन दोनों भाजपा नेताओं के ख़िलाफ़ प्राथमिकी एफआईआर दर्ज कराने के लिए दायर एक जनहित याचिका की पिछले दिनों सुनवाई करते हुए दिल्ली हाई कोर्ट ने बेहद अजीबोग़रीब दलील दी। हाई कोर्ट ने कहा, "अगर मुस्कुराते हुए कुछ कहा जाता है तो वह अपराध नहीं है, लेकिन अगर वही बात आक्रामक रूप से ग़ुस्से में कही जाये तो उसे अपराध माना जा सकता है।"

अदालत की इस दलील को नज़ीर मान कर भविष्य में तो कोई व्यक्ति अपने भाषण में हँसते हुए लोगों के घरों में आग लगाने और उन्हें ज़िन्दा जलाने की अपील भी कर सकता है। हालाँकि हाई कोर्ट ने याचिका पर फ़ैसला सुरक्षित रखा है लेकिन अदालत की उपर्युक्त टिप्पणी से ज़ाहिर है कि वह क्या फ़ैसला सुनाएगी। कहने की आवश्यकता नहीं कि अदालत ने प्रकारान्तर से आरोपियों का बचाव किया है और ऐसा करते हुए जो बेहूदा दलील दी है, वैसी दलील तो आरोपियों के बचाव में उनके वकीलों ने भी नहीं दी होगी।

बहरहाल ठीक एक महीने बाद ही यानी 2022 के अप्रैल महीने में इसी हाई कोर्ट ने कथित भड़काऊ भाषण के मामले में बिल्कुल अलग रुख़ अख़्तियार किया है। उसने जवाहरलाल नेहरू विश्वविद्यालय (जेएनयू) के छात्र नेता उमर खालिद के फ़रवरी 2020 में महाराष्ट्र के अमरावती शहर में नागरिकता संशोधन क़ानून के ख़िलाफ़ दिये गये भाषण को बेहद आक्रामक और नफ़रत भरा मानते हुए उसे उसी साल दिल्ली में हुए साम्प्रदायिक दंगे के लिए ज़िम्मेदार माना है।

अमरावती के जिस कार्यक्रम में उमर खालिद का भाषण हुआ था, वहाँ उनका परिचय एक इन्क़लाबी और क्रान्तिकारी ख़यालों वाले छात्र नेता के रूप में दिया गया था। उच्च अदालत ने इन दोनों शब्दों (इन्क़लाबी और क्रान्तिकारी) के इस्तेमाल पर ऐतराज़ जताया है। अदालत का मानना है कि ये दोनों शब्द आक्रामक होने के साथ ही लोगों को उकसाने वाले हैं।

इन्क़लाब और क्रान्तिकारी जैसे शब्दों की जो व्याख्या उच्च अदालत ने की है, वह अभूतपूर्व होने के साथ ही हैरान करने वाली है। साथ ही इन शब्दों को जिस तरह दिल्ली के दंगों से जोड़कर देखा है, उस पर तो सिर्फ़ हँसा ही जा सकता है। अगर अदालत की इस व्याख्या को अन्तिम रूप से मान लिया जाये तो देश की आबादी के एक बड़े हिस्से को जेल में डालना होगा, क्योंकि सार्वजनिक जीवन में ख़ासकर राजनीतिक गतिविधियों से जुड़ा अमूमन हर व्यक्ति सार्वजनिक तौर पर इन शब्दों का इस्तेमाल करता ही रहता है, भले ही वह किसी भी विचारधारा का हो।

अदालत की दो सदस्यीय विद्वान न्यायाधीशों की पीठ ने यह भी माना है कि सार्वजनिक विमर्श में प्रधानमन्त्री का ज़िक्र करते समय उनके सम्बन्ध में जुमला या चंगा जैसे शब्दों का इस्तेमाल अमर्यादित और अशोभनीय है। इस सन्दर्भ में अव्वल तो अदालत को यह बताना ज़रूरी है कि जुमला शब्द उर्दू का है जो हिन्दी में पूरी तरह घुलमिल गया है। जुमला का अर्थ होता है एक वाक्य या शब्दों का समूह। राजनीतिक विमर्श में सबसे पहले प्रधानमन्त्री मोदी के सम्बन्ध में इसका इस्तेमाल गृहमन्त्री अमित शाह ने उस वक़्त किया था, जब एक टीवी इंटरव्यू के दौरान उनसे प्रधानमन्त्री मोदी के कुछ चुनावी वायदों के बारे में सवाल किया गया था। अमित शाह का कहना था कि चुनावी सभाओं में तो कई तरह के जुमले बोले जाते हैं।

अदालत को यह शब्द किस वजह से अमर्यादित और प्रधानमन्त्री की शान में गुस्ताखी लगा, यह हैरानी की बात है। कहने की आवश्यकता नहीं कि इस शब्द की अदालती व्याख्या सुनकर गृहमन्त्री अमित शाह को भी निश्चित ही हँसी आयी होगी। जहाँ तक 'चंगा' शब्द की बात है, यह पंजाबी भाषा शब्द है। इसका अर्थ होता है—अच्छा, बढ़िया, श्रेष्ठ, उत्तम, निरोग, निर्विकार, तन्दुरुस्त आदि। यह शब्द हिन्दी, उर्दू, मराठी आदि भाषाओं में भी पूरी तरह घुलमिल गया है और ख़ूब इस्तेमाल होता है। ख़ुद प्रधानमन्त्री नरेन्द्र मोदी ने भी सितम्बर 2019 में अमेरिका में आयोजित 'हाउडी मोदी' कार्यक्रम में इसका इस्तेमाल करते हुए कहा था, 'भारत में सब चंगा सी' यानी भारत में सब अच्छा है। अमरावती में उमर खालिद ने भी अपने भाषण में व्यंग्य करते हुए प्रधानमन्त्री के इस जुमले को दोहराया था। अत: यहाँ भी समझा जा सकता है कि अदालत द्वारा जुमला शब्द को अशोभनीय बताये जाने पर प्रधानमन्त्री मोदी भी मुस्कुराये बिना नहीं रहे होंगे।

उमर खालिद को दिल्ली पुलिस की स्पेशल सेल ने सितम्बर 2020 में यूएपीए (ग़ैर-क़ानूनी गतिविधियाँ रोकथाम क़ानून) के तहत गिरफ़्तार किया था।

वे तब से ही जेल में हैं। निचली अदालत उन्हें जमानत देने से इनकार कर चुकी है। निचली अदालत के फ़ैसले के ख़िलाफ़ दायर याचिका पर ही हाई कोर्ट ने उमर खालिद के भाषण को सुनने के बाद उनके वकील से कहा, "यह आक्रामक, बेहूदा और लोगों को उकसाने वाला है। जैसे—उमर खालिद ने कहा था कि आपके पूर्वज अंग्रेज़ों की दलाली कर रहे थे, क्या आपको नहीं लगता कि यह आपत्तिजनक है? इससे ऐसा लगता है कि केवल किसी एक विशेष समुदाय ने ही भारत की आज़ादी की लड़ाई लड़ी थी।" यह टिप्पणी करते हुए हाई कोर्ट ने महात्मा गाँधी और शहीद भगत सिंह की दुहाई भी दी और सवाल किया कि क्या गाँधी जी और भगत सिंह ने इस तरह की भाषा का इस्तेमाल किया था?

अभी अदालत ने इस मामले में भी अन्तिम फ़ैसला नहीं सुनाया है, लेकिन उसने कहा है कि आरोपी का भाषण पहली नज़र में स्वीकार करने लायक नहीं है। यानी इस मामले में भी अदालत की टिप्पणियों से अनुमान लगाया जा सकता है कि फ़ैसला क्या आयेगा!

दोनों ही मामलों में अदालत का फ़ैसला जो भी आये, मगर सवाल है कि अगर अदालत की निगाह में अनुराग ठाकुर और परवेश बर्मा के भाषण भड़काऊ और नफ़रत फैलाने वाले नहीं हैं तो फिर उमर खालिद का भाषण कैसे नफ़रत फैलाने वाला हो सकता है? उमर खालिद ने न तो किसी को गोली मारने का आह्वान किया था और न ही किसी समुदाय विशेष को बलात्कारी कहा था। उन्होंने तो नागरिकता संशोधन क़ानून की विसंगति और बदनीयती के सन्दर्भ में एक विशेष राजनीतिक विचारधारा के समर्थकों की ओर इशारा करते हुए यही कहा था कि "आपके पूर्वज अंग्रेज़ों की दलाली कर रहे थे।" इसमें किसी को उकसाने वाली या शान्ति भंग करने वाली बात अदालत ने कैसे महसूस कर ली, यह बड़ा सवाल है।

फिर ऐसा कहने वाले उमर खालिद कोई पहले या अकेले व्यक्ति भी नहीं हैं। यह बात तो उनसे पहले भी कई लोग कह चुके हैं और अभी भी कहते हैं और लिखते हैं। आगे भी यह सिलसिला जारी रहेगा। इस मुद्दे पर तो कई किताबें भी आ चुकी हैं, जिनमें इस बात को विस्तार से और तथ्यों के साथ कहा गया है। कोई भी व्यक्ति सर्वज्ञ होने का दावा नहीं कर सकता, अदालतों के माननीय न्यायाधीश भी नहीं। अदालत के विवेक पर सन्देह किये बग़ैर इतिहास की पुस्तकों में दर्ज यह तथ्य उसके संज्ञान में लाना बहुत ज़रूरी है कि जिस समय देश का स्वाधीनता संग्राम 'भारत छोड़ो आन्दोलन' के रूप में अपने तीव्रतम और निर्णायक दौर में था, उस दौरान उस आन्दोलन का विरोध करते हुए राष्ट्रीय स्वयंसेवक संघ

(आरएसएस) और हिन्दू महासभा के नेता डॉ. केशव बलिराम हेडगेवार, विनायक दामोदर सावरकर, श्यामाप्रसाद मुखर्जी और माधव सदाशिव गोलवलकर उर्फ़ गुरुजी आदि पूरी तरह ब्रिटिश हुकूमत की तरफ़दारी कर रहे थे।

इसलिए ऐतिहासिक तथ्यों की रोशनी में देखा जाये तो उमर खालिद के उस बयान में कुछ भी आपत्तिजनक नहीं है, जिस पर अदालत ने आगबबूला होते हुए सख़्त टिप्पणियाँ की हैं। यह तो नहीं कहा जा सकता कि अदालत ने उमर खालिद के बयान को साम्प्रदायिक नज़रिये से देखा है, लेकिन अदालत से यह सामान्य अपेक्षा तो की ही जा सकती है कि वह ऐतिहासिक तथ्यों की रोशनी में उमर के बयान की विवेचना करे।

अनुराग ठाकुर, परवेश वर्मा और उमर खालिद के मामले में जैसी हास्यास्पद दलीलें हाई कोर्ट ने दीं वैसा ही हास्यास्पद और शर्मनाक रवैया बहुचर्चित 'सुल्ली डील' और 'बुल्ली डील' एप मामले के आरोपियों के मामले में भी निचली अदालत ने अपनाया। इन एप पर मुस्लिम समुदाय की बुद्धिजीवी महिलाओं, महिला पत्रकारों और सामाजिक कार्यकर्ताओं की तस्वीरें डाल कर उनकी बोली लगाने जैसे घृणित अपराध के दो आरोपियों को जमानत पर रिहा करने का आदेश देते हुए दिल्ली की पटियाला हाउस कोर्ट ने बेहद फूहड़ दलील दी। अदालत ने कहा कि चूँकि आरोपियों ने पहली बार कथित रूप से कोई अपराध किया है और मुक़दमे के ट्रायल में काफ़ी समय लगेगा, इसलिए उन्हें लम्बे समय तक हिरासत में रखना उनके भावी जीवन की भलाई के लिए 'मानवीय आधार' पर उचित नहीं होगा। कोई आश्चर्य नहीं कि जिस आधार पर अदालत ने दोनों आरोपियों को जमानत दी है, उसी आधार पर कुछ समय बाद उन्हें बरी भी कर दिया जाये।

इससे पहले पिछले साल बलात्कार के एक मामले में गुवाहाटी हाई कोर्ट ने आरोपी को महज़ इस आधार पर जमानत दे दी कि वह आईआईटी का छात्र है। हाई कोर्ट ने जमानत मंजूर करते हुए कहा कि आरोपी एक होनहार छात्र है और देश के लिए भविष्य की सम्पत्ति है, इसलिए आरोप तय होने के बाद उसे हिरासत में रखना उचित नहीं होगा। बाद में ज़ाहिर हुआ कि आरोपी छात्र भारतीय जनता पार्टी और राष्ट्रीय स्वयंसेवक संघ से जुड़े छात्र संगठन अखिल भारतीय विद्यार्थी परिषद से जुड़ा है।

अदालतों ने ऐसी ही उदारता भाजपा और आरएसएस से जुड़े उन कथित साधु-सन्तों के बारे में भी दिखाई है, जिन्होंने कुछ समय पहले हरिद्वार और रायपुर में धर्म संसद के नाम से आयोजित जमावड़े में महात्मा गाँधी की हत्या को जायज़

ठहराते हुए नाथूराम गोडसे के समर्थन में नारे लगाये थे और हिन्दू युवकों से आह्वान किया था कि वे कॉपी-किताब छोड़कर हथियार उठायें और मुसलमानों का देश से नामोनिशान मिटा दें। जिन-जिन साधुओं के ख़िलाफ़ इस मामले में मुक़दमा क़ायम हुआ था, उन सभी को अदालत ने बिना कोई देरी किये जमानत पर रिहा कर दिया।

नफ़रत फैलाने वाले भाषण से सम्बन्धित सात साल पुराने एक बहुचर्चित मामले में अदालत का जो फ़ैसला आया है, उसे तो न्यायिक फ़ैसले के बजाय न्यायिक चुटकुला कहना ज़्यादा उचित होगा। सात साल पहले यानी 2015 में दिल्ली से सटे नोएडा (गौतमबुद्धनगर) ज़िले के एक गाँव में नफ़रती भाषण देकर दंगा भड़काने के आरोपी भाजपा नेता और पूर्व विधायक संगीत सोम को गौतमबुद्धनगर की ज़िला अदालत ने दोषी तो माना है लेकिन सज़ा के तौर पर उस पर महज़ 800 रुपये का जुर्माना लगाया है। ऐसा करके अदालत ने एक तरह से उस आरोपी को उसके समर्थकों के बीच हीरो बना दिया है। साम्प्रदायिक हिन्दू संगठनों के लिए इस फ़ैसले का सन्देश साफ़ है कि ख़ूब भड़काऊ भाषण दो, नफ़रत फैलाओ और दंगे कराओ...अगर क़ानूनी पेचीदगियों के चलते 'दोषी' करार दे भी दिये गये तो सज़ा के नाम पर '800 रुपये के जुर्माने' जैसा कोई चुटकुला सुना दिया जायेगा।

इन पक्षपातपूर्ण फ़ैसलों और टिप्पणियों के अलावा हाई कोर्ट के कई जजों की अवैज्ञानिक और हास्यास्पद टिप्पणियों ने भी हाल के वर्षों में ख़ूब सुर्ख़ियाँ बटोरी हैं। मसलन कुछ साल पहले 2017 में राजस्थान हाई कोर्ट के जज महेश चन्द्र शर्मा ने एक मुक़दमे की सुनवाई के दौरान बग़ैर किसी सन्दर्भ के कहा था "मोर इसलिए राष्ट्रीय पक्षी है, क्योंकि वह ब्रह्मचारी होता है। वह मोरनी के साथ सहवास नहीं करता। मोरनी उसके आँसू पीकर गर्भवती होती है। यही कारण है कि भगवान श्रीकृष्ण अपने माथे पर मोर पंख लगाते थे।"

इसी सिलसिले में इलाहाबाद हाई कोर्ट के जज शेखर कुमार यादव की गाय को लेकर की गयी टिप्पणी को भी याद किया जा सकता है। जस्टिस यादव ने पिछले साल सितम्बर महीने में गायों की तस्करी के आरोपी एक व्यक्ति की जमानत याचिका की सुनवाई करते हुए कहा था कि गाय ही एकमात्र ऐसा पशु है जो ऑक्सीजन छोड़ता है। न्यायमूर्ति यादव ने सरकार से गाय को राष्ट्रीय पशु और गोरक्षा को हिन्दुओं का मौलिक अधिकार घोषित करने का भी अनुरोध किया था।

यही नहीं, इन्हीं जस्टिस यादव ने पिछले दिसम्बर महीने में एक आपराधिक मामले की सुनवाई के दौरान अपने अधिकार क्षेत्र से बाहर जाकर बग़ैर किसी सन्दर्भ के प्रधानमन्त्री से अनुरोध किया था कि कोरोना के ख़तरे को देखते हुए प्रधानमन्त्री

और चुनाव आयोग को उत्तर प्रदेश विधानसभा के चुनाव टालने पर विचार करना चाहिए। हाई कोर्ट का चुनाव आयोग से चुनाव टालने का अनुरोध तो एक बार समझ में आता है लेकिन प्रधानमन्त्री से इस आशय का अनुरोध किये जाने का औचित्य समझ से परे है, क्योंकि चुनाव टालने या करवाने में प्रधानमन्त्री की औपचारिक या संवैधानिक तौर पर कोई भूमिका नहीं होती है। यह मामला सिर्फ़ और सिर्फ़ चुनाव आयोग के अधिकार क्षेत्र में आता है। ग़ौरतलब है कि जस्टिस यादव के पहले भाजपा के भी कुछ वरिष्ठ नेता उत्तर प्रदेश में चुनाव टालने की माँग कर चुके थे, इसीलिए जस्टिस यादव के चुनाव टालने सम्बन्धी सुझाव के राजनीतिक निहितार्थ तलाशे जाना स्वाभाविक थे और तलाशे भी गये।

विरोधाभासों से भरे या पक्षपातपूर्ण दिखने वाले ऐसे अदालती फ़ैसलों और जजों की अजीबोग़रीब टिप्पणियों के और भी कई मामले हैं। लेकिन यह चंद उदाहरण पर्याप्त हैं, यह समझने के लिए जजों पर आरोप लगाने के फैशन को बढ़ावा कहाँ से मिल रहा है!

अदालतों की टिप्पणियाँ और फ़ैसले ही सरकार और सत्तारूढ़ दल की मंशा के अनुरूप नहीं आ रहे हैं बल्कि न्यायिक गरिमा और नैतिक मर्यादा को लाँघते हुए सर्वोच्च और उच्च अदालतों के जज राजनीतिक बयानबाज़ी करते हुए प्रधानमन्त्री की तारीफ़ भी कर रहे हैं। इस सिलसिले में ढाई साल पहले 2020 के फ़रवरी महीने में नयी दिल्ली में आयोजित अन्तर्राष्ट्रीय न्यायिक सम्मेलन को याद किया जा सकता है। उस सम्मेलन को सम्बोधित करते हुए सुप्रीम कोर्ट के तत्कालीन जज अरुण मिश्रा ने प्रधानमन्त्री नरेन्द्र मोदी की तारीफ़ करते हुए उन्हें अत्यन्त दूरदर्शी और बहुमुखी प्रतिभा का धनी बताया। उन्होंने कहा कि विश्वदृष्टि और वैश्विक सोच को रखते हुए भी मोदी अपने स्थानीय हितों को नहीं भूलते।

'न्यायपालिका और बदलती दुनिया' विषय पर दुनिया के तमाम देशों के न्यायाधीशों के उस सम्मेलन में मूल विषय से हटकर जस्टिस मिश्रा के मुँह से निकली प्रधानमन्त्री की यह तारीफ़ न सिर्फ़ अप्रासंगिक थी बल्कि न्यायिक मर्यादा के ख़िलाफ़ भी थी। जस्टिस मिश्रा की तरह ही सुप्रीम कोर्ट के एक अन्य जज एमआर शाह ने 8 फ़रवरी 2021 को गुजरात हाई कोर्ट के हीरक जयन्ती समारोह में प्रधानमन्त्री मोदी को देश का सबसे लोकप्रिय, जीवन्त और दूरदर्शी नेता बताया। उन्होंने कहा कि वे प्रधानमन्त्री की उपस्थिति में इस कार्यक्रम में शामिल होकर ख़ुद को गौरवान्वित महसूस कर रहे हैं। इसी तरह कुछ हाई कोर्ट जजों ने मुक़दमों की सुनवाई के दौरान तो कुछ ने सार्वजनिक समारोहों में प्रधानमन्त्री की तारीफ़

की अप्रत्याशित और अनावश्यक रूप से प्रशंसा की। यहाँ यह बताना ज़रूरी है कि इससे पहले कभी देखने-सुनने में नहीं आया कि किसी सेवारत जज ने किसी प्रधानमन्त्री की प्रशंसा में भाषण दिये हों। यह चलन नरेन्द्र मोदी के प्रधानमन्त्री बनने के बाद ही शुरू हुआ है।

सेवारत जजों के मुँह से प्रधानमन्त्री का प्रशस्ति गान बताता है कि हमारी न्यायपालिका किस क़दर राजनीतिक सत्ता की बाँदी बन चुकी है। इससे यह भी समझा जा सकता है कि जजों के सेवानिवृत्त होने के बाद भारी-भरकम वेतन, सरकारी बंगला, गाड़ी, नौकर-चाकर आदि तमाम सुविधाओं से युक्त उनका पुनर्वास कैसे होता है। किसी को किसी न्यायिक आयोग या ट्रिब्यूनल का अध्यक्ष बना दिया जाता है तो किसी को किसी सूबे के राजभवन में राज्यपाल बनाकर बैठा दिया जाता है और किसी को राज्यसभा की सदस्यता दे दी जाती है।

वैसे न्यायपालिका में निचले स्तर से लेकर सर्वोच्च स्तर तक भ्रष्टाचार, पक्षपात और सरकारी दबाव में फ़ैसले कोई नयी परिघटना नहीं है और इस बात को हाई कोर्ट और सुप्रीम कोर्ट के कई सेवानिवृत्त न्यायाधीशों ने भी अलग-अलग समय पर स्वीकार किया है, लेकिन इस सिलसिले में पुख़्ता संकेत 12 जनवरी 2018 को सुप्रीम कोर्ट के चार वरिष्ठ जजों की ऐतिहासिक प्रेस कॉन्फ्रेंस से मिल चुके हैं। चारों जजों ने अप्रत्याशित क़दम उठाते हुए एक प्रेस कॉन्फ्रेंस आयोजित की थी जिसमें उन्होंने सुप्रीम कोर्ट से सम्बन्धित कुछ व्यवस्थागत बुनियादी सवाल उठाये थे। उन्होंने प्रधान न्यायाधीश पर स्थापित व्यवस्था को तोड़ने-मरोड़ने का आरोप लगाया था। हालाँकि उन्होंने प्रधान न्यायाधीश के मोटिव पर कुछ नहीं कहा था और सरकार को लेकर भी कोई टिप्पणी नहीं की थी। इसके बावजूद सरकार और सत्ताधारी पार्टी के प्रवक्ताओं और सरकार समर्थक टिप्पणीकारों व पत्रकारों ने उन चार जजों के बयान पर आक्रामकता के साथ प्रतिक्रिया जताई थी और तत्कालीन प्रधान न्यायाधीश का बचाव किया।

सुप्रीम कोर्ट के चार जजों द्वारा तत्कालीन प्रधान न्यायाधीश की विवादास्पद और सन्देहास्पद कार्यशैली को लेकर उठाये गये सवालों पर सुप्रीम कोर्ट के ही पूर्व न्यायाधीश पीवी सावंत ने एक टीवी चैनल को दिये इंटरव्यू में जो कहा था, वह भी ग़ौरतलब है। जस्टिस सावंत ने कहा है कि मीडिया के माध्यम से देश से मुखातिब होने वाले चारों जजों ने जो कहा है, उससे ज़ाहिर है कि समस्या बहुत गम्भीर है, तभी उन्हें इस तरह का क़दम उठाना पड़ा है। चारों जजों का यह क़दम देशहित में है और इससे नागरिकों को जानकारी मिली है कि देश की न्याय व्यवस्था किस तरह चल रही है।

जस्टिस सावंत ने सबसे अहम बात यह कही थी—"देश की जनता को यह समझ लेना चाहिए कि कोई भी न्यायाधीश भगवान नहीं होता। भारत की अदालतों में अब आमतौर पर फ़ैसले होते हैं, यह ज़रूरी नहीं कि वहाँ न्याय हो।"

हालाँकि अदालतों में होने वाली गड़बड़ियों को लेकर सर्वोच्च अदालत के भीतर से ही पहले भी मामलों की सुनवाई के दौरान आवाज़ें उठती रही हैं और पीठासीन जजों ने अपनी मातहत अदालतों को कई बार फटकार भी लगायी है। लेकिन आज़ाद भारत में यह पहला मौक़ा था जब सुप्रीम कोर्ट के चार जजों ने मीडिया के माध्यम से देश से मुखातिब होते हुए सुप्रीम कोर्ट के मुखिया को ही सवालों और सन्देह के कठघरे में खड़ा करते हुए देश के लोकतन्त्र को ख़तरे में बताया था।

हालाँकि जिन चार जजों ने प्रेस कॉन्फ्रेंस कर प्रधान न्यायाधीश की कार्यशैली को सन्देहास्पद बताया था, उनमें से एक जज रंजन गोगोई बाद में ख़ुद प्रधान न्यायाधीश बने और बहुत ढुलमुल साबित हुए। उनके ही ऑफ़िस में कार्यरत एक महिला ने उन पर अपने यौन शोषण का आरोप लगाया। उस मामले की सुनवाई ख़ुद जस्टिस गोगोई ने की और ख़ुद ही उस मामले में अपने आपको बेगुनाह करार दे दिया। उस प्रकरण के बाद उन्होंने प्रधान न्यायाधीश के रूप में सारे महत्त्वपूर्ण मामलों के फ़ैसले सरकार की मंशा के अनुरूप दिये, जिनमें सबसे उल्लेखनीय फ़ैसला अयोध्या का बाबरी मस्जिद बनाम राम जन्मभूमि मामले में रहा, जो तरह-तरह के विरोधाभासों से भरा है। यह और बात है कि देश के मुस्लिम समुदाय ने उदारता का परिचय देते हुए उस फ़ैसले को भी कुबूल कर लिया। बाद में सेवानिवृत्त होने पर जस्टिस रंजन गोगोई को सरकार ने पुरस्कार स्वरूप राज्यसभा का मनोनीत सदस्य बना दिया।

न्यायपालिका में लगी भ्रष्टाचार की दीमक और न्यायतन्त्र पर मँडरा रहे विश्वसनीयता के संकट ने ही कुछ साल पहले देश के तत्कालीन प्रधान न्यायाधीश एसएच कपाड़िया को यह कहने के लिए मजबूर कर दिया था कि जजों को आत्म-संयम बरतते हुए राजनेताओं, मन्त्रियों और वकीलों के सम्पर्क में रहने और निचली अदालतों के प्रशासनिक कामकाज में दख़लअन्दाज़ी करने से बचना चाहिए। 16 अप्रैल 2011 को एमसी सीतलवाड़ स्मृति व्याख्यान देते हुए जस्टिस कपाड़िया ने कहा था कि जजों को सेवानिवृत्ति के बाद नियुक्ति के लोभ से भी बचना चाहिए, क्योंकि नियुक्ति देने वाला बदले में उनसे अपने फ़ायदे के लिए निश्चित ही कोई काम करवाना चाहेगा। जस्टिस कपाड़िया ने जजों के समक्ष उनके रिश्तेदार वकीलों के पेश होने की प्रवृत्ति पर भी प्रहार किया था और कहा था कि इससे जनता में

ग़लत सन्देश जाता है और न्यायपालिका जैसे सत्यनिष्ठ संस्थान की छवि मलिन होती है। न्यायमूर्ति कपाड़िया ने राजनेताओं की बिरादरी से भी कहा था कि वे भ्रष्ट और बेईमान जजों को संरक्षण न दें।

ऐसे समय में जब भ्रष्टाचार का कैंसर हमारे सामाजिक-सार्वजनिक जीवन की रग-रग में फैल चुका हो, जिसके कारण सहज नागरिक-जीवन बिताना बेहद मुश्किल हो गया हो और हमारी समूची शासन व्यवस्था की वैधता सवालों के घेरे में हो, तब आम आदमी के लिए न्यायपालिका ही एक ऐसी संस्था हो सकती है जो उसकी उम्मीदों का सहारा बन सके। लेकिन हमारा राष्ट्रीय दुर्भाग्य है कि उम्मीदों का यह सहारा भी भ्रष्टाचार की इस गम्भीर बीमारी से नहीं बच पाया है। उसके शरीर के कई अंगों में इस बीमारी के कीटाणु प्रवेश कर गये हैं। हालात की इसी गम्भीरता को भाँपते हुए सुप्रीम कोर्ट ने 26 नवम्बर 2010 को इलाहाबाद हाई कोर्ट के एक फ़ैसले के ख़िलाफ़ सुनवाई करते हुए कुछ जजों की ईमानदारी और नीयत पर बेहद मुखर अन्दाज़ में सीधे-सीधे सवाल उठाते हुए काफ़ी तल्ख टिप्पणियाँ की थीं। सुप्रीम कोर्ट ने देश के इस सबसे बड़े हाई कोर्ट से निकलने वाली भ्रष्टाचार की सड़ाँध पर आग बबूला होते हुए कहा था, "शेक्सपियर ने अपने मशहूर नाटक 'हेमलेट' में कहा है कि डेनमार्क राज्य में कुछ सड़ा हुआ है। यही बात इलाहाबाद हाई कोर्ट के बारे में भी कही जा सकती है। इस हाई कोर्ट के कुछ न्यायाधीश 'अंकल जज सिंड्रोम' से पीड़ित हैं।" सुप्रीम कोर्ट के इस आक्रोश की वजह यह थी कि इलाहाबाद हाई कोर्ट ने अपने अधिकार क्षेत्र से बाहर जाते हुए बहराइच के वक्फ बोर्ड के ख़िलाफ़ एक सर्कस कम्पनी के मालिक के पक्ष में एक अनुचित आदेश पारित कर दिया था, जबकि यह मामला इस हाई कोर्ट की लखनऊ खंडपीठ के अन्तर्गत आता था। इस मामले के पहले से भी इलाहाबाद हाई कोर्ट के बारे में सुप्रीम कोर्ट के पास कई गम्भीर शिकायतें थीं, जिनको लेकर उसने अपना आक्रोश ज़ाहिर करने में कोई कोताही नहीं की। सुप्रीम कोर्ट ने कहा था— "इस हाई कोर्ट के कई न्यायाधीशों के बेटे और रिश्तेदार वहीं वकालत कर रहे हैं और वकालत शुरू करने के कुछ ही वर्षों के भीतर वे करोड़पति हो गये हैं, उनके आलीशान मकान बन गये हैं, उनके पास लकदक गाड़ियाँ आ गयी हैं और वे ऐश-ओ-आराम की ज़िन्दगी जी रहे हैं।"

सुप्रीम कोर्ट की इन्हीं टिप्पणियों से आहत होकर इलाहाबाद हाई कोर्ट ने अपनी छवि और गरिमा की दुहाई देते हुए एक समीक्षा याचिका दायर कर सुप्रीम कोर्ट से इन टिप्पणियों को हटाने की गुज़ारिश की थी। लेकिन सुप्रीम कोर्ट ने 10 दिसम्बर 2010 को न सिर्फ़ इस याचिका को निर्ममतापूर्वक ठुकरा दिया था,

बल्कि उसने और ज़्यादा तल्ख़ अन्दाज़ में कहा था—"देश की जनता बुद्धिमान है, वह सब जानती है कि कौन जज भ्रष्ट है और कौन ईमानदार।" अपनी पूर्व में की गयी टिप्पणियों को हटाने से इनकार करते हुए सुप्रीम कोर्ट ने यह भी साफ़ कर दिया था कि उसकी ये टिप्पणियाँ सभी जजों पर लागू नहीं होती हैं, क्योंकि इस हाई कोर्ट के कई जज काफ़ी अच्छे हैं, जो अपनी ईमानदारी व निष्ठा के ज़रिये इलाहाबाद हाई कोर्ट का झंडा ऊँचा किये हुए हैं। सुप्रीम कोर्ट ने यह भी कहा था कि इलाहाबाद हाई कोर्ट को उसकी टिप्पणियों पर प्रतिक्रिया जताने के बजाय आत्म-चिन्तन करना चाहिए।

हालाँकि उच्च न्यायपालिका में भ्रष्टाचार का यह कोई नया मामला नहीं था। बीती शताब्दी के आख़िरी दशक में न्यायमूर्ति वी रामास्वामी से लेकर पिछले दशक में कर्नाटक और सिक्किम हाई कोर्ट के पूर्व मुख्य न्यायाधीश पीडी दिनाकरण और कलकत्ता हाई कोर्ट के पूर्व न्यायाधीश सौमित्र सेन तक कई उदाहरण हैं, जिनमें निचली अदालतों से लेकर उच्च अदालतों तक के न्यायाधीशों पर भ्रष्टाचार के आरोप लगे हैं। इस सिलसिले में नवम्बर 2010 में गुजरात हाई कोर्ट के मुख्य न्यायाधीश एसजे मुखोपाध्याय ने तो अपने ही मातहत कुछ जजों के भ्रष्टाचरण पर बेहद गम्भीर टिप्पणी करते हुए कहा था—"गुजरात में न्यायपालिका का भविष्य संकट में है, जहाँ पैसे के बल पर कोई भी फ़ैसला ख़रीदा जा सकता है।" उसी दौरान मध्य प्रदेश उच्च न्यायालय की ग्वालियर खंडपीठ के कुछ जजों के बारे में भी कुछ ऐसी ही शिकायतें ग्वालियर अभिभाषक संघ के अध्यक्ष ने सुप्रीम कोर्ट को भेजी थीं। इससे पहले देश के पूर्व क़ानून मन्त्री शान्तिभूषण ने तो सुप्रीम कोर्ट में हलफनामा दाख़िल कर देश के आठ पूर्व प्रधान न्यायाधीशों पर भ्रष्टाचार के गम्भीर आरोप लगाये थे, लेकिन उस पर विचार करने के बजाय सुप्रीम कोर्ट ने उलटे शान्तिभूषण पर दबाव डाला था कि वे अपने इस हलफनामे को वापस ले लें। हालाँकि उन्होंने अपना हलफनामा वापस नहीं लिया।

न्यायपालिका में भ्रष्टाचार के चलते फ़ैसले कैसे पलट जाते हैं, इस सिलसिले में बानगी के तौर पर पिछली शताब्दी के अस्सी के दशक का एक बड़ा मामला बेहद दिलचस्प है। मामला यह है कि मध्य प्रदेश हाई कोर्ट की इन्दौर खंडपीठ ने एक जनहित याचिका की सुनवाई करते हुए इन्दौर नगर निगम के छह इंजीनियरों को भ्रष्टाचार के मामले में निलम्बित कर उन्हें गिरफ़्तार करने का आदेश दिया था। सभी छह इंजीनियर जेल में थे। उनकी जमानत के आवेदन पर कई दिनों तक सुनवाई चली। सुनवाई के दौरान उन इंजीनियरों को अदालत लाया जाता था।

सुनवाई करने वाली पीठ के दोनों जजों ने एक सप्ताह से भी ज़्यादा समय तक चली सुनवाई के दौरान महात्मा गाँधी, रवीन्द्रनाथ टैगोर, कीट्स, वड्र्सवर्थ, शेक्सपियर, मार्क ट्वेन, वॉल्टेयर आदि दुनियाभर के तमाम विचारकों, दार्शनिकों और साहित्यकारों के उद्धरणों के साथ भ्रष्टाचार के ख़िलाफ़ प्रवचन देते हुए आरोपी इंजीनियरों को ख़ूब खरी-खोटी सुनाई। स्थानीय अख़बारों में इस मामले की ख़बरों को ख़ूब जगह मिली। दोनों जजों ने भी ख़ूब वाहवाही बटोरी। दिलचस्प अन्दाज़ में मामले का अन्त यह हुआ कि दोनों जजों ने अपनी सेवानिवृत्ति के चंद दिनों पहले मुक़दमे का निबटारा करते हुए सभी आरोपी इंजीनियरों को 'ठोस सबूतों के अभाव में' बरी कर दिया तथा सरकार की जाँच एजेंसी को जमकर लताड़ा। सभी छह इंजीनियरों की सेवाएँ फिर से बहाल हो गयीं और वे एक बार फिर पहले की तरह सीना तानकर 'लोकसेवा' में जुट गये।

हमारी न्यायपालिका की भ्रष्ट और सन्देहास्पद कार्यशैली के ये सारे मामले पिछले दो से तीन दशक से भी ज़्यादा पुराने हो चुके हैं लेकिन भारतीय न्याय व्यवस्था की स्थिति में कोई गुणात्मक बदलाव नहीं आया है। बल्कि यूँ कहें कि हालात और ज़्यादा संगीन होते गये।

न्यायपालिका में भ्रष्टाचार की बात को सुप्रीम कोर्ट के प्रधान न्यायाधीश रहे वीएन खरे ने तो बड़े ही सपाट अन्दाज़ में स्वीकार किया था। 2002 से 2004 के दौरान सर्वोच्च अदालत के मुखिया रहे जस्टिस खरे ने अपने एक इंटरव्यू में कहा था—"जो लोग यह दावा करते हैं कि न्यायपालिका में भ्रष्टाचार नहीं हैं, मैं उनसे सहमत नहीं हूँ। मेरा मानना है कि न्यायपालिका में भ्रष्टाचार का यह नासूर ऐसा है जिसे छिपाने से काम नहीं चलेगा, इसकी तुरन्त सर्जरी करने की आवश्यकता है।" जस्टिस खरे ने न्यायपालिका में भ्रष्टाचार पर क़ाबू पाने के लिए महाभियोग जैसे प्रावधान और उसकी प्रक्रिया को भी नाकाफ़ी बताया था।

न्यायपालिका में भ्रष्टाचार की चर्चा के इस सिलसिले में मद्रास और कलकत्ता हाई कोर्ट के जज रहे सीएस कर्णन को भी नहीं भूला जा सकता। जस्टिस सीएस कर्णन ने 23 जनवरी 2017 को प्रधानमन्त्री को लिखे एक पत्र में सुप्रीम कोर्ट और विभिन्न हाई कोर्टों के 20 जजों पर भ्रष्टाचार के आरोप लगाते हुए जाँच कराने का अनुरोध किया था। प्रधानमन्त्री ने वह पत्र प्रधान न्यायाधीश को भेज दिया। प्रधान न्यायाधीश ने उस पत्र को न्यायपालिका की अवमानना करार देते हुए जस्टिस कर्णन की न्यायिक शक्तियाँ छीन कर उनके ख़िलाफ़ अवमानना की कार्रवाई शुरू कर दी। जब कर्णन ने इस कार्रवाई को चुनौती दी तो सुप्रीम कोर्ट की सात सदस्यीय पीठ ने

उनकी मानसिक हालत की जाँच करने का आदेश दे दिया और फिर अन्ततः उन्हें अवमानना का दोषी मानते हुए छह महीने के लिए जेल भेज दिया। किसी पदासीन जज को जेल की सज़ा सुनाये जाने का यह अपने आप में पहला मौक़ा था। होना तो यह चाहिए था कि प्रधानमन्त्री को लिखे जस्टिस कर्णन के पत्र का सुप्रीम कोर्ट स्वतः संज्ञान लेता और बीस जजों पर कर्णन के लगाये आरोपों की जाँच कराता लेकिन उसने ऐसा करने के बजाय अवमानना क़ानून के डंडे से जस्टिस कर्णन को हकालते हुए जेल पहुँचा दिया। डरे हुए और बिके हुए मीडिया तथा नागरिक समाज ने भी जस्टिस कर्णन के मामले में अपनी भूमिका का ठीक से निर्वाह नहीं किया। ऐसे में कहा जा सकता है कि इस सबके पीछे जातीय पूर्वाग्रह की भी अहम भूमिका रही। जस्टिस कर्णन ख़ुद भी मद्रास हाई कोर्ट में अपने कार्यकाल के दौरान मुख्य न्यायाधीश और अन्य साथी जजों पर अपने को दलित होने की वजह से प्रताड़ित करने के आरोप लगाते रहे थे।

हमारी न्यायपालिका में कई जजों का जातीय, नस्लीय और साम्प्रदायिक पूर्वाग्रह न सिर्फ़ उनके दिये हुए फ़ैसलों में झलकता है, बल्कि सुनवाई के दौरान आरोपी को लेकर उनकी टिप्पणियों में भी भरपूर टपकता है। इस सिलसिले में बिहार के पूर्व मुख्यमन्त्री लालू प्रसाद का मामला उल्लेखनीय है। जनवरी 2018 में राँची की सीबीआई कोर्ट ने चारा घोटाले के मामले में सज़ा सुनाई थी। लालू प्रसाद पहले से ही जेल में बन्द थे। सीबीआई कोर्ट के न्यायाधीश ने सज़ा सुनाते हुए कहा, "इन्हें खुली जेल में रखिए, क्योंकि इन्हें गाय, भैंस, बकरी चराने का अनुभव है।" स्पष्ट रूप से जज की यह टिप्पणी न सिर्फ़ अवांछनीय थी बल्कि न्यायालयीन और मानवीय गरिमा के विरुद्ध भी थी। इस टिप्पणी से दो दिन पहले जब लालू प्रसाद को दोषी करार दिया गया था तब लालू प्रसाद ने न्यायाधीश से शिकायत की थी कि जेल में सर्दी ज़्यादा लगती है। उनकी शिकायत का आशय था कि जेल में क़ैदियों के लिए सर्दी से बचाव के पर्याप्त प्रबन्ध नहीं हैं। उनकी इस शिकायत पर होना यह था कि न्यायाधीश जेल प्रशासन को आवश्यक निर्देश देते लेकिन उन्होंने लालू प्रसाद की शिकायत का मखौल उड़ाते हुए कहा कि सर्दी ज़्यादा लगती है तो तबला बजाइए। कहने की आवश्यकता नहीं कि न्यायाधीश की यह टिप्पणी भी निहायत ग़ैर-ज़िम्मेदाराना और अमानवीय थी। अदालत का काम न्याय करना होता है लेकिन न्यायाधीश की उपर्युक्त टिप्पणियाँ बताती हैं कि लालू प्रसाद के मामले में अदालत ने महज़ फ़ैसला सुनाया।

ऐसा नहीं है कि न्यायपालिका में जारी गड़बड़ियों से आम आदमी बेख़बर हो। पारम्परिक मीडिया भले अपने निहित स्वार्थों की ख़ातिर इन गड़बड़ियों से मुँह फेरे हुए हो, लेकिन वैकल्पिक और सोशल मीडिया के विभिन्न प्लेटफॉर्म्स के विस्तार के चलते हर आदमी न्यायपालिका में व्याप्त भ्रष्टाचार और विसंगतियों से भरी न्याय व्यवस्था से बाख़बर है। यह और बात है कि ये गड़बड़ियाँ अवमानना के डंडे के डर से कभी भी व्यापक तौर पर सार्वजनिक बहस का मुद्दा नहीं बन पाती हैं, लेकिन वक़्त का तकाजा है कि न्यायपालिका ख़ुद अपने गिरहबान में झाँके और अपनी विश्वसनीयता बहाल करे। अपनी तमाम विसंगतियों और गड़बड़ियों के बावजूद न्यायपालिका ही आज भी हमारे लोकतन्त्र का सबसे असरदार स्तम्भ है और हर तरफ़ से आहत और लाचार-हताश देशवासियों की उम्मीद का आख़िरी आसरा भी। यह स्तम्भ भी अगर पूरी तरह ढह गया तो फिर बचा-खुचा लहूलुहान लोकतन्त्र भी धर्मान्धता, कॉरपोरेट की लूट और व्यक्तिपूजा के पैरों तले पूरी तरह कुचल कर दम तोड़ देगा।

गोदी मीडिया का स्तम्भ

अरुण कुमार त्रिपाठी

भारतीय लोकतन्त्र के कमज़ोर होने का एक बड़ा लक्षण और कारण भी मीडिया का समर्पण है। यह सब कैसे, कब और क्यों हुआ यह जाने बिना हम न तो लोकतन्त्र की बीमारी पहचान सकते हैं और न ही उसका निदान कर सकते हैं। हालाँकि मीडिया बाज़ार का हिस्सा बन रहा है और अपनी स्वतन्त्रता खो रहा है इस तरह की आशंकाएँ अस्सी के दशक के अन्त से ही जताई जा रही थीं। नब्बे के दशक में उदारीकरण की प्रक्रिया के औपचारिक रूप से शुरू हो जाने के साथ यह ख़तरे तेज़ी से जताये जाने लगे। एक ओर आपातकाल का कटु अनुभव था तो दूसरी ओर पूँजी के बढ़ते प्रभुत्व को लेकर बेचैनी थी। इस बीच सैटेलाइट चैनलों का उदय हुआ और मीडिया ने तमाम आशंकाओं और आलोचनाओं के बीच नया क्षितिज भी छुआ। लेकिन मीडिया में सनसनी बढ़ रही है, अन्धविश्वास बढ़ रहा है, साम्प्रदायिकता बढ़ रही है और सत्ता की तरफ़दारी तेज़ हो रही है यह सब देखा जाता रहा और कहा भी जाता रहा। मीडिया का बाज़ारभाव, मीडिया की मंडी और मीडिया का देहधर्म जैसे प्रत्यय ख़ूब प्रचलित हो गये थे।

फिर भी नब्बे के दशक और इक्कीसवीं सदी के पहले दशक में मीडिया में दोनों पक्ष की ख़बरें और विश्लेषण सन्तुलित-असन्तुलित तरीक़े से जगह पाते रहे। अगर मीडिया की यह स्वतन्त्रता न होती तो न तो देश में गठबन्धन सरकारों का लम्बा दौर चलता और न ही यूपीए-2 के विरुद्ध भारत बनाम भ्रष्टाचार का इतना बड़ा आन्दोलन सफल होता। लेकिन मीडिया सरकारों की गोद में बैठकर किस तरह उनकी युद्ध नीति और साम्राज्यवादी नीतियों का समर्थन करती है इस बारे में प्रसिद्ध भाषाशास्त्री नोम चोमस्की लगातार आगाह करते रहे। राष्ट्रपति जॉर्ज बुश ने जब इराक़ पर हमला किया तो उस युद्ध को कवर करने नाटो सेनाओं के संरक्षण

में जो मीडिया गया उसे इम्बेडेड मीडिया कहा गया। उस मीडिया की ख़बरों और उसके चरित्र को लेकर पूरी दुनिया में बहस चली और मीडिया की तटस्थता सन्देह के घेरे में आ गयी। हालाँकि तब एक उम्मीद जताई जा रही थी कि बाज़ार को अगर स्वतन्त्र रूप से काम करने दिया गया तो वह देश की सभी संस्थाओं के लिए एक लोकतान्त्रिक माहौल पैदा करेगा और उसमें मीडिया भी अपनी स्वायत्तता हासिल कर लेगा। बाज़ार की अदृश्य शक्ति या बाज़ार सभी चीज़ों को ठीक कर देगा इस तरह का आशावाद भी प्रचारित किया गया।

यह आशंका कम ही थी कि भारत जैसे बड़े लोकतन्त्र में जॉर्ज आरवेल के उपन्यास 1984 जैसा अधिनायकवादी नियन्त्रण क़ायम हो जायेगा और स्वतन्त्रता और समृद्धि की ओर बढ़ता मीडिया गोदी मीडिया बन जायेगा। गोदी मीडिया का यह प्रत्यय लगभग वैसा ही है जैसा कि आपातकाल के दौरान आकाशवाणी को इन्दिरावाणी या संजयवाणी कहा जाने लगा था। सरकार के नियन्त्रण में काम करने वाले संचार माध्यमों पर यह नियन्त्रण लम्बे समय तक रहा और इसीलिए उन्हें संचालित करने के लिए स्वतन्त्र नियामक संस्थाओं की माँग तेज़ हुई। उसी कड़ी में प्रसार भारती को देखा जा सकता है। लेकिन निजी क्षेत्र के मीडिया ने आपातकाल में जो दबाव महसूस किया वह 1977 में इन्दिरा गाँधी के नेतृत्व में काँग्रेस पार्टी के चुनाव हारने के साथ ख़त्म हो गया था और मीडिया ने काँग्रेस की आलोचना में पूरी आज़ादी दिखाई। लेकिन 2014 के बाद मीडिया को एक बार फिर उसी तरह का दबाव महसूस होता गया और उस दबाव के सामने वह आडवाणी जी के ऐतिहासिक कथन को सही सिद्ध करते हुए झुकने की बजाय लेटता गया। आज देश में आपातकाल की कोई घोषणा नहीं हुई है लेकिन भारतीय मीडिया आपातकाल जैसा ही परतन्त्र महसूस कर रहा है। यहीं से गोदी मीडिया का प्रत्यय निकला है जिसकी ध्वनि से साफ़ लगता है कि जैसे वह मीडिया प्रधानमन्त्री नरेन्द्र मोदी का पूरा समर्थक बन गया है। उसका दूसरा अर्थ यह है कि जो मीडिया सरकार की गोद में जा बैठा है और वहीं से सरकार की सारी योजनाओं, सारे निर्णयों, उसका नेतृत्व करने वालों की प्रशंसा करता है और विपक्ष, अल्पसंख्यक और आन्दोलन करने वालों को निशाने पर रखते हुए उन्हें देशद्रोही बताता है।

उदार लोकतन्त्र में प्रेस की स्वतन्त्रता के महत्त्व को रेखांकित करते हुए क्रिस्टोफ जैफ़्रलां मोदीज इंडिया में लिखते हैं, "एक उदार लोकतन्त्र में प्रेस लोकतन्त्र का चौथा खम्भा माना जाता है। लेकिन ऐसी मान्यता तभी होती है जब वह वास्तव में स्वतन्त्र हो।

यह ऐसी चीज़ है जो इसने मोदी के भारत में खो दी है। मीडिया में असहमति के स्वर को दबाने की मोदी की कोशिश तभी से चल रही है जब से गुजरात के मुख्यमन्त्री थे। उनके 2002 के कार्यक्रम की मीडिया ने कड़ी आलोचना की। उसके बाद उन्होंने मुख्यधारा के मीडिया पर भरोसा नहीं किया। 2014 की गर्मियों में प्रधानमन्त्री बनने के बाद उन्होंने उसकी उपेक्षा करनी शुरू की। शेवंती नाइनन (इंडियाज मीडिया लैंडस्केप चेंज्ड) ने लिखा है कि प्रधानमन्त्री के विदेश दौरे पर सिर्फ़ सरकारी मीडिया उनके साथ जाने लगा और प्रेस कॉन्फ्रेंस बन्द हो गयीं। उसकी जगह पर वे रोज़ाना ट्विटर पर भेजे जाने वाले सन्देशों और हर महीने रेडियो पर दिये जाने वाले 'मन की बात' कार्यक्रम के माध्यम से भारतीय जनता से सम्पर्क साधने लगे। यह एकतरफा संवाद शैली का निर्माण था जिसमें मुख्यधारा का मीडिया बेकार हो गया था (सुभाष पल्सीकर, इंडियन एक्सप्रेस, 21 मई 2019)।"

प्रधानमन्त्री नरेन्द्र मोदी ने अपने आठ सालों के कार्यकाल में कभी प्रेस कॉन्फ्रेंस नहीं की। न ही उस अख़बार और टीवी चैनल को कभी इंटरव्यू दिया जो उनकी नीतियों की आलोचना किया करता था। वास्तव में मोदी सरकार स्वतन्त्र प्रेस के साथ सहज कभी नहीं रही। उसके सूचना प्रसारण मन्त्री प्रकाश जावडेकर ने 2014 में ही कह दिया था कि प्रेस को अपनी लक्ष्मण रेखा को नहीं लाँघना चाहिए और अधिकारियों को पारदर्शिता के नाम पर डराने की बजाय अच्छे काम करने देना चाहिए। 2017 में तत्कालीन वित्त मन्त्री अरुण जेटली ने कहा था कि वे निजी तौर पर मानते हैं कि भारत सहित सभी समाजों में स्वतन्त्र अभिव्यक्ति पर बहस होनी चाहिए। उनके एक मन्त्री जनरल वीके सिंह प्रेसटीट्यूड जैसे शब्दों का प्रयोग प्रेस के लिए करते ही रहते हैं।

प्रधानमन्त्री नरेन्द्र मोदी ने राष्ट्रीय मीडिया को झुकाने का काम किस तरह सिलसिलेवार ढंग से किया इसके लिए कुछ घटनाओं और प्रक्रियाओं पर निगाह डालने से स्थिति साफ़ हो जायेगी। क्रिस्टोफ जैफ़्रलां के अनुसार पहले तो ट्राल वाली पलटन (धमकाने वाली फ़ौज) ने सोशल मीडिया पर उन पत्रकारों को गाली देना शुरू किया जो सरकार की आलोचना करते थे या सरकारी नीतियों के विरुद्ध ख़बरें लिखते थे। पत्रकार स्वाति चतुर्वेदी ने तो बाकायदा किताब लिखकर बताया है किस प्रकार भाजपा से जुड़े लोगों ने उन्हें ट्राल करके गालियाँ दीं और धमकाया। वे ऐसे लोग थे जिन्हें प्रधानमन्त्री फालो करते थे। स्वाति की किताब का नाम है— आई ऐम ए ट्राल : इनसाइड द सीक्रेट वर्ल्ड ऑफ़ बीजेपी डिजिटल आर्मी। उनके अनुभव यही कहते हैं कि ऐसे मामलों में शिकायत करने पर पुलिस भी कार्रवाई नहीं करती

बल्कि कह देती है कि आप इस मामले को यहीं दबा दीजिए वरना हमारी ओर से कार्रवाई करने पर आपको और परेशानी हो सकती है।

मीडिया को गोदी मीडिया बनाने के अभियान का पहला चरण ट्राल आर्मी का था और यह काम अनजान चेहरे कर रहे थे। लेकिन उसके बाद सरकार ने ख़ुद ही मोर्चा सँभाला। उसके पाँच क़दमों का वर्णन क्रिस्टोफ जैफ्रलां करते हैं। इन क़दमों में सरकारी एजेंसियों का उपयोग, विज्ञापनों का नियन्त्रण, पत्रकारों पर मुक़दमे और अन्त में मीडिया संस्थाओं की अपने चहेते पूँजीपतियों द्वारा ख़रीददारी शामिल है।

अगर पहला चरण विज्ञापन को नियन्त्रित करने का माना जाये तो उसकी एक बानगी 2019 के लोकसभा चुनावों के बाद देखी जा सकती है। सरकार ने जिन अख़बारों में पहले विज्ञापन देने का सिलसिला चलाया था उनमें जब अनुकूल समाचार नहीं छपे तो उनमें कटौती करनी शुरू कर दी। इस क्रम में द टाइम्स ऑफ़ इंडिया, द हिन्दू और अमृत बाज़ार पत्रिका में आरम्भिक चरण में 15 प्रतिशत विज्ञापन की कटौती की गयी।

दूसरा क़दम मीडिया संस्थानों पर रेड के रूप में सामने आया। पुलिस छापों की ताज़ा बानगी द वायर के सम्पादकों के घर छापों के रूप में आयी तो उससे पहले न्यूज़क्लिक पर तकरीबन सौ घंटों के छापे के रूप में दिखी थी। एनडीटीवी के संस्थापक प्रणव राय के घर सीबीआई के छापे भी इसी क्रम में थे। सीबीआई की दलील थी कि यह छापा इसलिए डाला गया क्योंकि कम्पनी ने आईसीआईसीआई से क़र्ज़ लिया था जिससे बैंक को घाटा हुआ है। हालाँकि डॉ. राय का कहना था कि वह क़र्ज़ दिया जा चुका है। वास्तव में एनडीटीवी को सरकार विरोधी ख़बरें करने के लिए यह दंड दिया जा रहा था। दरअसल छापे के एक दिन पहले भाजपा के प्रवक्ता संविद पात्रा की एनडीटीवी के एंकर से झड़प हो गयी थी। छापे का सम्बन्ध उससे भी जोड़ा जा रहा है। उस सिलसिले में डॉ. राय ने प्रेस क्लब ऑफ़ इंडिया में प्रेस कॉन्फ्रेंस की जिसमें देश के मशहूर वकील फाली एस नारीमन ने इसे प्रेस और मीडिया पर अनुचित हमला बताया। क्विंट के सम्पादक राघव बहल के आवास पर आयकर विभाग ने लम्बी छानबीन की। इस छानबीन की एडिटर्स गिल्ड ने आलोचना की।

तीसरा क़दम चैनलों पर प्रतिबन्ध लगाने का है। इसमें लाइसेंस न देने से लेकर उन चैनलों को कुछ समय के लिए अस्थायी तौर पर प्रतिबन्धित करने का उपाय शामिल है जो पहले से चल रहे हैं। मलयालम के दो चैनलों को सूचना और प्रसारण मंत्रालय ने सन् 2020 में 48 घंटे के लिए इस आधार पर प्रतिबन्धित कर दिया

कि दिल्ली दंगों के बारे में उनकी कवरेज दिल्ली पुलिस और आरएसएस के लिए आलोचनापूर्ण थी। एनडीटीवी पर 24 घंटे के लिए इस आधार पर प्रतिबन्ध लगा दिया गया कि उन्होंने पठानकोट वायुसेना के स्टेशन पर 2016 के आतंकी हमलों के रणनीतिक और संवेदनशील ब्योरे उजागर कर दिये थे।

चौथा क़दम प्रतिबद्ध पत्रकारों को मीडिया संस्थानों से हटाने के लिए दबाव बनाने का है। पुण्य प्रसून वाजपेयी एबीपी न्यूज़ पर प्रधानमन्त्री नरेन्द्र मोदी की आलोचना करने वाला कार्यक्रम मास्ट्रस्ट्रोक किया करते थे। उनका वह शो बहुत लोकप्रिय था। पहले उनसे कहा गया कि वे इसमें मोदी का नाम न लें। फिर कहा गया कि उनकी छवि न दिखाएँ। लेकिन पुण्य प्रसून वाजपेयी नहीं माने और सरकार की नीतियों और कार्यक्रमों के साथ उसके चहेते पूँजीपतियों की आलोचना करने वाली ख़बरें दिखाते रहे। विरोध में बाबा रामदेव ने प्राइम टाइम से अपना विज्ञापन हटवा लिया। फिर और विज्ञापनदाता भी इस दिशा में बढ़े। संघ परिवार के लोग पैनल चर्चा का बायकाट करने लगे। धीरे-धीरे प्राइम टाइम से समय सैटेलाइट लिंक भी गड़बड़ाने लगा। इस तरह प्राइम टाइम से विज्ञापन वापस होने लगे। जब चैनल के प्रोप्राइटर के कहने पर वाजपेयी ने इस्तीफ़ा दिया तो सैटेलाइट लिंक भी ठीक हो गया और विज्ञापन भी आने लगे। ऐसी ही घटना द हिन्दुस्तान टाइम्स के प्रधान सम्पादक बाबी घोस के साथ हुई। वे टाइम और क्वाट्र्ज़ मैगज़ीन चलाकर आये थे। उन्होंने हिन्दुस्तान टाइम्स को ज्वाइन करने के साथ ही मुसलमानों के प्रति बढ़ती घृणा की घटनाओं को उजागर करने के लिए—लेट अस टाक अबाउट हेट—नामक श्रृंखला शुरू की। भाजपा नेताओं को उससे बहुत दिक़्क़त होने लगी। आख़िरकार उनकी सीरीज़ बन्द कर दी गयी और वे डेढ़ साल के भीतर अमेरिका लौट गये।

पाँचवाँ क़दम पत्रकारों पर मुक़दमे करके उन्हें परेशान करने का है। इस उपाय के शिकार भी बहुत सारे पत्रकार हुए हैं। उनमें पत्रकार और अमनेस्टी इंटरनेशनल के कंट्री डायरेक्टर आकार पटेल का नाम प्रमुख है। उन्होंने एक अमेरिकी उदाहरण से भारतीयों को यह समझाने की कोशिश की कि किस तरह से यहाँ के उत्पीड़ित आबादी को प्रदर्शन करना चाहिए। उन्होंने पुलिस गिरफ़्तारी के दौरान एक काले नागरिक की हत्या के विरोध में उठे प्रदर्शन के दौरान आई कोलरेडो की एक फोटो को ट्वीट किया। उसके कैप्शन के नीचे लिखा कि भारत के दलितों, मुसलमानों, आदिवासियों, महिलाओं और ग़रीबों की ओर से इसी तरह का प्रदर्शन होना चाहिए। 'दुनिया देखेगी। प्रदर्शन एक कला है।' पुलिस ने उनके ख़िलाफ़ आईपीसी की बहुत सारी धाराओं में एफ़आईआर दर्ज कर दी।

इसी तरह का एक एफआईआर भारतीय जनता पार्टी के एक नेता ने पत्रकार विनोद दुआ के ख़िलाफ़ भी कर दिया। कहा गया कि उन्होंने प्रधानमन्त्री नरेन्द्र मोदी पर आरोप लगाया है कि वे आतंकी घटनाओं का इस्तेमाल वोट पाने के लिए कर रहे हैं। उन पर राजद्रोह (धारा 124ए), लोकापवाद (धारा 268), मानहानि वाली सामग्री प्रकाशित करना (धारा 501), सार्वजनिक शरारत वाले बयान देना (धारा 505) के आरोप के तहत मुक़दमा दर्ज किया गया। सुप्रीम कोर्ट ने उनको गिरफ़्तारी से अन्तरिम राहत दी लेकिन जाँच नहीं रोकी और उनसे कहा कि वे जाँच में सहयोग करें। (हालाँकि अब वे इस दुनिया में ही नहीं हैं)। स्क्राल डाट इन की कार्यकारी सम्पादक सुप्रिया शर्मा को भी इसी तरह मुक़दमों का सामना तब करना पड़ा जब उन्होंने प्रधानमन्त्री के चुनाव क्षेत्र वाराणसी पर एक रिपोर्ट की कि कोविड लॉकडाउन से दलित विशेष तौर पर प्रभावित हुए हैं। एक दलित महिला ने उन पर यह कहते हुए एफआईआर कर दिया कि इससे उसकी बदनामी हुई है।

राइट्स एंड रिस्क एनलिसिस नाम के एक एनजीओ के मुताबिक़ 25 मार्च से 31 मई तक कोविड लॉकडाउन के समय रिपोर्टिंग करने वाले कम से कम 55 पत्रकारों के साथ गिरफ़्तारी, उन पर एफआईआर, समन, कारण बताओ नोटिस, शारीरिक हमले और सम्पत्ति को नुक़सान पहुँचाने की घटनाएँ हुईं। इनमें 11 पत्रकार अकेले उत्तर प्रदेश में निशाने पर लिए गये। स्वतन्त्र पत्रकार प्रशान्त कनौजिया को इसलिए गिरफ़्तार किया गया क्योंकि उन्होंने सोशल मीडिया पर ऐसी पोस्ट डाली जिससे मुख्यमन्त्री योगी की छवि को धक्का पहुँच रहा था। बाद में उन्हें सुप्रीम कोर्ट से राहत मिली।

केरल के न्यूज़ पोर्टल के पत्रकार सिद्दीक कप्पन को उत्तर प्रदेश पुलिस ने इसलिए गिरफ़्तार कर लिया क्योंकि वह हाथरस में एक दलित लड़की से बलात्कार और हत्या की ख़बर की कवरेज के लिए जा रहा था। उस पर यूएपीए जैसा कठोर क़ानून लगा दिया और उसकी आज तक जमानत नहीं हुई है। उत्तर प्रदेश के अधिकारियों ने द वायर के संस्थापक सम्पादक सिद्धार्थ वर्धराजन पर आपराधिक मुक़दमा इसलिए दर्ज कर दिया क्योंकि उनके पोर्टल ने यह ख़बर चलाई थी कि यूपी के मन्त्री कोविड-19 प्रोटोकॉल का उल्लंघन कर रहे हैं।

भारतीय लोकतन्त्र के क्षरण पर चिन्ता जताने वाली जितनी भी किताबें आयी हैं उनमें भारत के स्वतन्त्र मीडिया के गोदी मीडिया बनने की कहानी का वर्णन किया गया है। वह वर्णन अगर आकार पटेल ने प्राइस ऑफ़ मोदी ईयर्स में किया है तो

देवाशीष राय चौधरी और जान कीन ने टू किल अ डेमोक्रेसी-इंडियाज मेसेज टू डेस्पाटिज़्म में किया है।

अगर आकार पटेल के वर्णन को ध्यान से देखें तो वे कहना चाहते हैं कि भारत में वास्तव में राष्ट्रीय मीडिया अंग्रेज़ी मीडिया ही है। क्षेत्रीय भाषाओं के मीडिया की पहुँच पूरे देश की बजाय अपने-अपने राज्यों तक सीमित है। इनमें हिदी का क्षेत्र ज़रूर बड़ा है और उसके अख़बारों और चैनलों की प्रसार और दर्शक संख्या भी ज़्यादा है लेकिन वे किसी भी हिन्दी चैनल और अख़बार को राष्ट्रीय मीडिया मानने को तैयार नहीं होते। वे गुजराती का मॉडल रखकर कहते हैं कि 2002 के गुजरात दंगों में राष्ट्रीय मीडिया की भूमिका अलग थी और क्षेत्रीय मीडिया की भूमिका भिन्न थी। क्षेत्रीय मीडिया की भूमिका साम्प्रदायिक और दंगों को उकसाने वाली थी। यह वैसी ही बात है जैसी बात 1992 में बाबरी मस्जिद विध्वंस के समय हिन्दी इलाक़ों के हिन्दी अख़बारों की थी। उन सब ने हिन्दू अख़बार होने का कायाकल्प कर लिया था। आकार पटेल, दिलीप पडगांवकर और बीजी बर्गीज ने एडिटर्स गिल्ड ऑफ़ इंडिया की ओर से 2002 के गुजरात दंगों में मीडिया की भूमिका पर एक रिपोर्ट तैयार की थी। रिपोर्ट का शीर्षक था—रोल ऑफ़ मीडिया इन वायलेंस। यह रिपोर्ट 3 मई 2002 को प्रकाशित हुई थी।

इस रिपोर्ट में कहा गया था कि स्थानीय अख़बार गुजरात समाचार और सन्देश की भूमिका भड़काऊ, ग़ैर-ज़िम्मेदाराना और मीडिया की सारी नैतिकताओं का उल्लंघन करने वाली थी। सन्देश के मालिक फाल्गुन पटेल ने कहा कि—अंग्रेज़ी मीडिया मुसलमानों के साथ खड़ा था लेकिन गुजराती मीडिया हिन्दुओं के साथ खड़ा था। गोधरा की घटना के बाद इतना ग़ुस्सा था कि आमतौर पर शान्त रहने वाली महिलाओं ने कहा कि मारो सालों को। गुजरात समाचार के एक लेख में कहा गया कि काँग्रेस के सांसद अहसान जाफरी को उनके किये का फल मिल गया। इस पर सवाल पूछे जाने पर अख़बार के मालिक बाहुबली शाह ने कहा कि उनके अख़बार ने एकदम ठीक लिखा था। सन्देश ने लिखा कि अहसान जाफरी का अतीत ख़राब था। गुजरात सरकार के प्रेस बयान में गोधरा की घटना को अमानुषिक जनसंहार, अमानुषिक हिंसा और क़त्लेआम कहा गया। जबकि बाद के दंगों को अशान्ति और हिंसक उपद्रव नाम दिया गया। मध्यान्तर अख़बार ने पहले पेज पर आठ कॉलम की कमेंट्री लिखी कि मुसलमानों को यह साबित करना होगा कि वे पूरी तरह से भारतीय हैं।

मीडिया के बहुसंख्यकवादी और गोदी बनने की जड़ें वहीं पर हैं। मोदी ने दिल्ली की सत्ता पर काबिज़ होने के बाद राष्ट्रीय मीडिया को भी गुजरात के मुस्लिम विरोधी और हिन्दू समर्थक मीडिया जैसा बनने पर मजबूर कर दिया। इसी दौरान प्रिंट मीडिया का पतन हुआ और इलेक्ट्रॉनिक मीडिया का विस्तार हुआ। साथ ही डिजिटल मीडिया और ज़्यादा ताक़तवर हो गया। अब मीडिया ने समावेशी विचार छोड़ दिया।

इस बदलाव के पीछे मीडिया में बढ़ती पूँजी की आवश्यकता और उसके लिए विज्ञापन पर निर्भरता है। मीडिया का सार्वजनिक स्थान विज्ञापन के पैसे से निर्मित होता है। उसका व्यय नागरिक या ग्राहक नहीं उठाते। यही वजह है कि अमेरिका और यूरोप और यहाँ तक कि पाकिस्तान, बांग्लादेश और श्रीलंका में अख़बार महँगे हैं। अगर भारत के लिहाज़ से क़ीमत लगायी जाये तो न्यूयॉर्क टाइम्स, गार्जियन और दूसरे अख़बार 100 रुपये प्रति कॉपी बैठेंगे। जबकि भारत में द टाइम्स ऑफ़ इंडिया और द हिन्दुस्तान टाइम्स जैसे अख़बारों की क़ीमत पाँच रुपये तक की है। चूँकि भारत में सरकार बड़ी विज्ञापनदाता है इसलिए अख़बारों की यह अर्थव्यवस्था सरकार के बिना चल नहीं सकती। भारत सरकार ने विज्ञापन के लिए डायरेक्टरेट ऑफ़ ऑडियो विजुअल पब्लिसिटी नामक संस्था बना रखी है।

मोदी सरकार ने देश की अर्थव्यवस्था को दो बड़े झटके दिये। पहला झटका था नोटबन्दी का और दूसरा झटका था जीएसटी का। तीसरा झटका कोविड-19 के दौरान लगी तालाबन्दी का था। मार्च 2017 में मोदी सरकार ने 1300 करोड़ रुपये विज्ञापन पर ख़र्च किये। इस दौरान स्वच्छ भारत मिशन और ग़रीबों के कल्याण के लिए चलाई जाने वाली योजनाओं का जमकर विज्ञापन किया गया। इस खाते में 468 करोड़ रुपये अख़बारों को गये और बाक़ी इलेक्ट्रॉनिक और डिजिटल मीडिया को। ध्यान देने की बात है कि प्रिंट मीडिया का हिस्सा लगातार घटता गया। क्योंकि उसके पहले साल 508 करोड़ का था।

जब कोविड संकट आया तो सोनिया गाँधी ने प्रधानमन्त्री को पत्र लिखा कि सरकार को मीडिया को दिये जाने वाले विज्ञापन रोक दिये जाने चाहिए। सरकार मीडिया को विज्ञापन देने में 1250 करोड़ रुपये ख़र्च कर रही है उसे कोविड से निपटने पर व्यय किया जाना चाहिए। लगभग इतना ही धन पीएसयू यानी सार्वजनिक उपक्रम की कम्पनियाँ ख़र्च कर रही थीं। इस तरह मीडिया पर कुल सालाना सरकारी व्यय 2500 करोड़ रुपये के आसपास था। सोनिया की यह बात मीडिया को जँची नहीं।

बहुत सारे मीडिया संस्थानों ने इसकी आलोचना की और सरकार तो इसी अवसर को लपकने को तैयार बैठी थी। कोविड संकट में बन्दी का संकट झेल रहा मीडिया मोदी सरकार की शरण में गया और सरकार ने उसे राहत पैकेज देकर गोदी बना लिया। सन् 2019 में डिजिटल मीडिया ने प्रिंट मीडिया को पीछे छोड़ दिया। टेलीविज़न तो पहले ही पीछे छोड़ चुका था। डिजिटल का विज्ञापन में शेयर 27 प्रतिशत पहुँच गया और प्रिंट का शेयर 22 प्रतिशत रह गया। जबकि टेलीविज़न का शेयर 43 प्रतिशत रहा।

लॉकडाउन ने अख़बारों की हालत सबसे ज़्यादा ख़राब की। उनका प्रसार और विज्ञापन आधा रह गया। कई अख़बार बन्द हो गये। लोग कोविड के डर से अख़बार छूना पसन्द नहीं करते थे। अख़बारों को इस बात का विज्ञापन देना पड़ा कि उनकी प्रतियाँ सेनेटाइज होकर छपती हैं। इंडियन न्यूज़ पेपर्स सोसायटी ने मोदी सरकार को पत्र लिखकर प्रोत्साहन पैकेज की माँग की। उनकी माँगें थीं कि सरकार अख़बार पर विज्ञापन का व्यय 200 प्रतिशत बढ़ाये, पुराना बकाया दे और डीएवीपी रेट 50 प्रतिशत बढ़ाये। न्यूज़ प्रिंट से कस्टम ड्यूटी हटाये और दो साल का टैक्स हालीडे दे। लॉकडाउन के प्रभाव में आठ महीनों में अख़बारों को 12,500 करोड़ का नुक़सान हुआ था। ऐसे में मोदी सरकार के भीख माँगने वाला मीडिया उनके विरुद्ध कैसे रपट छापे। यह मीडिया मोदी सरकार को नाख़ुश नहीं कर सकता था। उसने सरकार विरोधी ख़बरें कम कर दीं विपक्ष विरोधी ख़बरें बढ़ा दीं। हिन्दुत्व के पक्ष में लिखने वाले लेखक बुलाये गये और अल्पसंख्यक समाज को निशाने पर लिया जाने लगा।

विज्ञापन देने और विज्ञापन रोकने की शक्तियाँ इससे पहले सभी सरकारों के पास रही हैं लेकिन मोदी ने उन शक्तियों का खुलकर इस्तेमाल किया। अख़बारों को विज्ञापन दिये और जिन्होंने सरकार के मुताबिक़ अपनी सम्पादकीय नीति नहीं ढाली उन्हें दंडित किया गया। मार्च 2018 में इकॉनॉमिक टाइम्स ने लिखा कि मोदी सरकार ने 51 अख़बारों को दंडित किया। इंडियन एक्सप्रेस के संस्थापक रामनाथ गोयनका ने अपने अख़बार की सरकारी विज्ञापन पर निर्भरता कम करने के लिए एक मॉडल तैयार किया था। उन्होंने हर बड़े शहर में जहाँ से अख़बार निकाला वहाँ अपनी बिल्डिंग बनाई, प्रेस लगायी और उसमें कई फ्लोर बनाये। अख़बार ग्राउंड और प्रेस बेसमेंट में रखते हुए उन्होंने बाक़ी फ्लोर किराये पर दे दिये। इससे बिना विज्ञापन के भी अख़बार की अर्थव्यवस्था चल जाती थी। इसीलिए एक्सप्रेस समूह में कहा जाता था कि फ्रीडम ऑफ़ फोर्थ इस्टेट इज़ मेनटेंड बाइ द पावर ऑफ़ रीयल इस्टेट।

(प्रेस की आज़ादी की रक्षा इमारत की शक्ति के माध्यम से की जाती है)। लेकिन बदले समय में वह फॉर्मूला चल नहीं पाया।

जहाँ तक चैनलों की बात है तो भारत में चैनलों की संख्या लगातार बढ़ रही थी। लेकिन उनकी सामग्री एक तरह की ही होती जा रही थी और उनमें स्वायत्त चैनलों की संख्या नगण्य होती जा रही थी। 2021 में भारत में 178 समाचार चैनल थे। इनमें 51 हिन्दी, 12 अंग्रेज़ी, 8 कन्नड़, 7 बांग्ला, 8 मराठी, 15 तेलुगू, 14 तमिल, 9 गुजराती, 6 उड़िया, 8 मलयाली और 5 पंजाबी थे। लेकिन चैनलों का लाइसेंस उन्हीं को मिल रहा था जो सरकार समर्थक सोच रखते थे। यानी हिन्दुत्व समर्थक होने या उसके लिए आलोचना न करने का व्रत रखते थे। राघव बहल ने नेटवर्क 18 बनाया पर उन्हें वर्षों तक टीवी चैनल क़ायम करने का लाइसेंस नहीं मिला। बहल ने अप्रैल 2020 में अपना टीवी ऑपरेशन बन्द कर दिया। मीडिया के बहुसंख्यकवादी होने की यह प्रक्रिया इन आठ वर्षों में तेज़ी से चली है। रवीश कुमार अगर इसे लोकतन्त्र की हत्या करने वाले संस्थान बताते हैं या युवाओं को भीड़ में बदलने और भीड़ को हिंसक बनाने के लिए ज़िम्मेदार बताते हैं तो ग़लत नहीं है।

टेलीविज़न वालों ने अपनी सामग्री और कार्यक्रम की लोकप्रियता मापने का एक मीटर लगा रखा है। उसके पैमाने को टीआरपी यानी टेलीविज़न रेटिंग प्वाइंट या टारगेट रेटिंग प्वाइंट कहते हैं। धीरे-धीरे उसने बताना शुरू कर दिया (या वैसा मानस तैयार किया गया) कि जनता मुस्लिम विरोधी बहसें और सामग्री पसन्द करती है। इस सामग्री को विज्ञापनदाताओं ने बढ़ाना शुरू कर दिया। ज़्यादातर विज्ञापन 8 बजे से 11 बजे के बीच आते हैं। इसी दौरान टीवी के कई प्रमुख कार्यक्रम होते हैं और टीवी एंकर चीख़ते-चिल्लाते नज़र आते हैं। इन्हीं आवाज़ों में से एक आवाज़ तेज़ी से उभरी और वह थी अर्णव गोस्वामी की आवाज़। उन्होंने टाइम्स नाउ से लेकर रिपब्लिक टीवी तक टीआरपी और टेलीविज़न पत्रकारिता को नयी तरह से परिभाषित किया या यूँ कहें कि उसमें विपक्ष, पाकिस्तान और मुसलमान विरोध का ऐसा मसाला भरा कि वह तमाशा बनकर रह गया।

हर समाचार को विपक्ष, पाकिस्तान और मुसलमानों के विरुद्ध घुमाया जाता रहा है और उस समुदाय के कठपुतली पैनलिस्ट बिठाकर उन्हें जलील किया जाता रहा।

इन चैनलों का काम राष्ट्रीय हित के मसलों पर भी जनता को सच्चाई से परिचित कराने की बजाय सरकार के आच्छादित बयानों को विपक्ष विरोध का पैकेज बना दिया जाने लगा। एनडीटीवी के अरविन्द गुणशेखर ने 19 जून को चीन की घुसपैठ

के बारे में प्रधानमन्त्री की ओर से बुलाई गयी एक बैठक के बारे में जो ट्वीट किया उससे पता चलता है कि किस प्रकार पीएमओ के प्रेस बयान को चैनल और अख़बार आँख मूँदकर चलाते हैं। वे सामान्य तथ्यों की जाँच भी नहीं करते। पीएम ने सर्वदलीय बैठक की और इसमें कहा कि चीन ने कोई घुसपैठ नहीं की। पीएमओ ने यह बयान मीडिया को थमाया। रोचक तथ्य यह है कि इस बयान को देखकर लगता है कि इसमें उड़ीसा के मुख्यमन्त्री नवीन पटनायक को आना था और आये पिनाकी मिश्रा। लेकिन प्रेस बयान में जब नवीन पटनायक का नाम दिया गया तो मीडिया ने वही चला दिया। सरकार एक तीर से दो शिकार करना चाहती थी। एक ओर मोदी सरकार की तारीफ़ और दूसरी ओर काँग्रेस को देशद्रोही साबित करना चाहती थी। मीडिया ने वही काम शुरू कर दिया। चैनलों के स्क्रीन पर हेडलाइन चलने लगीं—

*भारत मोदी के पीछे एक होकर खड़ा है।

*काँग्रेस ने जो फूट डालने की कोशिश की उसे केसीआर, नवीन पटनायक और सिक्किम क्रान्ति मोर्चा ने पलट दिया।

टाइम्स नाउ के प्राइम टाइम पर जो हेडलाइन चल रही थी उसमें कहा गया था—भारत के पीछे सभी राजनीतिक दल एकजुट लेकिन सोनिया गाँधी ने चीन की निन्दा नहीं की।

19 तारीख़ को ही रिपब्लिक टीवी बहस कर रहा था—काँग्रेस के पास तथ्य नहीं हैं, फिर भी सेना का अपमान कर रही है। क्या काँग्रेस और चीन के बीच कोई विशेष रिश्ता है?

प्रधानमन्त्री ने वास्तविक नियन्त्रण रेखा पर राष्ट्र को शक्तिशाली सन्देश दिया। देश तोड़ने में लगे काँग्रेस के गद्दार बेपर्दा।

जबकि हक़ीक़त यह थी गलबान घाटी में चीनी सैनिकों से द्वन्द्व युद्ध में शहीद हुए 20 सैनिकों को वह सम्मान नहीं दिया गया जो पुलवामा में विस्फोट में शहीद हुए 40 सैनिकों को दिया गया था। पुलवामा के सैनिकों का ताबूत लेने स्वयं प्रधानमन्त्री गये थे। इसी अन्तर को स्पष्ट करने के लिए रवीश कुमार ने अपने स्क्रीन पर दिखाया—देश के लिए जान देने वाले जवानों को श्रद्धांजलि देने की पुलवामा के जवानों जैसी परम्परा जारी रह सकती थी।

गलबान घाटी में भारतीय सेना और राष्ट्रीय मानस आहत हुआ था लेकिन चैनलों ने सरकार से जवाब माँगने और हक़ीक़त दिखाने की बजाय विपक्ष पर असली और चीन पर फर्ज़ी हमला शुरू कर दिया। टाइम्स नाउ की हेडलाइन थी—

पीएम मोदी पनिशेज एक्सपैन्सनिस्ट चाइना, डाउटर्स पुट टू शेम?

चाइना एडमिट्स पुश बैक बट लॉबी कांटीन्यू टू लाइ।

जबकि रिपब्लिक ने हेडलाइन कुछ इस तरह से चलाई—

पीएम मोदी लीड्स फ्रॉम द फ्रंट, पीएम मोदी स्ट्रांग लीडरशिप, पुशेज बैक चाइना।।

लद्दाख रियल्टी चेक—गलबान विक्ट्री ए स्लैप इन लॉबी फेस।।

चीन की घुसपैठ पर तीन महीने तक बहस चलती रही। सरकार की तारीफ़ और विपक्ष की आलोचना और चीन के बारे में तमाम तथ्यहीन कहानियाँ, जिसमें उसके वास्तविक इरादे को समझने और पहचानने की कोई कोशिश नहीं। इस बीच पेट्रोल और डीजल के दाम तेज़ी से बढ़ते रहे। 16 जून को भारत ने ऐलान किया कि उसने 20 सैनिक खोये हैं।

इस बीच 14 जून को बॉलीवुड के एक्टर सुशान्त सिंह राजपूत ने आत्महत्या कर ली। धीरे-धीरे यह मुद्दा चैनलों पर छा गया। आठ मई 2020 को औरंगाबाद में रेलवे ट्रैक के किनारे या उसके ऊपर सो रहे 16 प्रवासी मज़दूरों पर मालगाड़ी चढ़ गयी और उन्हें मार डाला। कुछ मज़दूर घायल भी हुए। वे लॉकडाउन के कारण अपने घर लौट रहे थे। रिपब्लिक टी.वी. ने इस पर विपक्ष यानी काँग्रेस पार्टी को आड़े हाथों ले लिया।

रिपब्लिक टीवी की हेडलाइन इस प्रकार थी—काँग्रेस एंड लॉबी पोलिटिसाइज औरंगाबाद ट्रेजडी। इसी तरह काँग्रेस को निशाने पर लेने वाली एक और हेडलाइन थी—राहुल गाँधी एड टू नीरव मोदी रिस्क्यू। काँग्रेस इन ट्रिलियन डॉलर कंट्रोवर्सी।

माइग्रेंट नीड्स ट्रेन नाट लाइज एंड प्रोपेगंडा। काँग्रेस डंप्स माइग्रेंट्स। प्रूफ डिमोलिशेज काँग्रेस 1000 बसेज क्लेम। प्रियंका गाँधी बस शेमफुल अपार्ट। काँग्रेस लूजेज प्लाट।

टाइम्स नाउ ने मई, जून और जुलाई में जो बहसें चलाईं उसका विश्लेषण कुछ इस प्रकार किया जा सकता है—विपक्ष की आलोचना-33, मोदी सरकार की आलोचना-0, आर्थिक मन्दी की आलोचना-0, पेट्रोल डीजल के दाम पर-0, सुशान्त की मौत-4।

जबकि रिपब्लिक ने मई, जून और जुलाई में बहसें चलाईं उनमें विपक्ष की आलोचना वाली बहसें 47, मोदी की आलोचना वाली बहसें-0, मन्दी की आलोचना वाली बहसें-0, पेट्रोल के बढ़ते दामों वाली बहसें-0 और सुशान्त सिंह राजपूत पर 11 आइटम थे। अगस्त के महीने में सुशान्त सिंह राजपूत पर 38 बहसें चलाई

गयीं और मन्दी, बेरोज़गारी, लद्दाख की घुसपैठ और पेट्रोल वाली ख़बरें-0 थीं। रिपब्लिक की ख़बरों की सामग्री का विश्लेषण करें तो पायेंगे कि मोदी सरकार की आलोचना वाली बहसें-0 थीं तो विपक्ष की आलोचना वाली बहसें 10 थीं।

क्रिस्टोफ जैफ्रलां और विहंग जुमले ने मई 2017 से अप्रैल 2020 तक की रिपब्लिक टीवी चैनल की सामग्री का विश्लेषण किया। इसमें उन्होंने 1779 कार्यक्रमों को लिया और उसमें से ज़्यादातर कंटेंट मोदी सरकार की नीतियों और भाजपा की विचारधारा के पक्ष में थे। उस चैनल की इन बहसों में न तो अर्थव्यवस्था को लिया गया था और न ही शिक्षा और स्वास्थ्य को। उल्टे विपक्ष और उस व्यक्ति पर ज़्यादा ज़ोरदार हमला किया गया जो सरकार की विचारधारा का विरोध करता है।

इस दौरान एक ऐसा व्हाट्सऐप मेसेज लीक हुआ जिसमें रिपब्लिक टीवी के प्रमुख अर्णव गोस्वामी ब्रॉडकास्ट ऑडियंस रिसर्च कौंसिल के प्रमुख पार्थ दासगुप्ता को भारतीय सुरक्षा के संवेदनशील तथ्यों के बारे में सन्देश कर रहे हैं।

अर्णव—समथिंग बिग विल हैपेन।

पार्थ दासगुप्ता—दाऊद।

अर्णव—नो सर पाकिस्तान। समथिंग मेजर विल बी डन दिस टाइम।

पार्थ—गुड।

इट्स गुड फार बिगमैन इन दिस सीजन। ही विल स्वीप पोल देन। स्ट्राइक आर बिगर?

अर्णव—बिगर दैन अ नॉर्मल स्ट्राइक एंड आलसो आन सेम टाइम समथिंग मेजर आन कश्मीर। ऐसा हमला होगा पाक पर कि जनता उछल पड़ेगी।

इसके तीन दिनों बाद पाकिस्तान पर एअरफोर्स का हमला हो गया। सरकार ने इस बिना पर अर्णव गोस्वामी पर कोई कार्रवाई नहीं की। लेकिन महाराष्ट्र सरकार ने 2018 में एक इंटीरियर डिजाइनर को आत्महत्या के लिए उकसाने के मामले में अर्णव गोस्वामी को गिरफ़्तार किया। उस वक़्त महाराष्ट्र में शिवसेना, एनसीपी और काँग्रेस पार्टी की गठबन्धन की सरकार थी। अर्णव की गिरफ़्तारी पर उनके समर्थन में पूरा केन्द्रीय मन्त्रिमंडल खड़ा हो गया।

भारतीय मीडिया की रैंकिंग लगातार गिर रही है। इस बात की ताकीद रिपोर्टर्स सैन्स फ्रंटियर्स (आरएएफ) यानी रिपोर्टर्स विदाउट बॉर्डर्स ने अपनी रपटों में लगातार की है। यह एक फ्रांसीसी एनजीओ है जिसकी रपटों पर पूरी दुनिया में यक़ीन किया जाता है। आरएएफ के अनुसार वर्ल्ड फ्रीडम इंडेक्स 2022 के अनुसार 180 देशों

की सूची में भारत का नम्बर 150वाँ है। उससे पहले वाले साल में भारत 142 वें पायदान पर था। यानी वह प्रेस की आज़ादी के मामले में लगातार फिसड्डी साबित हो रहा है। इस सूची में ऊपर के तीन देशों के नाम हैं—नॉर्वे, डेनमार्क और स्वीडन।

भारत की इस स्थिति के बारे में टिप्पणी करते हुए आरएएफ लिखता है,"मोदी की भाजपा ने जब 2019 का आम चुनाव भारी बहुमत से जीता तो हिन्दू नेशनलिस्ट सरकार की लाइन को मानने का दबाव मीडिया पर बढ़ गया। पत्रकारों को हत्या तक की धमकी दी जा रही है। महिलाओं को भी धमकी दी जा रही है। आपराधिक मुक़दमे चलाये जाते हैं और राजद्रोह सम्बन्धी आईपीसी की धारा 124ए लगा दी जाती है।

न्यूयॉर्क टाइम्स लिखता है—जो मीडिया भारत की स्वतन्त्र कवरेज करना चाहता है उसे चुप करा दिया जाता है। मोदी ने न्यूज़ मीडिया विशेषकर एअरवेज को इस तरह से नियन्त्रित करने की कोशिश की है जिस तरह से किसी और प्रधानमन्त्री ने नहीं की थी। मोदी ने मीडिया को इस तरह से तैयार किया है जो उनके व्यक्तित्व की ऐसी छवि बनाये जिससे वे देश के नि:स्वार्थी उद्धारक दिखें। इसी के साथ सरकार के वरिष्ठ अधिकारियों ने समाचार एजेंसियों पर दबाव डाला है, सम्पादकों को डाँट पिलाई है, विज्ञापन रोक दिये हैं, करों के उल्लंघन के आरोप में जाँच शुरू की है। वे चाहते हैं उनकी पार्टी जिस तरह से धार्मिक रूप से विविधता भरे भारत को सहिष्णु देश से आक्रामक हिन्दू राष्ट्र बनाने का अभियान चला रही है उसकी उपेक्षा की जाये।

मीडिया ने विपक्ष और आलोचकों को निशाने पर लेने के लिए कुछ नये शब्द गढ़े या संघ भाजपा की ओर से थमाये गये शब्दों को लगातार दोहराकर लोगों की ज़बान पर चढ़ा दिया।

लॉबी शब्द का अधिक प्रयोग किया जाने लगा। इसका अर्थ इस तरह से लगाया जाता है—लिबरल, एंटी-नेशनल गैंग, टुकड़े-टुकड़े गैंग, खान मार्केट गैंग, अरब नक्सल, लुटियन माफिया। अगर यह शब्द वामपन्थी, समाजवादी और गाँधीवादी लोगों के लिए गढ़े गये तो मुसलमानों को पराया बनाने के लिए भी शब्दों की एक पूरी श्रृंखला तैयार की गयी। उनकी सूची इस प्रकार है—पॉपुलेशन जेहाद, लव जेहाद, लैंड जेहाद, इकॉनॉमिक जेहाद, मीडिया जेहाद, हिस्ट्री जेहाद, एजुकेशन जेहाद, फ़िल्म एंड म्यूज़िक जेहाद, सेक्यूलरिज़्म जेहाद, विक्टिम जेहाद वग़ैरह।

"मुसलमान नये क़िस्म के यहूदी बना दिये गये। जैसे 14वीं सदी के मध्य में रोमन साम्राज्य ने यहूदियों पर बुबोननिक प्लेक फैलाने का आरोप लगाया और

हिटलर ने 1919 में म्युनिख में यहूदियों पर धन और सत्ता की लिप्सा पालने का आरोप लगाया। यहूदियों पर यह भी आरोप लगा कि वे राष्ट्रों के बीच नस्ली क़िस्म का क्षयरोग फैला रहे हैं।" (टू किल अ डेमोक्रेसी: इंडियाज पैसेज टू डेस्पाटिज्म, देवाशीष राय चौधरी, जान कीने)।

इसका सबसे प्रकट प्रमाण उस समय दिखा जब दिल्ली के निज़ामुद्दीन में जुटे तब्लीगी जमात के लोगों पर कोरोना फैलाने का आरोप लगाया गया। ऐसी कहानी बनायी गयी कि मोदी सरकार तो कोराना से ठीक से लड़ रही थी लेकिन मुसलमानों ने पूरी योजना का सत्यानाश कर दिया। कोरोना की ख़बरें सरकारी व्यवस्था पर ध्यान केन्द्रित करने की बजाय तब्लीगी जमात पर फोकस कर दी गयीं। सरकार कुछ कहने को तैयार नहीं थी और चैनल तब्लीगी जमात पर पिल गये। तब्लीगी, तालिबान और मुस्लिम एक-दूसरे के पर्याय बन गये। सोशल मीडिया पर ऐसे वीडियो डाले गये जिनमें दिखाया गया कि मुस्लिम विक्रेता फलों पर थूक रहे हैं। रेस्तरां वाले खाने में थूक रहे हैं, बर्तन चाट रहे हैं, मुस्लिम पुलिस पर जान-बूझकर थूक रहे हैं, खाँस रहे हैं और छींक रहे हैं।

मीडिया का यह बदलता चरित्र लोकतन्त्र के भविष्य को कुंठित कर रहा है। प्रिंट इलेक्ट्रॉनिक और डिजिटल मीडिया का जो हिस्सा कभी जनपक्षधर, निष्पक्ष, सत्यान्वेषी और आन्दोलनकारियों का साथ देने वाला माना जाता था वह एक-एक कर इस आँधी में उखड़ता जा रहा है। हाल में एनडीटीवी के गौतम अडानी समूह द्वारा ख़रीद लिए जाने से वह मंच भी सूना हो गया है। ऐसे में वैकल्पिक मीडिया ही एक सहारा है। वह मीडिया जो बड़ी पूँजी पर निर्भर न हो और विज्ञापनों के सहारे न चलता हो। जो सत्य के साथ चलने के लिए साहस रखे और दमन का सामना भी कर सके।

अल्पसंख्यकों को चाहिए समान अवसर

सैयद शाहिद अशरफ़

भारत का संविधान हर नागरिक को यह शक्ति देता है कि वह अपने पसन्द की सरकार चुन सके और लोकतन्त्र की प्रक्रिया में भागीदार बने। किन्तु आज प्रश्न यह है कि क्या इस लोकतन्त्र में हर व्यक्ति और हर समुदाय को बराबर का हक़ प्राप्त है? क्या हर समुदाय को न्याय बराबर मिलता है और क्या भारत के सभी संसाधनों पर सबका हक़ समान है? भारत को आज़ादी मिलने अथवा विभाजन के समय लोकतन्त्र के विषय पर लोगों में अलग-अलग राय थी। यही कारण था कि एक विशेष समुदाय के कुछ लोग जिनको भारत के लोकतन्त्र पर किसी प्रकार का भी शक था वह उस पार चले गये और जिन लोगों को यहाँ के लोकतन्त्र पर विश्वास था वह भारत में ही रहे। कुछ मुसलमान उस पार से भी भारत आकर बस गये। कुछ इसी प्रकार की स्थिति पाकिस्तान के हिन्दुओं की भी थी जिसमें काफ़ी भारत चले आये और कुछ वहीं रह गये।

वैसे तो भारत में कई अल्पसंख्यक समुदाय हैं पर मुसलमानों और ईसाइयों को लेकर चर्चा समय-समय पर होती रहती है। उसका कारण यही है कि हमारे समाज का एक बड़ा हिस्सा इनको अभी भी विदेशी ही मानता है। हालाँकि यह चर्चा का एक अलग विषय है, अभी तो चर्चा यह है कि अल्पसंख्यक समाज लोकतन्त्र में कहाँ खड़ा हुआ दिखता है। हर समुदाय अपने-अपने तरीक़े से अपनी धार्मिक गतिविधियों को पूर्ण कर सके इसलिए समाज में उनके लिए अलग क़ानून की व्यवस्था की गयी थी। हिन्दू, बौद्ध, और जैन समाज को अपने धार्मिक ग्रन्थों के अनुरूप सांस्कृतिक और धार्मिक कार्य करने की छूट दी गयी थी। ठीक उसी प्रकार मुसलमानों के लिए मुस्लिम पर्सनल लॉ की व्यवस्था की गयी थी ताकि वह अपने रस्मो-रिवाज़ और अन्य धार्मिक कार्य इस्लामिक क़ानून (शरिया) के अनुरूप कर सकें।

मुस्लिम पर्सनल लॉ अंग्रेज़ी शासन में 1937 को पारित किया गया था जिसके अन्तर्गत भारत के मुसलमानों को यह आज़ादी दी गयी थी कि वे अपने सांस्कृतिक और धार्मिक कार्य स्वतन्त्र रूप से क़ुरान और हदीस के अनुरूप कर सकें। इस क़ानून के तहत मुसलमान अपने सामाजिक जीवन जैसे विवाह, तलाक़, विरासत और पारिवारिक सम्बन्धों के निर्णय शरिया के अनुसार लेने के लिए आज़ाद थे। इस क़ानून को बरकरार रखने के लिए जब भारत आज़ाद हुआ तब जमात-ए उलेमा-ए हिन्द (भारतीय मुस्लिम विद्वानों का एक संगठन) जिसने भारत की आज़ादी के लिए लम्बे समय तक संघर्ष किया था उसने भारतीय नेताओं से आग्रह किया कि मुस्लिम पर्सनल लॉ में कोई छेड़-छाड़ न की जाये। हालाँकि पंडित जवाहरलाल नेहरू का यह मानना था कि पहले इन नियमों में कुछ सुधार किये जायें।

अब यहाँ विचारणीय विषय यह है कि क्या इस धार्मिक आज़ादी में कोई बदलाव किया जाना चाहिए या नहीं? और क्या वास्तविक में बदलाव/छेड़-छाड़ हो रही है? अगर इतिहास की कुछ घटनाओं का विश्लेषण किया जाये तो यह साबित हो जाता है कि मुसलमानों की धार्मिक व्यवस्था में हस्तक्षेप हुआ है और निरन्तर चल भी रहा है। पर यह हस्तक्षेप दोनों प्रकार से किये गये हैं—पहला कभी मुसलमानों को ख़ुश करने के लिए, दूसरा कभी मुसलमानों को दबाने के लिए। यदि शाहबानो केस का उदहारण लिया जाये तो यह ज्ञात होता है कि मुसलमान कट्टरपन्थियों को ख़ुश करने के लिए तत्कालीन प्रधानमन्त्री राजीव गाँधी की सरकार ने संसद में क़ानून बनाकर सुप्रीम कोर्ट का शाहबानो के हक़ में दिया गया फ़ैसला पलट दिया था। यह कट्टरपन्थियों की भूल थी कि उनके हक़ में फ़ैसला पलट दिया गया बल्कि इसने यह रास्ता भी खोल दिया कि मुस्लिम पर्सनल लॉ में सरकारें भविष्य में बदलाव कर सकें। इस चर्चित शाहबानो प्रकरण में मुहम्मद अहमद खान और उनकी पत्नी शाहबानो के बीच लड़ी गयी एक न्यायिक लड़ाई थी जिसमें सुप्रीम कोर्ट ने शाहबानो के समर्थन में फ़ैसला देते हुए उनके पति को आदेश दिया था कि वह शाहबानो को गुज़ारा भत्ता देते रहेंगे। इस फ़ैसले के विरुद्ध मुस्लिम पर्सनल लॉ बोर्ड ने तत्कालीन सरकार पर दबाव बनाया तथा यह कहा कि यह फ़ैसला मुस्लिम पर्सनल लॉ के अनुरूप नहीं है। इसका परिणाम यह हुआ कि राजीव गाँधी ने संसद में एक क़ानून पारित कर न्यायालय के निर्देश को पलट दिया जिसमें शरिया के नियमों को मानते हुए कहा गया कि मुस्लिम तलाक़ शुदा महिला को केवल इद्दत (प्रतीक्षा समय) तक ही गुज़ारा भत्ता दिया जाये। सरकार के इस फ़ैसले से मुस्लिम समाज

के पुरुषों (जिन्होंने इस मुद्दे को अपनी आन बना रखा था) की तो जीत हो गयी पर उन्हें शायद ही यह अन्दाज़ा भी रहा होगा कि आने वाले समय की ख़ातिर उन्होंने अन्य सरकारों के लिए एक ऐसा रास्ता खोल दिया है। इससे उनका लोकतान्त्रिक अधिकार ही ख़तरे में पड़ जायेगा और वह सदैव के लिए लोकतन्त्र के हाशिये पर जा खड़े होंगे। हुआ भी कुछ ऐसा ही—एक ओर तो राजीव गाँधी ने मुस्लिमों को ख़ुश करने के लिए सुप्रीम कोर्ट के फ़ैसले को पलटकर मुस्लिम पर्सनल लॉ के नियमों को बरकरार रखा। वहीं दूसरी ओर हिन्दू समाज को प्रसन्न करने और सन्तुलन बनाये रखने के लिए प्रसिद्ध बाबरी मस्जिद का ताला खुलवा दिया। इन निर्णयों का भविष्य में असर यह हुआ कि बाबरी मस्जिद मुसलमानों के हाथ से सदैव के लिए निकल गयी। इस पर यह शेर सटीक बैठता है:—

न ख़ुदा ही मिला न विसाल-ए-सनम न इधर के हुए न उधर के हुए
रहे दिल में हमारे ये रंज-ओ-अलम न इधर के हुए न उधर के हुए

मुस्लिम पर्सनल लॉ में सरकार के हस्तक्षेप ने यह रास्ता साफ़ कर दिया कि संसद में क़ानून पारित करके समस्या का समाधान किया जा सकता है चाहे वह मुसलमानों के हक़ में हो या न हो। इसी क्रम में आगे बढ़ते हुए तत्कालीन भाजपा सरकार ने 30 जुलाई 2019 को मुसलमानों की एक प्रथा तीन तलाक़ को ग़ैर-क़ानूनी और असंवैधानिक घोषित कर दिया तथा तीन तलाक़ को एक दण्डनीय अपराध माना।

इस पूरी प्रक्रिया के विश्लेषण से यह बात साफ़ हो जाती है कि बहुसंख्यकवादी सरकार मुस्लिम अल्पसंख्यक को कोई सन्देश देना चाहती है। क्योंकि संसद में क़ानून पारित करके अल्पसंख्यक मामलों में हस्तक्षेप करने के बजाय सरकार द्वारा मुस्लिम पर्सनल लॉ बोर्ड को निर्देश भी दिया जा सकता था कि वह अपने उन नियमों में बदलाव करे जो संविधान के विरुद्ध जा रहे हों। परन्तु ऐसा नहीं किया गया। इसका एकमात्र कारण केवल यही रहा होगा कि मुसलमानों को यह बताया जा सके कि उनकी स्थिति इस समाज में नगण्य है और उनके हितों की परवाह किये बिना कोई भी क़ानून बनाकर उन्हें यह अहसास दिलाया जा सके कि इस लोकतन्त्र में उनका मूल्य क्या है। अल्पसंख्यकों की हैसियत सी.ए.ए. (सिटिज़नशिप अमेंडमेंट ऐक्ट/नागरिकता संशोधन अधिनियम 2019) से और भी अधिक स्पष्ट हो जाती है जिसके अन्तर्गत पाकिस्तान, अफ़ग़ानिस्तान और बांग्लादेश से आये ग़ैर-मुस्लिम प्रवासी जिसमें केवल छह समुदाय हिन्दू, ईसाई, सिख, जैन, बौद्ध और पारसी को

भारत की नागरिकता देने के नियम को आसान बनाया गया है और मुसलमानों के लिए इसमें कोई भी जगह नहीं दी गयी है।

इसी प्रकार मुस्लिम अल्पसंख्यकों की बदहाली पर यदि ध्यान दिया जाये तो सच्चर समिति की रिपोर्ट से स्थिति और भी स्पष्ट हो जाती है। प्रधानमन्त्री श्री मनमोहन सिंह ने 9 मार्च 2005 को एक अधिसूचना जारी की ताकि उच्च स्तरीय समिति गठन करके भारत के मुस्लिम अल्पसंख्यकों की सामाजिक, आर्थिक और शिक्षा की स्थिति का विश्लेषण किया जा सके। इसके बाद सात सदस्यों की एक उच्च स्तरीय समिति बनायी गयी और इस समिति द्वारा मुस्लिम अल्पसंख्यक समाज पर अध्ययन किया गया जो इस प्रकार है।

शैक्षिक स्थिति : इस समिति ने साक्षरता पर अध्ययन करते हुए पाया कि मुसलमानों की साक्षरता दर सन् 2001 में 59.1 फ़ीसदी थी जो कि राष्ट्रीय औसत 64.8 फ़ीसदी से कम थी। हालाँकि कुछ राज्यों में मुसलमानों की साक्षरता दर अनुसूचित जाति और अनुसूचित जनजाति से ऊपर पायी गयी।

	समस्त	**ग्रामीण**			**शहरी**		
	भारत	**सभी**	**पुरुष**	**महिला**	**सभी**	**पुरुष**	**महिला**
सभी	64.8	59	71	46	80	86	73
हिन्दू	65.1	59	72	46	81	88	74
अनुसूचित जाति/ अनुसूचित जनजाति	52.2	49	61	36	68	78	58
मुस्लिम	59.1	53	62	43	70	76	63
अन्य	70.8	64	77	52	85	90	78

उच्च शिक्षा का विश्लेषण और 2001 की जनगणना से ज्ञात होता है कि सात प्रतिशत लोग जो 20 वर्ष या उससे अधिक के हैं उनके पास स्नातक या डिप्लोमा की डिग्री है, वहीं मुस्लिम जनसंख्या में केवल 4 प्रतिशत लोग ही स्नातक या डिप्लोमा डिग्री धारक हैं। समिति की रिपोर्ट इस बात का भी उल्लेख करती है कि मुस्लिम और अन्य सामाजिक-धार्मिक श्रेणियों के बीच का अन्तर बढ़ता रहता है जैसे-जैसे शिक्षा का स्तर बढ़ता है और मुस्लिम स्नातकों की बेरोज़गारी दर अन्य सामाजिक-धार्मिक श्रेणियों की तुलना में बहुत अधिक है।

आर्थिक स्थिति : आर्थिक व रोज़गार क्षेत्र का अध्ययन भी मुस्लिम स्माज की दयनीय स्थिति को दर्शाता है—यदि ग्रामीण क्षेत्र पर बात की जाये तो मुस्लिम समाज की हिस्सेदारी का अनुपात अन्य सामाजिक-धार्मिक श्रेणियों से बहुत कम है पर शहरी क्षेत्र में मामूली कम है। यह कमी मुस्लिम समाज की महिलाओं के आर्थिक क्षेत्र में कम भागीदारी के कारण भी है।

	सभी	
	सरकारी	सार्वजनिक/निजी
सभी	34.2	13.1
सभी हिन्दू	35.3	13.9
अनुसूचित जाति/ अनुसूचित जनजाति	39.4	9.5
अन्य पिछड़ा वर्ग	37.4	17.1
मुस्लिम	23.7	6.5
अन्य	35.8	12.8

पारम्परिक निर्माण और व्यापार के क्षेत्र में (जैसे कपड़े, गाड़ी की मरम्मत और बिजली कार्यों) मुस्लिम भागीदारी दूसरे श्रेणियों के अनुपात में बहुत अधिक है पर उसके उलट कृषि क्षेत्र में मुस्लिम समाज की भागीदारी बहुत कम है। इसके अतिरिक्त सुरक्षा के क्षेत्र—जैसे पुलिस विभाग में भी मुस्लिम समाज की भागीदारी भी बहुत कम है इस विभाग में जहाँ मुस्लिम 4 प्रतिशत हैं तो वहीं अनुसूचित जाति/ अनुसूचित जनजाति 12 प्रतिशत और अन्य पिछड़ा वर्ग की भागीदारी 23 प्रतिशत है।

बैंक ऋण : मुस्लिम समाज के बैंक ऋण की ओर ध्यान दिया जाये तो पता चलता है इस समाज का बैंक ऋण कम तथा अपर्याप्त है। अन्य सामाजिक-धार्मिक श्रेणियों की तुलना में इनके ऋण का औसत आकार बहुत कम है। सन् 2001 की जनगणना के अनुसार परिवार जो बैंकिंग सुविधा ले रहे हैं वह ग्रामीण के अधिक मुसलमान जनसंख्या क्षेत्रों में बहुत कम है। इसका कारण यह है कि बैंकों ने कई मुस्लिम बहुल क्षेत्रों को नकारात्मक भौगोलिक क्षेत्र के रूप में दर्ज किया है जहाँ बैंक ऋण और अन्य सुविधाएँ आसानी से उप्लबध नहीं हो सकती हैं। इसमें मुस्लिमों को प्रति खाता उधार दी जाने वाली औसत राशि अन्य अल्पसंख्यकों की तुलना में लगभग आधी है।

गरीबी रेखा : मुस्लिम समाज को ग़रीबी के उच्च स्तर का सामना करना पड़ता है। उनकी स्थिति अनुसूचित जाति/अनुसूचित जनजाति से थोड़ी ही ऊपर है पर फिर भी शहरी क्षेत्रों में दयनीय स्थिति है। नेशनल सैम्पल सर्वे ऑफ़िस के डेटा के अनुसार 2004-05 में भारत की कुल जनसंख्या का 22.7 प्रतिशत लोग ग़रीब थे जिसमें 31 प्रतिशत लोग मुस्लिम समाज से थे और उसके बाद 35 प्रतिशत के साथ अनुसूचित जाति/अनुसूचित जनजाति समाज के लोग ग़रीब थे।

सच्चर समिति ने इस सन्दर्भ में कुछ महत्त्वपूर्ण सुझाव दिये जो इस प्रकार हैं—

1. अल्पसंख्यकों जैसे वंचित समूहों की शिकायतों को देखने के लिए एक समान अवसर आयोग की स्थापना करनी चाहिए।
2. सार्वजनिक निकायों में अल्पसंख्यकों की भागीदारी बढ़ाने के लिए एक नामांकन प्रक्रिया बनानी चाहिए।
3. रोज़गार, आवास, स्कूली शिक्षा और बैंक ऋण प्राप्त करने के मामलों में अल्पसंख्यकों के ख़िलाफ़ भेदभाव की शिकायतों को दूर करने के लिए क़ानूनी तन्त्र प्रदान करना चाहिए।
4. एक राष्ट्रीय डेटा बैंक बनाना चाहिए जहाँ सभी विभिन्न सामाजिक-धार्मिक श्रेणियों के प्रासंगिक डेटा संरक्षित किये जा सकें।
5. तीनों मुख्य मुस्लिम समूहों (अशराफ, अजलाफ और अरजाल) को विभिन्न प्रकार की सकारात्मक कार्यवाही प्रदान की जानी चाहिए, मुख्य रूप से अरजाल मुस्लिम समूह को सबसे पिछड़े वर्ग के रूप में नामित करना चाहिए क्योंकि उन्हें आरक्षण सहित विविध उपायों की आवश्यकता है।
6. मुस्लिम समाज में रोज़गार की हिस्सेदारी बढ़ानी चाहिए, विशेष रूप से सार्वजनिक व्यवहार वाले विभागों में।
7. रक्षा, नागरिक और बैंकिंग परीक्षा में पात्रता के लिए मदरसों की डिग्रियों को मान्यता प्रदान करनी चाहिए।
8. नियमित वाणिज्यिक बैंकों के कारोबार में अल्पसंख्यकों, विशेष रूप से मुसलमानों की भागीदारी और हिस्सेदारी में सुधार करना चाहिए।
9. 500 करोड़ के परिक्रामी कोष फंड के साथ एक राष्ट्रीय वक्फ विकास निगम की स्थापना करनी चाहिए।
10. मुसलमानों को बढ़ावा देना चाहिए ताकि वे प्राथमिकता वाले क्षेत्रों तक पहुँच सकें।

समितियाँ बनती रहीं और सुझाव देती रहीं ताकि मुस्लिम अल्पसंख्यकों और अनुसूचित जाति/अनुसूचित जनजाति के जीवन स्तर में सुधार आ सके और वह भी लोकतन्त्र का एक मज़बूत खम्भा बनकर राष्ट्र में अपना योगदान दे सकें तथा सबसे ज़रूरी बात कि वह लोकतन्त्र में अपनी भी पहचान बना सकें। पर वास्तव में ऐसा होता हुआ दिखाई नहीं दे रहा क्योंकि न ही पूर्व की और न ही वर्तमान की सरकार ने सच्चर समिति के सुझावों पर कोई क़दम उठाया। अब आने वाले भविष्य में देखना होगा कि अल्पसंख्यक मुस्लिम समाज लोकतन्त्र की किस सीढ़ी पर खड़ा दिखाई देता है?

पसमांदा : मुस्लिम अल्पसंख्यक समाज के बीच में ही एक पसमांदा समाज भी है। पसमांदा शब्द का प्रयोग पहली बार 1998 में अली अनवर (पसमांदा मुस्लिम महाज़ के संस्थापक) द्वारा किया गया था। पसमांदा शब्द का मतलब होता है "पीछे छूट गये लोग"। मुस्लिम समाज को तीन श्रेणियों में बाँटकर देखा जाता है जैसा कि सच्चर समिति ने भी उल्लेख किया है— अशराफ, अजलाफ और अरजाल।

अशराफ लोगों का यह दावा है कि वह मुस्लिम देशों अरब, ईरान, तुर्की अफ़ग़ानिस्तान आदि से आये हुए मुसलमानों के वंशज हैं जिनमें मुख्य रूप से सैयद, शेख़, मुग़ल और पठान लोग हैं। इसके अतिरिक्त हिन्दू उच्चजाति के परिवर्तित राजपूत, गौर, त्यागी आदि भी अशराफ समाज में गिने जाते हैं। अजलाफ समाज के लोग उस मध्य जाति से आते हैं जो धर्म में परिवर्तित हुए और किसी पेशे से जुड़े रहे जैसे जुलाहा, दर्ज़ी, टेलर (इदरीसी), कुंजड़ा (सब्ज़ी बेचने वाले) आदि। और अरजाल लोग पारम्परिक रूप से कमज़ोर वर्ग से आते हैं जिनको पहली बार 1901 की जनगणना में दर्ज किया गया। वह सबसे निम्नवर्गीय (अछूत) जाति से सम्बन्धित हैं। इसमें हलालखोर, हलास, लालबेगी या भंगी, धोबी, नाई या हज्जाम, चिकवा या कसाई और फ़क़ीर या भिखारी लोगों को सम्मिलित किया गया है।

कुछ पसमांदा कार्यकर्ताओं और विद्वानों के अनुसार भारत की कुल मुस्लिम जनसंख्या का 80 से 85 प्रतिशत पसमांदा है। वर्तमान में पसमांदा आन्दोलन का मुख्य चेहरा अली अनवर हैं जो इस समाज के उत्थान के लिए काम कर रहे हैं। यह पसमांदा समाज भारत के लगभग सभी राज्यों में फैले हुए हैं और इनका नौकरियों, विधान सभा तथा सरकारी अल्पसंख्यक संस्थाओं में प्रतिनिधित्व बहुत ही कम है। इसलिए पसमांदा समाज की कुछ माँगें भी हैं जैसे जाति के आधार पर जनगणना, आरक्षित श्रेणी का पुनर्गठन करना तथा शिल्पकारों, कारीगरों और कृषि मज़दूरों को

राज्य से सहायता प्राप्त हो क्योंकि भारतीय मुसलमानों में यह तबका सबसे अधिक ग़रीब है। इसके अतिरिक्त 2014 लोकसभा चुनाव के दौरान इनकी माँग आरम्भ हुई कि दलित मुसलमानों को अनुसूचित जाति की सूची में रखा जाये और अन्य पिछड़ा वर्ग के कोटे का पुनर्गठन करके नया रूप दिया जाये ताकि दोनों केन्द्र और राज्य स्तर पर अति पिछड़ा वर्ग की श्रेणी बनायी जा सके। इस पसमांदा आन्दोलन ने मंडल कमीशन के दौरान बहुत ज़ोर पकड़ा था पर ऐसा नहीं है कि यह आवाज़ पहले नहीं उठाई गयी। पसमांदा समाज के हक़ में आवाज़ तो भारत की आज़ादी के पहले ही उठ चुकी थी जो दो जुलाहा समाज के नेताओं अब्दुल क़य्यूम अंसारी और मौलाना अली हुसैन असीम बिहारी द्वारा उठाई गयी थी। इन्होंने मुस्लिम लीग की साम्प्रदायिक राजनीति और मुस्लिम लीग द्वारा सभी मुसलमानों के प्रतिनिधित्व को चुनौती दी थी।

इससे यह बात साफ़ हो जाती है कि अल्पसंख्यक और अल्पसंख्यकों के भीतर पसमांदा समाज समय-समय पर लोकतन्त्र में अपनी हिस्सेदारी के लिए आवाज़ उठाते रहे हैं। परन्तु न तब और न ही अभी की स्थिति में कोई ठोस सुधार नज़र आता दिख रहा है। जिसका एक महत्त्वपूर्ण कारण यही है कि राजनीतिक दलों के लिए अल्पसंख्यक और पसमांदा केवल वोट बैंक की तरह ही देखे गये हैं न कि मुख्य धारा के घटक के रूप में। हालाँकि अल्पसंख्यक और पसमांदा दोनों के लिए राज नेताओं द्वारा समय-समय पर स्नेह प्रकट करने वाले शब्दों का प्रयोग होता रहा है पर इन शब्दों का तब तक कोई मोल नहीं है जब तक इन्हें समाज में बराबरी की नज़र से न देखा जाये और इन्हें समाज का एक ठोस अंग न मान लिया जाये।

आदिवासी : लोकतन्त्र के हाशिये पर

कमल नयन चौबे

श्रीमती द्रोपदी मुर्मू का भारत का राष्ट्रपति बनना अपने-आप में एक ऐतिहासिक घटना है क्योंकि वे इस पद को सुशोभित करने वाली पहली आदिवासी हैं। केन्द्र में सत्तारूढ़ भारतीय जनता पार्टी ने इसे अपनी एक प्रमुख उपलब्धि के रूप में प्रस्तुत किया है। निश्चित रूप से यह एक स्वागत योग्य क़दम है। लेकिन यह नहीं भुलाया जा सकता कि भारत के आदिवासी समुदाय जीवन के विविध क्षेत्रों में अलग-अलग प्रकार की समस्याओं का सामना कर रहे हैं, और अधिकांश मामलों में केन्द्र और विभिन्न राज्य सरकारों ने इन समस्याओं को सुलझाने के बजाय उन्हें टालने या और गहन बनाने का ही काम किया है। इस आलेख का उद्देश्य भारत के आदिवासी समुदायों के सामने खड़े कुछ प्रमुख अनसुलझे प्रश्नों की विवेचना करना है। ये प्रश्न आदिवासियों के जीवन के साथ ही साथ भारतीय लोकतन्त्र की दशा और दिशा से भी जुड़े हुए हैं। मसलन, क्या आदिवासी समुदाय अपनी अस्मिता को अपनी शर्तों के हिसाब से परिभाषित कर रहे हैं या वे ईसाई मिशनरियों और हिन्दुत्ववादी संगठनों द्वारा आरोपित पहचानों से जूझ रहे हैं? क्या भारत का विकास मॉडल आदिवासियों के हितों के अनुरूप माना जा सकता है? क्या आदिवासी समुदाय संवैधानिक प्रावधानों और गहन संघर्ष से प्राप्त क़ानूनों का लाभ उठा पाने में समर्थ हो पाये हैं? क्या आदिवासी समुदायों के लिए संविधान में प्रदत्त प्रतिनिधिमूलक आरक्षण का अनुभव सन्तोषप्रद माना जा सकता है? क्या यह कहा जा सकता है कि माओवादी हिंसा से ग्रस्त क्षेत्रों में आदिवासी अपने नागरिक अधिकारों का सही तरीक़े से उपयोग करने में समर्थ हैं?

भारत में मौजूदा समय में कुल 693 समुदायों को अनुसूचित जनजाति की श्रेणी में सम्मिलित किया गया है, और बहुत से समुदाय अभी भी ख़ुद को इस सूची

में सम्मिलित किये जाने की माँग कर रहे हैं। 2011 की जनगणना के अनुसार, अनुसूचित जनजातियाँ भारत की जनसंख्या का 8.6 प्रतिशत हैं, और उनकी जनसंख्या 10.4 करोड़ के क़रीब है। आदिवासियों की जनसंख्या का तीन-चौथाई से भी ज़्यादा भाग मध्य भारत अर्थात् मध्य प्रदेश (14.69 प्रतिशत), छत्तीसगढ़ (7.5 प्रतिशत), झारखंड (8.9 प्रतिशत), आन्ध्र प्रदेश (5.7 प्रतिशत), महाराष्ट्र (10.08 प्रतिशत), ओडिशा (9.2 प्रतिशत), गुजरात (8.55 प्रतिशत), राजस्थान (8.86 प्रतिशत), और पश्चिम बंगाल (5.6 प्रतिशत) में निवास करता है। उत्तर-पश्चिमी राज्यों में देश के आदिवासियों की कुल जनसंख्या का तकरीबन 13 प्रतिशत रहता है, और शेष तकरीबन 6 प्रतिशत जनसंख्या दक्षिणी और उत्तरी राज्यों में निवास करती है। ग़ौरतलब है कि मध्य भारत के बहुत से राज्यों (छत्तीसगढ़ 33.6 प्रतिशत, झारखंड 26.2 प्रतिशत, ओडिशा 22.8 प्रतिशत, मध्य प्रदेश 21.1 प्रतिशत, गुजरात 14.8 प्रतिशत, राजस्थान 13.5 प्रतिशत, महाराष्ट्र 9.5 प्रतिशत) की तुलना में उत्तर-पूर्वी राज्यों (मिजोरम 94.4 प्रतिशत, नागालैण्ड 86.5 प्रतिशत, मेघालय 86.1 प्रतिशत) और एक केन्द्रशासित प्रदेश (लक्षद्वीप 94.8 प्रतिशत) की जनसंख्या में आदिवासियों का अनुपात तुलनात्मक रूप से उच्च है।

भारतीय संविधान के अनुच्छेद 342 में यह प्रावधान किया गया है कि राष्ट्रपति सम्बन्धित राज्य के राज्यपाल और संसद के परामर्श से किसी समुदाय को अनुसूचित जनजाति की श्रेणी में सम्मिलित कर सकते हैं, या उससे बाहर कर सकते हैं। संविधान में अनुसूचित जनजातियों के लिए लोकसभा में और राज्य विधानसभाओं में उनकी जनसंख्या के आधार पर आनुपातिक प्रतिनिधित्व देने का प्रावधान किया गया है (क्रमश: अनुच्छेद 330 और 332)। अनुसूचित जनजातियों के लिए लोकसभा में 47 सीटें आरक्षित हैं। संविधान में सामान्य नागरिकों के जनजातीय क्षेत्रों में सम्पत्ति ख़रीदने और वहाँ बसने के अधिकारों पर पाबन्दी लगाने का प्रावधान है [अनुच्छेद 19 (5)]। इसके अतिरिक्त सरकारी नौकरियों में अनुसूचित जनजातियों के लिए उनकी जनसंख्या के अनुपात में सीटों को आरक्षित करने का प्रावधान किया गया है [अनुच्छेद 16(4), अनुच्छेद 335]। भारतीय संविधान में पाँचवीं और छठी अनुसूची का प्रावधान किया गया है। छठी अनुसूची में उत्तर-पूर्व के चार राज्यों में आदिवासी को स्वायत्त ज़िला परिषदों के माध्यम से स्थानीय स्तर पर अपनी प्रथाओं के हिसाब से जीवन संचालित करने और संसाधनों का प्रबन्धन करने का अधिकार दिया गया है। वहीं, पाँचवीं अनुसूची में मध्य भारत के दस राज्यों के विभिन्न क्षेत्रों को सम्मिलित किया गया है। इसके अन्तर्गत झारखंड, छत्तीसगढ़, मध्य प्रदेश,

राजस्थान, गुजरात, आन्ध्र प्रदेश, तेलंगाना, हिमाचल प्रदेश, महाराष्ट्र और ओडिशा के आदिवासी क्षेत्र आते हैं। यहाँ के राज्यपालों को यह विशिष्ट अधिकार दिया गया है कि वे संसद या विधानसभा द्वारा पारित किसी भी क़ानून को इस आधार पर इन क्षेत्रों में लागू होने से रोक सकते हैं कि ये क़ानून आदिवासियों के हितों के अनुरूप नहीं है। छठी अनुसूची में स्वायत्त ज़िला परिषदों के प्रावधान को प्रभावकारी तरीक़े से लागू किया गया है किन्तु अमूमन पाँचवीं अनुसूची के प्रावधानों की उपेक्षा ही की गयी है।

आरोपित पहचान, विकास का प्रश्न और आदिवासियों की दुविधा

विविध आदिवासी समुदाय आरोपित पहचानों के संकट का सामना कर रहे हैं। इसका अर्थ है कि आदिवासी ख़ुद को जिस रूप में देखते हैं, उससे अलग जाकर बाहरी प्रभावों के आधार पर उनकी अस्मिता को प्रभावित करने की कोशिश की जाती रही है। ईसाई मिशनरियों ने अपने काम के कारण आदिवासी क्षेत्रों में अपनी पैठ जमाई है, और बहुत सारे आदिवासियों ने ईसाई धर्म को अपनाया है। कई बार चर्च के काम का विरोध करने वाले लोग और संगठन यह दलील देते हैं कि इसके कारण आदिवासी के अपनी मूल पहचान को चोट पहुँची है। वहीं, राष्ट्रीय स्वयंसेवक संघ के आदिवासियों के बीच काम करने वाले संगठन अखिल भारतीय वनवासी कल्याण आश्रम ने 1950 के दशक से ही आदिवासी क्षेत्रों में अपने काम के माध्यम से आदिवासियों के हिन्दू होने की पहचान पर बल दिया है। यह संगठन आदिवासियों को 'वनवासी' मानता है, अर्थात् वह उन्हें ऐसे हिन्दुओं के रूप में देखता है जो वनों में रहते हैं। यह 'आदिवासी' शब्द के उपयोग को इसलिए ग़लत मानता है क्योंकि इसकी नज़र में भारत के सभी हिन्दू समूह यहाँ के मूल निवासी हैं। यह अपने काम को वनवासियों की संस्कृति और पहचान के संरक्षण के रूप में पेश करता है, वहीं ईसाई मिशनरियों को वनवासियों की पहचान विकृत करने वाला मानता है। इसने आदिवासियों के बीच हिन्दू जीवनशैली और मूल्यों का प्रसार करने के लिए निरन्तर काम किया है। वनवासी कल्याण आश्रम ने लगातार यह माँग भी उठायी है कि जो वनवासी हिन्दू धर्म से अलग होकर ईसाई या कोई अन्य धर्म अपना लेते हैं, उन्हें अनुसूचित जनजातियों को दिये जाने वाले लाभों से वंचित किया जाना चाहिए। कई ऐसे ईसाई संगठन हैं जो ख़ुद को सरना धर्म के अनुयायी या प्रकृति पूजक के रूप में प्रस्तुत करते हैं, और ईसाई या हिन्दू—दोनों पहचानों को ख़ारिज करते हैं।

असल में, देश के कई भागों में आदिवासी समुदायों के सामने अपनी वास्तविक पहचान को क़ायम रखने का संकट पैदा हुआ है, और इसने आदिवासी समाज में एक अलग तरह के तनाव को जन्म दिया है। दरअसल, एक सद्भावयुक्त आदिवासी समाज के निर्माण के लिए यह आवश्यक है कि आदिवासियों पर बाहर से कोई पहचान न थोपी जाये, और उन्हें अपनी परम्पराओं, प्रथाओं और मूल्यों के अनुसार जीवन यापन करने की आज़ादी मिले।

आदिवासियों की सबसे बड़ी दुविधा यह है कि आज़ादी के बाद से लेकर वर्तमान समय तक देश में जिस तरह के विकास के मॉडल को अपनाया गया है, उसमें उनके हितों या प्राथमिकताओं को कोई तरजीह नहीं दी गयी है। आज़ादी से पहले के दौर में अंग्रेज़ों ने अपने साम्राज्यवादी हितों को पूरा करने के लिए वनों का दोहन किया, और इस उद्देश्य से कई क़ानून बनाये, जिसमें भारतीय वन अधिनियम 1878 और 1927 प्रमुख हैं। आज़ादी के बाद के दौर में 'अंग्रेज़ों के साम्राज्यवादी हितों' का स्थान 'भारत के राष्ट्रीय विकास' की अवधारणा ने ले लिया, और वन संसाधनों का दोहन बढ़ता ही गया। जहाँ भारतीय संविधान ने भारतीय वन अधिनियम 1927 की वैधता को क़ायम रखा, वहीं 1952 की वन नीति ने यह घोषित किया कि बहुमूल्य संसाधनों का उपयोग राष्ट्रीय विकास के लिए किया जायेगा, और स्थानीय समुदाय इस पर अपना हक़ घोषित नहीं कर सकते हैं। इसका नतीजा आदिवासियों के विस्थापन और अपने ही निवास स्थान पर 'अतिक्रमक' घोषित होने के रूप में सामने आया। बाद के दौर में, वन्य जीव (संरक्षण) अधिनियम 1972 ने संरक्षित क्षेत्रों की अवधारणा प्रस्तुत की तथा राष्ट्रीय उद्यानों और टाइगर रिज़र्व आदि में वहाँ के निवासियों (जिनमें अधिकांश आदिवासी हैं) के अधिकारों में कटौती की। वैश्वीकरण के दौर से पहले अमूमन सरकार प्रायोजित 'विकास' परियोजनाओं ने आदिवासियों के लिए विस्थापन और पर्यावरण प्रदूषण जैसी समस्याएँ खड़ी कीं, लेकिन वैश्वीकरण के बाद के दौर में निजी उद्यमियों की भूमिका भी इसमें बढ़ी। इस बात पर ध्यान देने की कोशिश नहीं की गयी कि आदिवासियों को इस विकास मॉडल से क्या लाभ हो रहा है, या उन्हें यह विकास मॉडल स्वीकार्य है या नहीं। औपनिवेशिक दौर से ही जयपाल सिंह मुंडा जैसे नेताओं ने इस बात पर ज़ोर दिया था कि आदिवासी इलाक़ों में लगने वाले कारख़ानों की नौकरियों में आदिवासियों को वरीयता मिलनी चाहिए। लेकिन इस सन्दर्भ में कभी कोई स्पष्ट नीति नहीं बनी, और अमूमन आदिवासी युवाओं को निचले स्तर के काम में लगाया जाता रहा है।

कई आदिवासी संगठनों की यह माँग रही है कि जो भी कारख़ाने आदिवासी क्षेत्रों में लगते हैं, उसके लाभ का एक बड़ा हिस्सा आदिवासियों को दिया जाना चाहिए। लेकिन यह माँग निजी क्षेत्र के मुनाफ़े के सिद्धान्त के ख़िलाफ़ है, इसलिए इसे अनसुना ही किया जाता रहा है।

इस तरह, आदिवासियों के बड़े तबके के सामने मौजूदा विकास मॉडल से पैदा होने वाली समस्याओं को निम्न बिन्दुओं में सामने रखा जा सकता है : पहला, इस मॉडल ने उनके पारम्परिक निवास-स्थान से उनके विस्थापन को बढ़ाया है। दूसरा, खनन और नवीन उद्योगों की स्थापना से उनके निवास-स्थान पर प्रदूषण की समस्या भयंकर स्तर तक पहुँच गयी है। तीसरा, इस विकास मॉडल से होने वाले 'लाभ' में उनकी हिस्सेदारी सुनिश्चित करने का कोई ठोस उपाय नहीं किया गया है। न ही आदिवासी युवाओं को रोज़गार में प्राथमिकता मिलती है, और न ही सरकारी या निजी कम्पनियाँ अपने लाभ का एक हिस्सा स्थानीय समुदायों को देती हैं। चौथा, यह अवश्य हुआ है कि बाहरी लोगों के आने से कई आदिवासी क्षेत्रों में ख़ुद आदिवासी ही अल्पसंख्यक हो गये हैं। ग़ौरतलब है कि पाँचवीं अनुसूची के शहरी क्षेत्रों में नगरपालिका के विस्तार हेतु संविधान के 74वें संशोधन में एक अलग क़ानून का प्रावधान जोड़ा गया था। 2001 में इस बाबत एक विधेयक भी राज्यसभा में प्रस्तुत किया गया। इस बिल में पाँचवीं अनुसूची के शहरी क्षेत्रों में अनुसूचित जनजातियों को कुछ विशिष्ट अधिकार देने का प्रावधान किया गया था, लेकिन यह विधेयक संसद से पारित नहीं हो पाया। इसके कारण पाँचवीं अनुसूची के अन्तर्गत आने वाले अधिकांश शहरी क्षेत्रों में आदिवासी अल्पसंख्यक और अधिकारहीन अवस्था में हैं।

वन संसाधन और स्वायत्त जीवन के लिए संघर्ष

आदिवासी क्षेत्रों में स्वायत्त जीवन-परम्पराओं के संरक्षण और संसाधनों पर अधिकारों की मान्यता के लिए भी लम्बा आन्दोलन चला है। इस सन्दर्भ में 1970 के दशक से जागरूकता बढ़ी और बाद के दशकों में इसका नतीजा दो ऐसे क़ानूनों के बनने के रूप में सामने आया, जो स्थानीय समुदायों, और विशेष रूप से आदिवासियों को स्वायत्त जीवन और वन संसाधनों पर महत्त्वपूर्ण अधिकार देते हैं। ये दो क़ानून हैं: *पंचायत (अनुसूचित क्षेत्र विस्तार) अधिनियम*, 1996 (या पेसा), और *अनुसूचित जनजाति और अन्य पारम्परिक वन निवासी (वन अधिकार मान्यता) अधिनियम* 2006 (संक्षेप में वन अधिकार अधिनियम)। पेसा सिर्फ़ संविधान की पाँचवीं अनुसूची के अन्तर्गत आने वाली पंचायतों से सम्बन्धित क़ानून है।

यह क़ानून इस क्षेत्र के आदिवासियों को अपनी प्रथाओं के अनुरूप जीवन संचालित करने, लघु वनोपजों का संग्रहण करने, खनन और भू-अधिग्रहण के बारे में अपनी राय रखने (और उन्हें नकारने) जैसे महत्त्वपूर्ण अधिकार देता है। साथ ही, इसमें यह भी प्रावधान है कि पाँचवीं अनुसूची के अन्तर्गत आने वाली सभी पंचायतों में सरपंच या मुखिया का पद अनुसूचित जनजातियों के लिए आरक्षित रहेगा। दूसरी ओर, वन अधिकार अधिनियम पूरे देश के वन क्षेत्रों से सम्बन्धित है, और इसमें अनुसूचित जनजातियों और अन्य पारम्परिक वन निवासियों को 4 हेक्टेयर तक भूमि पर निजी सम्पत्ति के नियमितीकरण, और कुछ अत्यन्त महत्त्वपूर्ण सामुदायिक अधिकार देने का प्रावधान है। हालाँकि अनुसूचित जनजातियों वन भूमि पर निजी सम्पत्ति का अधिकार पाने के लिए यह साबित करना है कि 13 दिसम्बर 2005 से पहले उस ज़मीन का उपयोग कर रहे थे, वहीं अन्य पारम्परिक वन निवासियों की श्रेणी में वे लोग आते हैं, जो यह साबित कर पायें कि वे वन भूमि पर 13 दिसम्बर 2005 के पहले 75 वर्षों और तीन पीढ़ियों से वन भूमि पर रह रहे हैं। इस क़ानून में स्थानीय समुदायों को वनों से लघु वनोपज लेने और वन के प्रबन्धन में भी सक्रिय भूमिका निभाने का प्रावधान है। ये दोनों ही क़ानून इसलिए महत्त्वपूर्ण माने जाते हैं क्योंकि इन्हें संसद से पारित करवाने के लिए आदिवासी संगठनों ने ज़मीनी स्तर पर आदिवासियों की गोलबन्दी की थी। ख़ास तौर पर, वन अधिकार क़ानून के सन्दर्भ में यह गोलबन्दी ज़्यादा थी।

बहरहाल, इन दोनों क़ानूनों का क्रियान्वयन असन्तोषजनक ही रहा है। पेसा के बारे में अलग-अलग राज्यों ने अपने राज्य स्तरीय क़ानून और उनके नियम बनाने में काफ़ी देरी की और जब भी यह प्रक्रिया पूरी हुई तो पेसा के केन्द्रीय क़ानून की क्रान्तिकारी सम्भावना काफ़ी सीमित हो गयी। इस क़ानून को लागू करते समय लगातार यह कोशिश की गयी कि यह क़ानून भू-अधिग्रहण में रुकावट न बने। इसके अलावा, वन विभाग ने इस क़ानून के इस प्रावधान की लगातार उपेक्षा की है कि स्थानीय समुदायों का वनोपजों पर हक़ है। यह क़ानून अनेक मसलों पर ग्राम सभा को स्वायत्तता देता है किन्तु व्यवहार में ग्राम सभा को इस तरह की स्वायत्तता कभी नहीं मिली। हालाँकि पेसा के प्रावधानों के कारण अनुसूचित जनजातियों की पंचायत के स्तर पर प्रतिनिधित्व में वृद्धि अवश्य हुई है। साथ ही, पाँचवीं अनुसूची वाले कई राज्यों में स्थानीय आदिवासी संस्थाओं ने इस क़ानून के पारित होने के बाद के दौर से ही 'शिलालेख' या 'पत्थलगढ़ी' के माध्यम से लोगों को उनके अधिकारों

के बारे में जागरूक करने का लगातार प्रयास किया। हाल के वर्षों में 'पत्थलगढ़ी' आन्दोलन के माध्यम से छत्तीसगढ़ और झारखंड के कई क्षेत्रों में आदिवासी युवाओं ने इसी आधार पर सरकारी कर्मचारियों के गाँवों में प्रवेश करने और दख़लअन्दाज़ी करने से रोक लगा दी कि पेसा जैसे क़ानून 'गाँव गणराज्य' के अवधारणा की पुष्टि करते हैं। हालाँकि बाद में यह आन्दोलन हिंसा और भटकाव का शिकार हुआ, और प्रभावहीन हो गया।

पेसा की तरह ही वन अधिकार क़ानून को भी आधे-अधूरे तरीक़े से ही लागू किया गया है। जहाँ अनुसूचित जनजातियों के सन्दर्भ में निजी सम्पत्ति अधिकार सम्बन्धी प्रावधानों को लागू किया गया है, वहीं 'अन्य पारम्परिक वन निवासियों' को यह अधिकार पाने में अत्यन्त कठिनाइयों का सामना करना पड़ा है। वन विभाग के प्रतिरोध के कारण आदिवासियों और अन्य पारम्परिक वन निवासियों को बहुत कम स्थानों पर सामुदायिक अधिकार हासिल हो पाये हैं। इसी तरह, संरक्षित क्षेत्रों (राष्ट्रीय उद्यान, टाइगर रिज़र्व आदि) में इस क़ानून की अमूमन अवहेलना ही हुई है। यह अवश्य हुआ है कि इस क़ानून के रूप में स्थानीय समुदायों को वन विभाग के रोज़-ब-रोज़ के दमन से लड़ने का एक क़ानूनी हथियार मिल गया है। लेकिन चूँकि यह साफ़ नहीं है कि वन अधिकार क़ानून 2006, वन्य जीव (संरक्षण) अधिनियम 1972 या भारतीय वन अधिनियम 1927 से उच्चतर है, इसलिए वन विभाग बाद वाले दो क़ानूनों का सहारा लेकर वन अधिकार क़ानून के प्रावधानों की उपेक्षा करता आया है। हाल के वर्षों में सरकार द्वारा भी इस क़ानून के प्रावधानों को अप्रभावकारी बनाने की कोशिशें की जाती रही हैं। हालाँकि आदिवासी संगठनों ने इसका तीखा विरोध भी किया है।

बहरहाल, पेसा और वन अधिकार क़ानून इसलिए महत्त्वपूर्ण हैं क्योंकि इन्होंने आदिवासियों और अन्य पारम्परिक वन निवासियों के भीतर उनके अधिकारों की चेतना जगाई है। और ऐसे बहुत से उदाहरण हैं जहाँ आदिवासी समुदाय इन क़ानूनों के माध्यम से अपने हक़ को हासिल करने तथा वन विभाग और सरकार के अन्य विभागों या निजी कॉरपोरेट घरानों की मनमानी के ख़िलाफ़ संघर्ष कर रहे हैं। इसमें कोई सन्देह नहीं है कि आदिवासियों को ख़ुदमुख़्तार या आत्म-निर्भर बनाने के लिए इन क़ानूनों का क्रियान्वयन आवश्यक है, और अभी इस दिशा में काफ़ी काम करने की आवश्यकता है। किन्तु हक़ीक़त यह है कि मौजूदा सरकार इन क़ानूनों को निष्प्रभावी करने की दिशा में ही काम कर रही है।

आरक्षण का प्रश्न तथा राजनीतिक प्रतिनिधियों की निष्क्रिय भूमिका

जैसा कि पहले उल्लेख किया गया है कि आदिवासी एक विविधताओं से भरा हुआ समूह है, जिसमें कुछ समुदायों की स्थिति अन्य बहुत से समुदायों से बहुत अच्छी है। शिक्षा और उससे मिलने वाले लाभ (मसलन सरकारी नौकरियों और आर्थिक उन्नति) के सन्दर्भ में कुछ आदिवासी समुदाय ज़्यादा बेहतर स्थिति में हैं। विशेष तौर पर, उत्तर-पूर्व के जनजातीय समुदायों और राजस्थान के मीणा का उल्लेख किया जा सकता है। इसका कारण यह है कि आदिवासियों के भीतर इन समुदायों की आर्थिक स्थिति तुलनात्मक रूप से बेहतर रही है, या इन्हें शिक्षा हासिल करने का ज़्यादा मौक़ा मिला है। कई बार इसी आधार पर आरक्षण-विरोधियों द्वारा ऐसे समुदायों की शिनाख़्त करके इन्हें आरक्षण का लाभ पाने वाले समुदायों की सूची से बाहर करने पर बल दिया जाता है। यह अवश्य है कि आरक्षण का लाभ अनुसूचित जनजाति श्रेणी के सभी तबकों तक पहुँचना चाहिए, किन्तु इसके लिए कौन-सा संयन्त्र अपनाया जाये यह फ़ैसला इस श्रेणी के विभिन्न प्रतिनिधियों से संवाद के माध्यम से ही तय किया जाना चाहिए। यह भी ज़रूरी है कि शिक्षा और आर्थिक मदद के माध्यम से इस श्रेणी के भीतर के पिछड़े हुए समूहों को भी इस लायक बनाया जाना चाहिए कि वे भी आरक्षण का वास्तविक लाभ उठा पायें।

भारत में लोकतान्त्रिक शासन की स्थापना के बाद से राजनीतिक दलों के भीतर अपने दल के विचार से अलग हटकर बोलने की प्रवृत्ति काफ़ी कम रही है। नीतिगत मसलों पर वैचारिक असहमति जताने का काम भी कुछ मुट्ठी भर सांसदों या विधायकों ने ही किया है। अनुसूचित जातियों के सन्दर्भ में कांशीराम ने इस प्रवृत्ति को 'चमचा युग' की संज्ञा दी, जिसका अर्थ यह है कि अनुसूचित जातियों के सांसद अमूमन अपनी पार्टी के खूँटे से बँधे होते हैं, और वे किसी भी तरह अपने पार्टी के नेता को ख़ुश करने की जुगत में रहते हैं। ऐसा करते हुए अधिकांश मौक़ों पर वे उन मसलों पर भी ख़ामोशी ओढ़ लेते हैं, जिनसे सीधे तौर पर दलितों के हितों के नुक़सान का अन्देशा होता है। यही बात कमोबेश अनुसूचित जनजाति के सांसदों/विधायकों के बारे में भी सच रही है। इन्होंने आदिवासियों के विस्थापन या उनके अधिकारों के खुले उल्लंघन जैसे मसलों पर कई बार ख़ामोशी क़ायम रखी है क्योंकि इन्हें अपने दल के नेतृत्व की नाराज़गी का डर रहता है। चाहे वन अधिकार क़ानून या पेसा जैसा क़ानून के आंशिक क्रियान्वयन का मसला हो, या फिर नक्सलवाद के दमन के नाम पर आदिवासियों पर अत्याचार करने का मसला—अधिकांश मौक़ों पर

आदिवासी नेताओं ने अपनी पार्टी की लाइन का ही अनुसरण किया है, भले ही इससे आदिवासियों के हितों और उनकी जीविका का नुक़सान होता हो। संसदीय लोकतन्त्र में दल-बदल क़ानून ने इस प्रवृत्ति को और ज़्यादा मज़बूती प्रदान की है। असल में, इस बात पर गम्भीरता से विचार होना चाहिए कि अनुसूचित जनजातियों या अनुसूचित जातियों के प्रतिनिधियों को इतनी स्वायत्तता कैसे मिले कि वे आदिवासियों या दलितों के मसले में खुलकर अपने विचार रख पायें?

सन्दिग्ध नागरिक के रूप में आदिवासी का ख़तरा

आदिवासी इलाक़ों का एक बड़ा क्षेत्र माओवाद से प्रभावित है। झारखंड, छत्तीसगढ़, आन्ध्र प्रदेश और तेलंगाना के आदिवासी बहुल क्षेत्रों में माओवादियों की उपस्थिति है, और उनसे निपटने के लिए भारतीय राज्य के सशस्त्र बलों को भी लगातार कठोर कार्रवाई करनी पड़ती है। लेकिन इस स्थिति के कारण इन क्षेत्रों में रहने वाले आम आदिवासियों का जीवन भी नरकीय बन जाता है, क्योंकि माओवादियों के ख़िलाफ़ होने वाली कार्रवाइयों के निशाने पर कई बार ये भी आ जाते हैं। मसलन, 2005 में छत्तीसगढ़ के बस्तर क्षेत्र में 'सलवा जुडूम' आन्दोलन आरम्भ हुआ, जिसकी अगुवाई काँग्रेस के नेता महेन्द्र कर्मा ने की, और इसे छत्तीसगढ़ की तत्कालीन भारतीय जनता पार्टी का भी समर्थन प्राप्त था। राज्य सरकार द्वारा आदिवासियों में से कुछ युवाओं को 'स्पेशल पुलिस फोर्स' (एसपीओ) के रूप में अस्थायी रूप से भर्ती करके उन्हें हथियार दिया गया। सैकड़ों गाँवों के लोगों को ज़बर्दस्ती अपना गाँव छोड़कर कैम्पों में रहने के लिए मजबूर किया गया। इस प्रक्रिया में बहुत से गाँवों को जला दिया गया, बहुत से लोगों की हत्याएँ हुईं, तथा आदिवासी महिलाओं के साथ बलात्कार जैसे जघन्य अपराध हुए। बाद में, 2011 में सर्वोच्च न्यायालय ने सलवा जुडूम को ग़ैर-क़ानूनी घोषित किया। असल में, जहाँ सीधे तौर पर माओवादी सक्रिय नहीं हैं, वहाँ भी बलात् भू-अधिग्रहण या खनन आदि का कार्य करने वाले आदिवासियों को सन्देह की निगाह से देखा जाता है, और कई बार उनकी आवाज़ दबाने के लिए उन्हें 'माओवादी' या 'नक्सल' बताते हुए जेल में डाल दिया जाता है। हज़ारों की संख्या में आदिवासी अपने मुक़दमों की सुनवाई का इन्तज़ार करते हुए जेलों में क़ैद हैं।

विविध श्रेणियों के विस्तार की आवश्यकता

देश में कई समूह हैं जो ख़ुद को आदिवासी मानते हैं, किन्तु वे अनुसूचित जनजाति की श्रेणी का भाग नहीं हैं, या फिर कई समूह ऐसे हैं जो किसी एक राज्य में अनुसूचित जनजाति की श्रेणी का भाग हैं किन्तु दूसरे राज्यों में उन्हें इस श्रेणी में सम्मिलित नहीं किया गया है। मसलन, झारखंड से असम में जाकर बसने वाले कई आदिवासी समूह अभी भी वहाँ अनुसूचित जनजाति की श्रेणी में सम्मिलित नहीं हैं। अमूमन किसी नये समूह को अनुसूचित जनजाति की श्रेणी में सम्मिलित करने का मसला राजनीतिक दबाव से भी जुड़ा होता है। ग़ौरतलब है कि इस श्रेणी में शामिल होने के बाद कोई समूह भारतीय राज्य से मिलने वाले कई लाभों, ख़ास तौर पर सरकारी नौकरियों में आरक्षण का हक़दार हो जाता है। इसीलिए इस श्रेणी में नये समूहों को सम्मिलित करने के किसी भी प्रयास का पहले से इस समूह में मौजूद समूह तीखा विरोध करते हैं। मसलन, जब राजस्थान में गुर्जरों ने ख़ुद को अनुसूचित जनजाति की श्रेणी में शामिल करने की माँग रखी, तो इसी राज्य के मीणा समुदाय के लोगों ने इसका तीखा विरोध किया। आवश्यकता इस बात की है कि अनुसूचित जनजाति की श्रेणी में सम्मिलित किये जाने की माँग करने वाले विभिन्न समूहों की माँगों पर वस्तुनिष्ठ तरीक़े से विचार किया जाये, और जो समूह कुछ सुनिश्चित वस्तुनिष्ठ कसौटियों को पूरा करते हैं, उन्हें इस श्रेणी में स्थान दिया जाये। लेकिन मौजूदा सरकार सहित विभिन्न सरकारों ने इस दिशा में कोई ठोस इच्छा-शक्ति नहीं दिखाई है।

इसी तरह, देश के केरल, कर्नाटक आदि जैसे कई ऐसे राज्य हैं जहाँ आदिवासी रहते हैं, किन्तु ये क्षेत्र न तो संविधान की पाँचवीं अनुसूची में सम्मिलित हैं, और न ही छठी अनुसूची में। इनमें से कई क्षेत्र उन राज्यों में स्थित हैं जहाँ आदिवासी राज्य की कुल जनसंख्या के अत्यन्त छोटे अनुपात का निर्माण करते हैं। मसलन, बिहार और उत्तर प्रदेश को इस श्रेणी में सम्मिलित किया जा सकता है। बहुसंख्यक ग़ैर-आदिवासियों की जनसंख्या वाले इन राज्यों में आदिवासियों की आवाज़ का कोई राजनीतिक वज़न नहीं होता है। कई बार इन क्षेत्रों में ख़ुद को संविधान की अनुसूची में सम्मिलित करने की माँग उठती रही है। लेकिन इन क्षेत्रों में रहने वाले आदिवासियों के कल्याण और सशक्तीकरण के लिए इन्हें पाँचवीं अनुसूची में सम्मिलित करने की पहल नहीं की गयी है।

निष्कर्ष

आदिवासियों के बीच काफ़ी विविधता है, और ये विविध समूह विभिन्न प्रकार की समस्याओं का सामना कर रहे हैं। आदिवासी महिला का राष्ट्रपति भारतीय लोकतन्त्र के लिए गर्व का क्षण अवश्य है। किन्तु अगर कोई सरकार या दल सिर्फ़ इस आधार पर आदिवासियों के अन्य मुद्दों की उपेक्षा करने का प्रयास करता है, तो इसे पूरी तरह ग़लत माना जायेगा। इसमें कोई सन्देह नहीं है कि मौजूदा विकास मॉडल की सबसे ज़्यादा क़ीमत आदिवासियों को चुकानी पड़ी है, और उन्हें इसका सबसे कम लाभ हुआ है। इन समुदायों को संवैधानिक प्रावधानों का भी अत्यन्त सीमित लाभ मिला है, और संसद द्वारा पारित पेसा तथा वन अधिकार क़ानून जैसे प्रगतिशील क़ानूनों को आधे-अधूरे तरीक़े से लागू किया गया है। यह बात भी सही है कि शिक्षा और सरकारी नौकरियों जैसे अवसरों तक कुछ आदिवासी समुदायों की ज़्यादा पहुँच रही है, और बहुत से आदिवासी समुदाय इन अवसरों का अत्यन्त कम लाभ उठा पाये हैं। यह भी ग़ौरतलब है कि सभी शिक्षित आदिवासी बेहतर नौकरी पाने में सफल नहीं हो पाये हैं, और जिन्हें सरकारी नौकरी मिली है, उनके साथ भी 'मुख्यधारा' के समाज में भेदभाव से भरा बरताव ही होता है। आदिवासी क्षेत्रों के शहरी इलाक़ों में अधिकांश शारीरिक श्रम वाले काम ही आम आदिवासी युवाओं के हिस्से में आते हैं। यह भी याद रखने की आवश्यकता है कि कुछ आदिवासी समूह अत्यन्त पिछड़ी अवस्था में हैं, और इन्हें आदिम जनजाति समूहों का दर्जा दिया गया है। लेकिन उत्थान के लिए सरकारें व्यवस्थित तरीक़े से काम करने में असमर्थ साबित हुई हैं। इसी प्रकार, कई आदिवासी समूहों को औपनिवेशिक दौर में 'अपराधी जनजातियों' की श्रेणी में डाल दिया गया था, आज़ादी के बाद इस श्रेणी को ख़त्म कर दिया गया, और ये समूह 'डिनोटिफाइड' जनजातीय समूहों के रूप में जाने गये। लेकिन अभी तक 'मुख्यधारा' के समाज में इन्हें सम्मानित स्थान नहीं मिल पाया है। कुल मिलाकर, आदिवासी समुदायों के जीवन की विविध समस्याएँ काफ़ी गहरे स्तर पर मौजूद हैं, जिन्हें हल करने के लिए व्यवस्थित तरीक़े से काम करने की आवश्यकता है। लेकिन मौजूदा सरकार से इसकी अपेक्षा बेमानी है क्योंकि इसके लिए समस्याओं को सही तरीक़े से हल करने के बजाय आदिवासी समुदायों को कुछ पॉप्युलिस्ट या लोकलुभावनवादी कार्यक्रमों से अपनी ओर आकर्षित करना और चुनावों में उनका समर्थन हासिल करना ही महत्त्वपूर्ण है। यह रवैया आदिवासियों की समस्याओं को हल करने के बजाय उन्हें और ज़्यादा गहन बनाता है। इसे भारतीय लोकतन्त्र के लिए शुभ संकेत नहीं माना जा सकता।

सन्दर्भ

1. इस आलेख में आदिवासी शब्द का प्रयोग अनुसूचित जनजाति में सम्मिलित समूहों के लिए किया गया है, लेकिन कई ऐसे समूह भी हैं जो आदिवासी होने का दावा करते हैं लेकिन वे अनुसूचित जनजाति की श्रेणी में सम्मिलित नहीं हैं।
2. देखें, जगन्नाथ और खाखा, 2020 : 3-4।
3. कमल नयन चौबे (2015), *जंगल की हकदारी : राजनीति और संघर्ष*, दिल्ली : वाणी प्रकाशन।
4. कॉन्स्टीट्युशन ऑफ़ इंडिया (2008), चौथा संस्करण, इलाहाबाद : सेंट्रल लॉ पब्लिकेशन्स।
5. जगन्नाथ अम्बागुडिया और वर्जीनीयस खाखा (2020)। 'सिचुएटिंग ट्राइबल पॉलिटिक्स इन इंडिया', संकलित, जगन्नाथ अम्बागुडिया और वर्जीनीयस खाखा (सं.), *हैंडबुक ऑफ़ ट्राइबल पॉलिटिक्स* इन इंडिया, दिल्ली : सेज।
6. बी. डी. शर्मा (2010), *अनब्रोकेन हिस्ट्री ऑफ़ ब्रोकेन प्रॉमिसेज : इंडियन स्टेट एंड द ट्राइबल पीपल*, नयी दिल्ली : फ्रीडम प्रेस एंड सहयोग पुस्तक कुटीर।
7. माधव गाडगिल और रामचन्द्र गुहा (1992), *दिस फिस्सर्ड लैंड : ऐन इकोलॉजिक हिस्ट्री ऑफ़ इंडिया*, दिल्ली : ऑक्सफोर्ड यूनिवर्सिटी प्रेस।

लेखक परिचय

- **रमेश दीक्षित**—जानेमाने राजनेता और राजनीतिशास्त्री। राष्ट्रवादी काँग्रेस पार्टी की उत्तर प्रदेश इकाई के अध्यक्ष। लखनऊ विश्वविद्यालय के राजनीति शास्त्र विभाग के पूर्व अध्यक्ष।
- **शंभुनाथ**—हिन्दी के प्रसिद्ध आलोचक और शिक्षक। कलकत्ता विश्वविद्यालय के हिन्दी विभाग के पूर्व अध्यक्ष। सम्प्रति : भारतीय भाषा परिषद के अध्यक्ष और वागर्थ के सम्पादक।
- **अभय कुमार दुबे**—जानेमाने पत्रकार और समाजशास्त्री। डॉ. भीमराव आम्बेडकर विश्वविद्यालय, दिल्ली के अभिलेख अनुसन्धान केन्द्र के निदेशक।
- **नरेश गोस्वामी**—शोधार्थी, लेखक और सामाजिक कार्यकर्ता। डॉ. भीमराव आम्बेडकर विश्वविद्यालय, दिल्ली में एकेडमिक फेलो।
- **विजय झा**—मार्क्सवाद, ग्राम्शी और स्त्री विषयों के विशेषज्ञ। डॉ. भीमराव आम्बेडकर विश्वविद्यालय, दिल्ली में एकेडमिक फेलो।
- **सुनीलम**—पूर्व विधायक और किसान नेता। समाजवादी विचारों के लिए प्रतिबद्ध और समाजवादी आन्दोलन में सतत सक्रिय।
- **गिरीश्वर मिश्र**—अन्तर्राष्ट्रीय स्तर के प्रसिद्ध मनोविज्ञानी। महात्मा गाँधी अन्तर्राष्ट्रीय हिन्दी विश्वविद्यालय के पूर्व कुलपति।
- **जयशंकर पाण्डेय**—पूर्व विधायक और समाजवादी चिन्तक मधु लिमए के सहयोगी। समाजवादी पार्टी के उत्तर प्रदेश के पदाधिकारी।

- **अनिल जैन**—समाजवादी आन्दोलन से प्रतिबद्ध। पत्रकार और लेखक। फ़िलहाल नई दुनिया में वरिष्ठ सहायक सम्पादक।
- **सैयद शाहिद अशरफ़**—आम्बेडकर विश्वविद्यालय के अभिलेख अनुसन्धान केन्द्र के एकेडमिक फेलो। यूनाइटेड किंगडम की डरहम यूनिवर्सिटी के फेलो।
- **कमल नयन चौबे**—दिल्ली विश्वविद्यालय के दयाल सिंह कॉलेज में राजनीति शास्त्र के एसोसिएट प्रोफ़ेसर। कई पुस्तकों के लेखक।

❑❑